了凡四訓

立命 ｜ 改過 ｜ 積善 ｜ 謙德

【儒釋道三家思想精髓】

東方第一勵志奇書

南懷瑾、李叔同、稻盛和夫一致推崇

原著／袁了凡　　貫通儒釋道，袁了凡畢生感悟和盤托出。

編著／李亦安　　閱讀書中的人生智慧，能讓心靈獲得安寧；

領悟書中的精髓，能收穫修身、齊家、治國、平天下之良方。

了凡四訓

：南懷瑾、李叔同、稻盛和夫一致推崇，儒釋道三家思想精髓，
立命、改過、積善、謙德，東方第一勵志奇書

原著／袁了凡
編著／李亦安
美術編輯／達觀製書坊

企畫選書人／賈俊國

總 編 輯／賈俊國
副總編輯／蘇士尹
編　　輯／黃欣
行銷企畫／張莉榮、蕭羽猜、溫于閎

發 行 人／何飛鵬
法律顧問／元禾法律事務所王子文律師
出　　版／布克文化出版事業部
　　　　　115 台北市南港區昆陽街 16 號 4 樓
　　　　　電話：(02)2500-7008　傳真：(02)2500-7579
　　　　　Email：sbooker.service@cite.com.tw
發　　行／英屬蓋曼群島商家庭傳媒股份有限公司城邦分公司
　　　　　115 台北市南港區昆陽街 16 號 8 樓
　　　　　書虫客服務專線：(02)2500-7718；2500-7719
　　　　　24 小時傳真專線：(02)2500-1990；2500-1991
　　　　　劃撥帳號：19863813；戶名：書虫股份有限公司
　　　　　讀者服務信箱：service@readingclub.com.tw
香港發行所／城邦（香港）出版集團有限公司
　　　　　香港九龍土瓜灣土瓜灣道 86 號順聯工業大廈 6 樓 A 室
　　　　　電話：+852-2508-6231　　傳真：+852-2578-9337
　　　　　Email：hkcite@biznetvigator.com
馬新發行所／城邦（馬新）出版集團 Cité (M) Sdn. Bhd.
　　　　　41, Jalan Radin Anum, Bandar Baru Sri Petaling,
　　　　　57000 Kuala Lumpur, Malaysia
　　　　　電話：+603- 9056-3833　　傳真：+603- 9057-6622
　　　　　Email：services@cite.my
印　　刷／韋懋實業有限公司
初　　版／2024 年 10 月
　　　　　2025 年 1 月初版 2 刷
定　　價／380 元
ISBN／978-626-7518-29-8
EISBN／9786267518304（EPUB）

城邦讀書花園　布克文化
www.cite.com.tw　WWW.SBOOKER.COM.TW

｜勸善立身之奇書｜

　　人們生活在同一個世界上，但命運卻不盡相同。有的人一生平安、頤養天年；有的人卻遭遇災禍、英年早逝；有的人大富大貴、兒女承歡；有的人卻貧困潦倒、膝下無人……世事如此難料，莫非冥冥之中果真自有天意？富貴榮華者被上天青睞，而潦倒凡夫都難逃命運的捉弄？

　　古人相信「不知命，無以為君子」，而「生死由命，富貴在天」。當今，也有人相信人間自有天意，自身所遭遇的一切都是上天安排的結果。於是，傳統文化中便有了「順其自然」、「隨緣」之類的詞語，隨遇而安成了這些人生活的主題。這些人每天抱著得過且過的態度，庸庸碌碌地生活，稍有不如意，便怨天尤人，「盡人事，安天命」，遵循上天的旨意。可是究竟什麼是天命？明天會發生什麼，我們如何才能預知？一旦知道了，如果天意如此，知道與否又有些什麼區別？人人都想萬事如意，但人生不如意卻總是十之八九，難道這些不如意我們永遠無法避免和擺脫嗎？在命運面前，我們真的束手無策嗎？

　　明代的袁了凡先生也曾經堅信「進退有命，遲速有時，是不能改變的」，於是他變得澹然無求，甚至能夠達到三天不起一個妄念，無欲無求的程度。雲谷禪師大笑他是個標準的凡夫俗子，說：「人未能無心，終為陰陽所縛，安得無數？但惟凡人有數；極善之人，數固拘他不定；極惡之人，數亦拘他不定。汝二十年來，被他算定，不曾轉動一毫，豈非是凡夫？」在雲谷禪師的點撥之下，了凡先生豁然頓悟，改變了自己聽天由命的人生態度，開始了「命自我立，福自己求」，創造命運的人生歷程。而最終，他不僅登科及第，喜添貴子，還得享高壽。

　　了凡先生用親身實踐向人們證明，命運原本就是掌握在自己手中的。正所謂「有志於功名者，必得功名；有志於富貴者，必得富貴。人之有志，如樹之有根，立定此志，須念念謙虛，塵塵方便，自然感動天地，而造福有我。」了凡先生總結自己一生的經驗教訓，撰寫了這本探求立命之學的訓誡之書。它融會儒釋道三家思想精髓，向世人闡釋了修身、處世之道，被譽為東方第一勵志奇書，曾受到清代曾國藩的大力推崇，影響後人數百年。

　　隨著文明的不斷發展，人類已掌握了越來越豐富的歷史資料和宇宙知識，人們都在積極探求宇宙實相，探索人生真諦，以解決生命的終極問題。正因如此，我們精心校訂此書，其中深藏的傳統道德、人生智慧必將對閱讀者大有裨益。為保證全書內容的準確性和易讀性，除收錄原文外，還配有注音和譯文，部分配有淨空法師深化內容的淺釋，力求達到注音準確精到、譯文優美流暢、淺釋豐富詳盡。注音部分參考各經典版本，幫助您準確掌握生僻字的發音；譯文部分以信達雅為原則，優美的全白話譯文讓您在享受原汁原味古文魅力的同時充分掌握原文內容。

　　另外，本書的另一大亮點是配圖部分，我們嚴格按照版畫必須清晰、圖文對應的原則，從古代的優質木刻版畫中選取插圖。用直觀具象的方式，以圖釋文，透過精美的畫面來延展文意。

　　面對命運，如果您還在彷徨，還在怨天尤人，甚至無奈絕望，請來看看這本能夠讓您心胸開闊、信心倍增的書。想得到福壽安康，推薦您取法這位曾輝煌一時的成功者的立身處事之方。了凡先生用警世的敘事及豐富的實例向世人闡明一切禍福皆由自己掌握的道理，鼓勵人們向善立身，慎獨立品。

　　閱讀書中的人生智慧，能讓心靈獲得安寧；領悟書中的精髓，能收穫修身、齊家、治國、平天下之良方。

【目 錄】

第一訓 立命之學

　　這一篇「安身立命之學」，就是了凡先生把他自己改造命運的經過，同他所看到的一些改造命運的人的種種效驗，告訴他兒子。要他兒子不被這個「命」字束縛住，要竭力去做種種的善事，不可以做壞事。「立」字是建立的意思，「立命」兩個字，就是命不能束縛我，是我創造命運，命運掌握在我手裡的意思。所以「立命之學」，就是論立命的學問，講立命的道理。若能夠按照這個方法去做，就能得到一個快樂美滿的人生。

【原文】

　　余童年喪父，老母命棄舉業學醫，謂可以養生，可以濟人，且習一藝以成名，爾父夙心也。

【譯文】

　　我童年的時候父親就去世了，母親要我放棄學業，不要去考功名，改學醫，並且說：學醫可以賺錢養活家人，也可以救濟別人。並且醫術學得精，可以成為名醫博得聲名，這是你父親一向的心願。

【淺釋】

　　了凡先生自己敘述，從小父親就過世，母親叫他放棄「舉業」。舉業是讀書求學從政，「棄舉業學醫」也就是放棄做官去學醫。因為在舊時代的觀念裡，讀書求學目的是從政，放棄讀書，就是放棄從政的行業。「學醫」可以養生，自己有一技之長，將來可以憑行醫謀生，所以這裡的「生」是指生活。同時又可以救人，「濟」就是救濟別人，這是很好的行業。

人生選擇行業是很重要的。從前教書的先生，學生接受他的授教，沒有規定學費多少，而是隨便供給的。家裡富裕的人就多送些，貧窮的人就少送些，只要至誠恭敬地表達尊師重道的心，學費的多寡不是很重要的。醫生也是如此，只要盡心盡力地為人治病，至於報酬就隨各人的心意，因為他是以救人為目的的。所以在過去的社會裡，教師和醫生普遍地受到人們的尊重，道理就在於此。

「且習一藝以成名」，這個「藝」就是技藝。技藝如果專精，就可以成為一個名醫博得聲名。「爾父夙心也」，母親告訴他，這是你父親的願望，於是，了凡先生就放下做官的念頭，來學醫。

【原文】

後余在慈雲寺，遇一老者，修髯偉貌，飄飄若仙，余敬禮之。語余曰：「子仕路中人也，明年即進學，何不讀書？」余告以故，並叩老者姓氏裡居。曰：「吾姓孔，雲南人也。得邵子皇極數正傳。數該傳汝。」余引之歸，告母，母曰：「善待之，試其數。」纖悉皆驗。

【譯文】

後來我在慈雲寺，碰到了一位老人，相貌非凡，一臉長鬚，看起來飄然若仙，我就很恭敬地向他行禮。這位老人向我說：「你是官場中的人，明年就可以去參加考試，並考中秀才了，為何不讀書呢？」我就把母親叫我放棄讀書去學醫的緣故告訴他。並且請問老人的姓名，是哪裡人，家住何處；老人回答我說：「我姓孔，是雲南人，宋朝邵康節先生所精通的皇極數，我得到他的真傳。照註定的數來講，我應該把這個皇極數傳給你。」因此，我就領了這位老人到我家，並將情形告訴母親。母親要我好好地待他。並且說：「這位先生既然精通命數的道理，就請他替你推算推算，試試看，究竟靈不靈。」結果孔先生所推算的，雖然是很小的事情，但是都非常的靈驗。

【淺釋】

這一段是敘述他改變命運的機緣。內容描述在慈雲寺遇到一位老人，這個老人「修髯偉貌」，「髯」是鬍鬚，從面頰兩邊垂下的叫「髯」，在下巴底下，嘴兩邊的叫「須」。這個人鬍鬚很長，相貌莊嚴，個子高大，看起來不是一個凡人，所以叫「飄飄若仙」。老人仙風道骨，瀟灑出眾，沒有一點俗氣的樣子，所以袁先生對他非常敬重。

老人告訴了凡：「你是將來要從政的人。」「子」是對人的尊稱，「仕」是做官。「仕路」就是官場，像現在的政治界一樣的意思。「明年即進學」，因為老人會看相，就叫他趕快去進學。「進學」，從前國家用人，都要經由考試來選拔人才，如果考上了秀才，就會派到縣立的學校讀書，所以叫做進學。老人說：「你是從政之人，為何不趕快讀書呢？」「余告以故」，了凡就把母親所說其先父希望他學醫的原因，向老人說明，並且請教老人的姓名和住所。「裡居」包括籍貫和住處，老人就告訴了凡先生，他姓孔，是雲南人。

「得邵子皇極數正傳」，「邵子」就是宋朝的邵康節，這是個絕頂聰明的人。《皇極數》就是《皇極經世書》，這本書也有相當的分量，收在《四庫全書》裡。它的內容，完全是依照《易經》的理論來推算命運，它推算命運的範圍非常廣泛，整個世界國家的轉變都有論定。朝代的興亡、個人的吉凶，也可從數理上推斷，是一種非常高深的學問。

由此可知，每一個人，甚至每一樁事皆有定數，這就是佛法裡講的因緣果報。只要你起心動念，你就有定數；只要你沒有心念，那你就超越數字、數量之外了。修行人往往能超越，為什麼呢？因為他入定了。入了定，他的心就不起作用，沒有任何念頭；沒有念頭，就不落在數量裡。由此可知，只要你有念頭，就必定落在數量裡。換句話說，遇到高明的人，他就能夠把你的流年命運，推斷得清清楚楚。

所以凡夫都有數，唯獨超越三界——阿羅漢以上的聖者，就可以超越宿命人。那麼在三界之內，色界、無色界的天人修成了四禪八定，能不能超過數量呢？的確，他在定中，數對他是失去了作用，但是這個失掉作用只是暫時的，並不是永遠的。為什麼呢？因為他的定力若消失，念頭又起，就又掉到數裡去了，想逃也沒法逃出。這就是他為什麼永遠

●寶志神奇

　　寶志和尚很神奇，他與人交談，說的一些莫名其妙的話都能一一應驗；他寫的詩，也都像讖言。孔先生也有同樣的神奇之處，那麼，人真的無法改變命運嗎？了凡先生在此章進行了回答。他借雲谷禪師之口講了「安身立命之學」，教人們如何改變命運。

不能夠脫離六道輪迴的原因了。如果定功再進一步達到九次第定，永遠保持不會退轉，那他就超越數量了。這時他才能夠脫離六道輪迴，在佛法裡稱為聖人、阿羅漢。我們懂得了這個原理，就知道這個世界一切都是有定數的；既然有定數，我們就要用平常心來看這個世界，順境不必喜歡，逆境也不要悲傷。為什麼呢？一切都是註定的。

孔先生精通《皇極經》，是邵康節的傳人，這也是代代相傳，都是有師承的。他見到袁了凡，就把他看得很清楚，並且告訴他「數該傳汝」：你跟我有緣分，我這一套學問應該傳給你。可以說孔先生找到了傳人。

「余引之歸」，了凡先生就請他到家裡去坐坐。了凡很孝順，告訴了他的母親，他母親教他好好接待孔先生，而且告訴他要算算命，試試看靈不靈。這是處世待人的良好態度，禮貌很周到。你所講的到底是真的還是假的，我們要經過試驗才行，絕對不是貿然接受。這一試是真的，大小事情他推算得都非常靈驗，這樣他的信心就產生了，對孔先生的建議也相信了。

【原文】

余遂起讀書之念。謀之表兄沈稱，言：「郁海谷先生，在沈友夫家開館，我送汝寄學甚便。」余遂禮郁為師。

【譯文】

我於是有了讀書的念想。我和我的表哥沈稱商量，表哥說：「我的好朋友郁海谷先生在沈友夫家裡開館，收學生讀書。我送你去他那裡寄宿讀書，非常方便。」於是我便拜了郁海谷先生為老師。

【淺釋】

這是說生起讀書進學的念頭，往從政的道路做預備功夫。以前讀書並不像現在有很多學校，清朝之前都是私塾教學，沒有學校。國家只有

大學，沒有中學，必須在私塾裡念得很好，才有機會考入大學，那時稱太學，明、清時都叫國子監，相當於現代的大學，是國家辦的。私塾是私人辦的小規模學校，老師只有一個，學生通常只有二三十人。

正好了凡的表兄有一個朋友叫郁海谷，在沈友夫家裡開館教學。沈友夫大概是地方上相當富有的一戶人家，因為家裡很有錢，有幾間空房子，用一間作教室，請老師教自己的子弟，親戚朋友的子弟也可以到這裡來上學。郁海谷先生此時正好在沈友夫家裡開館教學，他就拜郁海谷作老師，進學讀書。

【原文】

孔為余起數：縣考童生，當十四名；府考七十一名，提學考第九名。明年赴考，三處名數皆合。

【譯文】

孔先生有一次替我推算我命裡所註定的數。他說：在你沒有取得功名做童生時，縣考應該考第十四名，府考應該考第七十一名，提學考應該考第九名。到了明年，果然三處的考試，所考的名次和孔先生所推算的完全相符。

【淺釋】

孔先生算了凡的流年命運，告訴他，你明年去考童生（秀才），要經過好幾次的考試。先要經過「縣考」，了凡先生應考中第十四名。縣上面有府，府上面有省，這是明、清兩代的制度。一個府大概管七、八個縣，主管稱為知府。是在縣之上，省之下。民國就把府廢除了，改成行政專員。「府考」第七十一名，「提學考」第九名，「提學」相當於現在的省政府教育廳長，管一個省的教育。在地方上考試能考多少名、考得取、考不取，命裡都註定了。到第二年去參加考試，果然沒有錯，都符合。

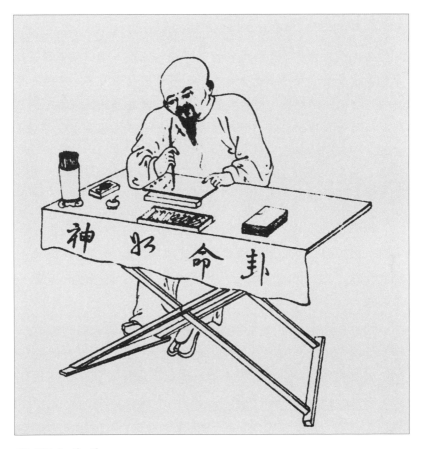

●算命先生

孔先生替了凡推算了他終生的吉凶禍福。孔先生推算的這些，在日後全部應驗了，這讓了凡更加堅信命由天定，從此他對一切都看淡了，不再追求任何事情了。

【原文】

復為卜終身休咎，言：某年考第幾名，某年當補廩，某年當貢。貢後某年，當選四川一大尹，在任三年半，即宜告歸。五十三歲八月十四日丑時，當終於正寢，惜無子。余備錄而謹記之。

【譯文】

　　孔先生又替我推算終生的吉凶禍福。他說：哪一年考取第幾名，哪一年應當補廩生，哪一年應當做貢生，等到貢生出貢後，在某一年，應當選為四川省的一個縣長，做縣長三年半後，便該辭職回家鄉。到了五十三歲那年八月十四日的丑時，就應該壽終正寢，可惜你命中沒有兒子。這些話我都一一地記錄起來，並且牢記在心中。

【淺釋】

　　我們看這段話，不是只看了凡先生，而是看自己。哪一年、哪一月、哪一日、哪一個時辰生死都已註定了，怎麼死法也註定了，一生全都是命裡註定的，你怎麼都逃不過定命。這是千真萬確的事實，誰都沒法子逃過。

　　因為孔先生給他算得這麼靈，所以就請他算終身的命運，「終身休咎」就是一生的吉凶。孔先生把他的流年一直排到死，什麼時辰死亡，歷年考試能考取多少名等等，都給他算了出來。

　　「某年當補廩」，「廩」是廩生，「補」是補缺，相當於現代所講的公費學生。雖然是學生，但是領國家的津貼，每個月生活費由公家補貼。每一個縣都有一定的名額，必須有缺了，你才能夠遞補上去。「某年當貢」，「貢」是貢生。廩生、貢生是明、清兩代依學生的學識程度而設立的，不是學位，相當於我們現代的中學生、大學生，但是受到國家照顧，由國家發給生活費用。從前的生活費用是發米，而米多的、吃不完的可以賣錢，相當於實物配給。現代則用貨幣來代替食物，要方便多了。至於秀才、舉人、進士，相當於我們現代的學位，好比是學士、碩士、博士。進士相當於博士，是最高的學位。貢後某一年他去做官了。「四川一大尹」，「大尹」相當於現代的縣長，還有二尹、三尹。二尹相當於現代的主任秘書，三尹相當於現代所講的科長。「在任三年半」，做夠三年半的縣長，就得要辭職。為什麼呢？壽命到了，五十三歲，壽命也不很長。「五十三歲八月十四日丑時」，就壽終正寢。「惜無子」，可惜命裡沒有兒子。了凡先生把這些事情恭恭敬敬地記下來，給自己作一個參考。

【原文】

自此以後，凡遇考校，其名數先後，皆不出孔公所懸定者。獨算余食廩米，九十一石五斗當出貢。

【譯文】

從此以後，凡是碰到考試，所考名次先後都不出孔先生預先所算定的名次。唯獨算我做廩生所應領的米，領到九十一石五斗的時候才能出貢。

【淺釋】

往後每次考試，都跟孔先生算的名次完全符合，一點也沒差錯。孔先生的確很高明，算得很靈。「廩米」是廩生所得的俸米。一石是十斗。他說每個月領俸祿，你自己記住，等你領米領到「九十一石五斗」，你就「出貢」了，就升級了，你就從廩生升到貢生了。升到貢生，廩米就不給了，廩生的缺就讓別人來補了。

【原文】

及食米七十余石，屠宗師即批准補貢。余竊疑之。

【譯文】

哪裡知道我吃到七十一石米的時候，學台屠宗師（學台：相當於現在的教育廳長）就批准我，補了貢生。我私下就懷疑孔先生所推算的，有些不靈了。

【淺釋】

「屠宗師」就是當時的提學，相當於現代的教育廳長。他看袁先生的學問、品德還不錯，建議要提拔他。出貢就是批准了「補貢」，從廩

生補貢生的缺了，也就是升級。這下他懷疑了，孔先生這一著沒算對。

【原文】

　　後，果為署印楊公所駁，直至丁卯年，殷秋溟宗師見余場中備卷，歎曰：「五策即五篇奏議也，豈可使博洽淹貫之儒，老於窗下乎？」遂依縣申文准貢，連前食米計之，實九十一石五斗也。

【譯文】

　　後來，果然被另外一位代理的學台楊宗師駁回，不准我補貢生。直到丁卯年，殷秋溟宗師看見我在考場中的：「備選試卷」沒有考中，替我可惜，並且慨歎道：「這本卷子所做的五篇策，竟如同上給皇帝的奏摺一樣。像這樣有大學問的讀書人，怎麼可以讓他埋沒到老呢？」於是他依准縣學的申請文書補我為貢生。經過這番的波折，我又多吃了一段時間的廩米，算起來連前所吃的七十一石，恰好補足，總計是九十一石五斗。

【淺釋】

　　俸祿領到七十多石的時候，屠先生就批准他補貢了。可能屠先生批准之後，也許就升官高遷，也許是調職了。「署印」是代理，教育廳長大概被調走了，現在有個代理教育廳長。這一位代理教育廳長不同意，把他駁了回去，不准他補貢，他還得繼續去當秀才（廩生、貢生都是秀才）。一直到了丁卯年，殷秋溟宗師當提學，他看到「場中備卷」，這些考卷就是落第的、沒有考取的卷子，還保存著。有些時候，主管的官員會把這些沒有考取的卷子拿來重新看一看，希望發現遺漏的人才。如果真正是人才，他們還是要提拔的，怕的是一時差錯遺漏了。

　　殷秋溟就看到袁了凡的考試卷。「五策」就是「五篇」，即是我們今天所講的論文，五篇論文。殷先生看了非常滿意，非常地讚歎，他說這五篇論文，就像是五篇奏議。「奏議」是臣子對皇帝的建議；國家施

政應興應革，他們都可以提出意見，奏獻給朝廷，由朝廷來取捨。殷先生說這五篇確實就是奏議，可見袁先生見識很高，文章寫得很好。因為一般對國家興革提出建議，都是屬於大臣的事情，不是小小的秀才能做得到的。大臣就是我們現在所謂的政務委員、國策顧問。袁了凡的文章居然可與他們相提並論，可見他的確是有學問。

「豈可使博洽淹貫之儒，老於窗下乎？」「博」是指見識廣博，「洽」是說理非常清晰通達，「淹」是透徹，「貫」是文章無論理路、章法結構都有條不紊。能得此四個字的評語，定是上乘的文章，無論是在思想理論、文章的結構，都屬於上等的。所以不能叫他終老於窗下，一生只做個秀才，應當要把他選出來為國家服務。「遂依縣申文准貢」，就是交代當地的縣政府，要把這個人提拔起來。「連前食米計之，實九十一石五斗也。」

從此處來看，屠宗師是很了不起的人，看到袁先生的卷子馬上就想提拔他，可是楊先生把他駁回去了，這是因為兩個人的看法不一樣。袁了凡是有才幹，可是從這裡我們得到一個很大的啟示，那就是有才還要有命。所以人的一生命運主宰了一切，命、時、因緣都有定數，這裡面講才、命、時。袁先生一定要遇到殷秋溟，他的因緣才成熟，這些我們都應當要明白的。

【原文】

　　余因此益信進退有命，遲速有時，澹<small>ㄉㄢˋ</small>然無求矣。貢入燕都，留京一年，終日靜坐，不閱文字。

【譯文】

　　我因為承受了這番波折，就更加相信：一個人的進退浮沉，都是命中註定。而走運的遲或早，也都有一定的時候，所以把一切都看得淡然，不去追求。等我當選了「貢生」，按照規定，要到京城的國家大學去讀書。所以我在京城裡住了一年。一天到晚，靜坐不動，不說話，也不轉動念頭

。凡是文字，一概都不看。

【淺釋】

從此以後，袁先生真的覺悟，真的明白了。一個人一生的際遇，吉凶禍福、貧富貴賤都有命，都有時節因緣，不能強求的。命裡面沒有，怎麼動腦筋也求不到；命裡面有的，什麼念頭都不起，到時候自然來了。他從此以後就無求、無得、無失，心地真正地平靜下來了。所以讀《了凡四訓》，學佛以後，我們可以稱袁了凡在這一階段，是一個標準的凡夫。而我們連一般的凡夫都不夠標準。為什麼呢？心不清淨，一天到晚還胡思亂想。他的妄念沒有了，對於一生的休咎，清清楚楚、明明白白。所以古德云：「君子樂得為君子，小人冤枉為小人。」為什麼呢？因為君子知命，知道「一飲一啄，莫非前定」；小人很冤枉，拼命地追求，不知道這是命裡有的，努力拼命求得的，還是命裡有的。你說冤枉不冤枉呢？這是指定數，一般人都在定數裡。這個時候袁了凡只知道有定數，不知道定數之外還有一個變數，命運是可以改變的。

下一段是講變數，講立命的理論方法。要按照真正的理論方法去求，就能夠改變命運，你想求什麼就能夠得到什麼，一切都掌握在自己的手中。佛家所講的「佈施」，你想得到財富，就必須行「財佈施」；想得聰明智慧，那就要行「法佈施」；想長壽平安，那就要行「無畏佈施」；這就是正確的創造命運的方法。按照正確的理論方法去求，都可以得到你所要得的，甚至連成佛也求得到，何況這些世間的小小福報？

「燕都」就是現在的北京，元、明、清三朝首都都在北京。「留京一年」，他出貢之後就到北京去了，在北京住了一年，「終日靜坐，不閱文字」，從這個地方，可以看到他的心地多麼清淨。心清淨了自然就生智慧，一般人智慧不能現前是因心不清淨。他之所以能夠靜得下來，是因為他對自己的命運完全知道，覺得想也沒用處，所以什麼都不想了，這樣心就定下來了。

●香山捨宅

　　了凡先生的榮辱生死被孔先生算定之後，他就再
也沒有了任何妄想，甚至達到了與雲谷禪師對坐三日
，不見起一妄念的程度。雲谷禪師見他執迷不悟，便
以佛法育之，使他茅塞頓開，從此虔誠信佛。

21

【原文】

　　己巳歸，遊南雍，未入監，先訪雲谷，會禪師於棲霞山中，對坐一室，凡三晝夜不瞑目。

【譯文】

　　到了己巳年，回到南京的國家大學讀書，在沒有進國家大學以前，先到棲霞山去拜見雲谷禪師，他是一位得道的高僧。我同禪師面對面，坐在一間禪房裡，三天三夜連眼睛都沒有閉。

【淺釋】

　　在己巳年，他回到南方。「遊南雍」，南雍是皇帝所辦的大學，就是國子監，一個在北京，一個在南京，北京的稱為北雍，南京的稱為南雍，是國家辦的兩所大學。「未入監」，就是未入學。在還沒有入學之前，先去拜訪雲谷禪師。「雲谷會禪師」，「會」是他的法名，雲谷禪師的法名叫「法會」，這是一位很有名的禪師，了凡先生到南京棲霞山，去拜見他。「對坐一室」，在禪堂裡打坐。「凡三晝夜不瞑目」，也沒有倦容。為什麼呢？因為沒有妄想，沒有雜念，故能精神飽滿。雲谷禪師看到他這麼年輕，有這樣好的功夫，認為很難得。

【原文】

　　雲谷問曰：「凡人所以不得作聖者，只為妄念相纏耳。汝坐三日，不見起一妄念，何也？」

【譯文】

　　雲谷禪師問我說：「凡人，所以不能夠成為聖人，只因為妄念在其心中不斷地纏來纏去。而你靜坐三天，我不曾看見你起一個妄念，這是什麼

22

緣故呢？」

【淺釋】

凡夫之所以不能夠成為阿羅漢以上的聖人，原因在哪裡呢？妄想太多了。《華嚴經》上說：「一切眾生皆有如來智慧德相，但以妄想執著而不能證得。」病根就是在妄想，「妄念相纏」，不得作聖。你坐在這裡三天三夜，我沒有看到你起一個妄念，這是為什麼呢？

【原文】

余曰：「吾為孔先生算定，榮辱生死，皆有定數，即要妄想，亦無可妄想。」

【譯文】

我說：「我的命被孔先生算定了，何時得意，何時失意，何時生，何時死，都有個定數，沒有辦法改變。就是要胡思亂想要得到什麼好處，也是白想；所以就老實不想，心裡也就沒有什麼妄念了。」

【淺釋】

了凡先生是個老實人（老實最可貴）。他說：「因為我的命已被孔先生算定，一生的吉凶禍福都註定了，還有什麼好想呢？想也沒有用處，所以乾脆就不想了。」知道五十三歲八月十四日丑時就要走了，所以生死是註定的。哪一年、哪一月、哪一天、哪一個時辰，人家都算定了，我還有什麼話好說？這是千真萬確的事實，所以他就不打妄想了。

【原文】

雲谷笑曰：「我待汝是豪傑，原來只是凡夫。」問其故，曰：「人未能無心，終為陰陽所縛，安得無數？」

【譯文】

雲谷禪師笑道：「我本來認為你是一個了不得的豪傑，哪裡知道，你原來只是一個庸庸碌碌的凡夫俗子。」我聽了之後不明白，便請問他此話怎講？雲谷禪師說道：「一個平常人，不能說沒有胡思亂想的那顆意識心；既然有這一顆一刻不停的妄心在，那就要被陰陽氣數束縛了；既被陰陽氣數束縛，怎麼可說沒有數？」

【淺釋】

一個人能夠三天三夜不起一個念頭，那是很了不起的功夫。但他這不是功夫，他是命給人算定了，所以雲谷禪師就笑著說：「我還以為你是功夫不錯的豪傑，原來你還是個凡夫。」

了凡先生就向雲谷禪師請教：「這是什麼緣故？」這就說明數的道理，人為什麼會有命運？為什麼會落在數量裡？人如果到了無心，就超越數量了。袁了凡先生有沒有到無心？沒有！他只是什麼都不想，因為他覺得想也沒用。他還有一個妄念，就是「我什麼都不想了」，有這麼一個妄念，還是有心，並不是無心。他常常心裡有個念頭：「我一生都算定了，一生都清清楚楚、明明白白。」他並沒有到真正的無心。既然沒有到無心，決定為陰陽所縛，怎麼會沒有數？數就是數量，是以數學的原理來推演出過去、現在和未來。

甚深禪定不是一般世間人所有的。佛門裡像黃檗祖師，他是在定中所見的境界。因為在禪定中，時空都突破了。時空突破了之後，過去、現在、未來自成一片，全部都看到，那是決定真實，一點都不會差錯。為什麼？他看到未來的事，不是他推算的，而是眼前親見，這要相當功夫才行。所以靠數理來推論，我們世間凡夫做得到；現量境界現前，就不是世間凡夫所能做到的。在佛門至少要三果阿那含以上，他們有甚深的禪定，能夠見到過去、未來，這是不會有錯的。

●陰陽三合九重八柱十二分圖

　　此圖乃古代先賢對物質世界基本觀念的總結，包括世界的形成、發展等，蘊涵著一種樸素的辯證法思想。

【原文】

　　「但惟凡人有數，極善之人，數固拘他不定；極惡之人，數亦拘他不定。汝二十年來，被他算定，不曾轉動一毫，豈非是凡夫？」

【譯文】

　　「雖說數一定有，但是只有平常人，才會被數所束縛住。若是一個極善的人，數就拘他不住了。因為極善的人，儘管本來他的命數裡註定吃苦；但是他做了極大的善事，這大善事的力量，就可以使苦變成樂，貧賤短命變成富貴長壽。而極惡的人，數也拘他不住。因為極惡的人，儘管他本來命中註定要享福，但是他如果做了極大的惡事，這大惡事的力量，就可以使福變成禍，富貴長壽變成為貧賤短命。你二十年來的命都被孔先生算定了，不曾把數轉動一分一毫，反而使數把你給拘住了。一個人會被數拘住，就是凡夫。這樣看來，你不是凡夫，是什麼呢？」

【淺釋】

　　你從遇到孔先生，被他算命算定之後，距離現在二十年了。這二十年來，你的命運一點都沒有改變，完全照著他給你算定的走，這不是凡夫，是什麼？你的命運裡每一年、每一月都沒有加減乘除，這是標準凡夫。一個大善之人，命有沒有？有，但改變了；大惡之人呢？也改變了，不會照原定的樣子。由此可知他二十年來沒有行善，也沒有作惡，他的命運完全照著孔先生所算定的走，是個標準凡夫。

【原文】

　　余問曰：「然則數可逃乎？」曰：「命由我作，福自己求。詩書所稱，的為明訓。我教典中說：求富貴得富貴，求男女得男女，求長壽得長壽。夫妄語乃釋迦大戒，諸佛菩薩，豈誑

語欺人？」

【譯文】

　　我問雲谷禪師說：「照你說來，究竟這個數，可以逃得過去嗎？」禪師說：「命由我自己造，福由我自己求；我造惡就自然折福；我修善，就自然得福。從前各種詩書中所說的，實在是的的確確，明明白白的好教訓。我們佛經裡說：一個人要求富貴就得富貴，要求兒女就得兒女，要求長壽就得長壽。只要做善事，命就拘他不住了。要知道說謊是佛家的大戒，哪有諸佛菩薩還會亂說假話，欺騙人的呢？」

【淺釋】

　　了凡先生就問雲谷禪師，難道命運可以改變？「逃」就是超越，那就是定數裡面還有變數。孔先生給他算的是定數，變數則掌握在自己手上，這是孔先生不曉得的，不能推算的。

　　這是雲谷禪師教導他改造命運，也就是跟他講定數裡有變數，這是袁了凡原本不知道的。雲谷禪師承不承認有定數？承認。前面講過：「人未能無心，安得無數。」世俗講的命運，雲谷禪師完全肯定、承認，確實有命運。但是命運自己可以改變，可以創造。所以佛家不是宿命論，佛家是創命論，由自己創造美好的前途。但是立命要靠自己，任何一個人都幫不上忙，沒有人能夠代替我們改造命運，要靠自己覺醒，靠自己改變。了凡是個讀書人，所以就先用詩書裡面的道理來開導他。

　　「命由我作，福自己求」，這是儒家所講的，《詩經》、《書經》中所說的。雲谷禪師懂得，他說這是明明白白、的的確確的教訓，這是事實。

　　再看看佛所講，「我教典中說」，雲谷禪師是佛門大德，「我教典」就是佛教經典中所講的。「求富貴得富貴，求男女得男女」，命裡沒有兒子，你要求，就可能得兒子；「求長壽得長壽」，因為了凡先生短命，壽命只有五十三歲，這就是說，你求什麼得什麼，這是真的，一點都不假。

　　章嘉大師說過：「佛氏門中有求必應。」但是章嘉大師有解釋，有些人在佛門當中求，卻求不得，是什麼原因？那是不如理、不如法。懂理論、懂方法，如理如法的求，就有求必應。如理如法的求，還是得不到時，這是自己有業障，必須把業障消除，障礙沒有了，就自得感應。這是章嘉大師說過的，沒有求不到的。

　　從根本的原理來講，世出世間法，都是「唯心所現，唯識所變」；我們一切的需求，就是求作佛也能成佛，都是根據「萬法唯心」這個原理。《華嚴經》上說：「應觀法界性，一切唯心造。」所以我們「求」，基本的原理就是真如本性；方法最圓滿、最恰當的就是佛陀的教誡。依據佛法的理論和教訓去求，我們求不老、求不病、求不死，能不能求得到？決定求得到，都在佛門之中；雲谷傳給了凡的只是極小的一部分，因為了凡的志向不大，只求世間的功名、富貴，所以雲谷禪師只教他這個部分。雲谷禪師圓滿他的願望，他想求得功名、富貴，就告訴他求得的的方法。還特別告訴他，「妄語乃釋迦大戒」，戒律裡有「四根本戒」，就是殺、盜、淫、妄，所以妄語是佛家的根本大戒。佛怎麼會妄語？怎麼會騙人？換句話說，告訴了求男女得男女，求富貴得富貴，求長壽得長壽；這是事實，決定可以得到的。以後了凡依教修行，此三者果然如願獲得。

【原文】 ....

　　余進曰：「孟子言：求則得之，是求在我者也。道德仁義，可以力求；功名富貴，如何求得？」

【譯文】

　　我聽了以後，心裡還是不明白，又進一步問說：「孟子曾說：凡是求起來，就可以得到的。這是說在我心裡可以做得到的事情。若是不在我心裡的事，那麼怎能一定求得到呢？譬如說道德仁義，那全是在我心裡的，我立志要做一個有道德仁義的人，自然我就能成為一個有道德仁義的人，

這是我可以盡力去求的。若是功名富貴，那是不在我心裡頭的，是在我身外的，要別人肯給我，我才可以得到。倘若旁人不肯給我，我就沒法子得到，那麼我要怎樣才可以求到呢？」

【淺釋】

　　這是進一步向禪師請教，說「孟子言，求則得之，是求在我者也」，《孟子》上有這麼一句話，求而能得到，由於所求在我內心。但是了凡先生的想法是，「道德仁義，可以力求」，那是我本身的事情，我希望成聖成賢，在道德上是講得通的。「功名富貴，如何求得？」功名富貴是身外之物，也能求得到？我沒有功名，能求得功名？沒有富貴，能求得富貴？這似乎是命裡註定的，命裡沒有，哪裡能求得到？「命裡有的求得到，命裡沒有的到哪裡去求？」這是一般宿命論，也就是命中的一個常數。常數是前生造作的因，這一生應得果報，殊不知常數裡有變數，加上變數就會不一樣。功名富貴我們的確可以求得到的。

【原文】

　　雲谷曰：「孟子之言不錯，汝自錯解耳。汝不見六祖說：『一切福田，不離方寸，從心而覓，感無不通。』」

【譯文】

　　雲谷禪師說：「孟子的話不錯，但你解釋錯了。你沒見六祖慧能大師說：『所有各種的福田，都決定在各人的心裡。福離不開心，心外沒有福田可尋，所以種福種禍，全在自己的內心。只要從心裡去求福，沒有感應不到的！』」

【淺釋】

　　孟老夫子的話沒錯，「汝自錯解耳」，你自己錯會了意思；你並沒有真正理解孟子所說的，你的解釋只對了一半，另一半你不曉得。對的

29

一半是德性上，除了德性之外，還有事相上，你也可以求得到的。你不見六祖說：「一切福田，不離方寸，從心而覓，感無不通。」這話出自《壇經》。

《六祖壇經》、《金剛經》、《楞嚴經》，這三部經典自古以來被大家公認是第一等的作品。《壇經》是中國人寫的，所以對中國人來說，有一份特別親切的感情在其中，當然它也實在寫得很好，是整個佛法的綱要。我們不能把它單單看成是禪宗的經典，它是整個佛法的綱要，也可以說是六祖大師的修學心得報告。

六祖講「一切福田，不離方寸」，「方寸」就是心地。「從心而覓，感無不通」，要到哪裡求呢？從心地裡面去求。

【原文】

「求在我，不獨得道德仁義，亦得功名富貴；內外雙得，是求有益於得也。」

【譯文】

「能向自己心裡去求，那就不只是心內的道德仁義可以求得，就是身外的功名富貴也可以求到，所以叫做內外雙得。換句話說，為了種福田而求仁、求義、求福、求祿，是必有所得的。求對於得到是有幫助的。」

【淺釋】

這段教訓非常重要，內求、外求都要從內心求，不要向外面求，向外面求就錯了。所以佛法裡講，求什麼得什麼，都是從內心求，不是叫我們從外面求。外面求，決定得不到。為什麼？外面是常數，外面不會變；心地是個變數，不是常數。

了凡先生二十年來，心地算是清淨，沒有妄想。他的心是守定常數，不知變數，所以他這二十年中的命運跟孔先生算的完全一樣，連考試，都不會提前一名，也不會落後一名，因為他不懂變數的原理。

●欲窮千里目，更上一層樓

　　這是唐代詩人王之渙的名句，寓意著要想看得更加清楚明白，就必須站得更高。了凡先生能靜坐三天不起一個妄念，乍一看會讓人覺得他是位了不起的豪傑，了凡先生也認為自己是對的，但比常人更加懂得命運的雲谷禪師卻能看得更明白：了凡不過是個標準的凡夫。在雲谷禪師的教導之下，了凡終於不甘於命運，開始了創造自己命運的歷程。

雲谷禪師教他這個道理——「求在我」，在自己。道德仁義是內——德行的修養；功名富貴是外——生活上的享受，內外都得，這個求才真正叫做「有益於得」。《華嚴經》裡面所講的「理事無礙，事事無礙」，那是究竟圓滿的享受，內外皆得大圓滿。那真是我們講的事事如意，沒有一樣不稱心。如果沒有這樣殊勝的果報，就不會有人學佛了。

學佛不是消極，是非常現實的。現在人講「現實」，沒有比學佛更現實，這是實在的，你看後就曉得了。一般講現實，未必能得到現實；佛法裡講現實，是真正能夠得到。須知佛陀教育之好，但是，實在講，世間人對佛教誤解了，錯會了意思，不知道它的好處。能夠真正體認了，才曉得佛陀的教學才是世出世間最圓滿、最殊勝、最良好的教育，古今中外絕對找不到的，尤其是大乘佛法。

【原文】

「若不反躬內省，而徒向外馳求，則求之有道，而得之有命矣。內外雙失，故無益。」

【譯文】

「所以一個人，若不能自己檢討反省，而只是盲目地向外面追求名利福壽；但得到得不到，還是聽天由命，自己毫無把握。這就合了孟子所說，求之有道，得之有命的兩句話了。要知道縱然得到，究竟還是命裡本來就有的，並不是自己求的效驗，所以可以求到的，才去求，求不到的，就不必去亂求。倘若你一定要求，那不但身外的功名富貴求不到，而且因為過分的亂求，過分的貪得，為求而不擇手段，那就把心裡本來有的道德仁義，也都失掉了，那豈不是內外雙失嗎？所以亂求是毫無益處的。」

【淺釋】

這是指現代社會，大眾所追求的，能不能求得到？求不到。縱然得到了，那也是命裡有的；命裡沒有而得到的，這才叫做「求得」。命裡

有的你求得，那不算求得，因為不求也會得到。

譬如今天有人說做股票很賺錢，一年賺了幾千萬，這是命裡有的，他得到了。命裡沒有的，你看多少人做股票賠錢，不是每個人都賺錢！若每個人都賺錢，股票誰賠錢？賭博贏來的錢還是命裡有的，你說冤枉不冤枉？甚至於做小偷、做強盜得來的，還是命裡有的。命裡沒有的，偷都偷不來。

古人明白這個道理，才說：「君子樂得為君子，小人冤枉為小人。」為什麼？沒能逃過定命，沒能逃過常數。所以人要是真正明白道理了，都會安於本分。安於本分，自己日子過得好，社會也安定，天下也太平，大家都沒有爭執了。

所以佛法教我們求命裡沒有的；常數裡面沒有的，我們能夠求得到，這是屬於變數。怎麼求呢？要向內心裡面求。我們看看今天的社會，就是這一段所說的，他不能夠「反躬內省」——「反省」是向內心裡面

● 啗餅惜福

唐史紀記載，肅宗當太子的時候，曾服侍皇上用膳，皇上讓太子割羊腿上的肉。肅宗割完，看到肉末粘在刀上，便用餅擦乾淨，還把餅吃掉了。皇上大悅，對太子說：「福分就是靠珍惜得來的。」

求覺悟，向內心裡存養厚德。他不懂這個道理，每天動腦筋往外去求。這種求法，即使是「求之有道」，縱然你有方法、有手段、有計謀，可是怎麼樣呢？「得之有命」，你命裡沒有還是得不到，你得到的都是你命裡的常數，命中有的。你說冤枉不冤枉？袁了凡懂得常數，所以他不操心，不用種種非常手段去求。他曉得有命，打什麼樣的妄想，用什麼樣的手段，命裡沒有，決定得不到。

「內外雙失」，內是什麼呢？心不清淨；外面所求得不到，怎能不生煩惱？了凡居士這二十年，「內」他沒有失，「外面」他失掉了。因為他不想了，什麼也不求了，「內」算是保持了心地的清淨、平和，但是外面一切都是命運所安排的。一般人拼命向外馳求，見識比不上袁了凡。了凡先生得到一個心安理得，而一般人向外馳求的是心不安，得到的還是命裡面註定的，這是「內外雙失」。「故無益」，沒有利益就是損失，結果必是有損無益。這一段開示的確把世出世間的現象完全道破了，我們明白了，就應該有所選擇。

【原文】

因問：「孔公算汝終身若何？」余以實告。雲谷曰：「汝自揣應得科第否？應生子否？」余追省良久，曰：「不應也。」

【譯文】

雲谷禪師接著再問我說：「孔先生算你終身的命運如何？」我就把孔先生算我，某年考的怎麼樣，某年有官做，多少歲就要死的話詳詳細細地告訴了他。雲谷禪師說：「你自己想想，你應該考得功名麼？應該有兒子麼？」我反省過去的所作所為，想了很久才說：「我不應該考得功名，也不應該有兒子。

【淺釋】

雲谷禪師就再問他：「孔先生給你算的終身流年休咎，算得怎麼樣

？」他就老老實實將孔先生所算的告訴了他。

雲谷禪師反問他一句，這就是教他反省，找出惡痛的根源。「揣」是揣量，就是自己認真地去反省一下，應不應該得科第？

應不應該有兒子？你好好反省反省，應不應該有？當然雲谷禪師跟他談話不會只有這麼兩句，但是這兩樁事在了凡來講是最重要的、最關切的，所以提出這兩條大的——他最關心的事情，其餘的就不必提了。

雲谷禪師這一問，他想了很久，答覆雲谷禪師說：「不應也。」他真正知道自己的病根，老老實實回答：「不應該。」因為他老實，善知識遇到誠實人，他一定會愛護，才會給他指出一條明路。要是自大傲慢不誠實，人家對你笑笑就完了，不會認真教誨的。下面是了凡先生反省自己的缺點，這是立命的基因。

【原文】

「科第中人，類有福相。余福薄，又不能積功累行，以基厚福。兼不耐煩劇，不能容人。」

【譯文】

「因為有功名的人，大多有福相。我的相薄，所以福也薄。又不能積功德積善行，成立厚福的根基。別人有些不對的地方，也不能包容。」

【淺釋】

從政的人要有福，如果沒有福，老百姓就要遭難。一個人有福，全國的人民就都有福了。今天講民主自由，大家都認為這是真理，是時代的潮流，任何一個人都不能夠抵擋的。這個潮流是好還是壞，必須再看下面的結果才能夠論斷。在古時候的社會制度下，讀書明理的人沒有爭執，做皇帝的人有的非常開明。我們讀唐太宗的《貞觀政要》，太宗的心胸之開明，真叫人佩服。他曾對別人說：「做皇帝有什麼好處？負這麼大的責任。你想要做，我讓給你做。」竟有這樣大的心胸！他做皇帝

並不是在那邊享福，不是在那邊作威作福，是替百姓做事，是替全國老百姓謀幸福，為國家選拔人才，這些人才是為社會、為人民服務的。確實，從政的人都是有福的。他想想，說：「我福太薄。」沒福！「又不能積功累行」，不肯修福。「以基厚福」，「基」就是培植；不肯培植、不肯修福。沒福不像做官的樣子，不足以領導百姓、造福百姓。

這個毛病就更大了。性情急躁，就是薄福之相。前面是總說，後面是一樁一樁來分析。確實沒福———不耐煩！性情急躁。「不能容人」，心量狹小不能容人。不能容人當然就不能用人，不能夠服人，這是一定的道理。

【原文】

　　「時或以才智蓋人，直心直行，輕言妄談。凡此皆薄福之相也，豈宜科第哉！」

【譯文】

　　「有時候我還自尊自大，認為自己的才幹、智力蓋過別人。心裡想怎樣就怎麼做，隨便亂談亂講。像這樣種種舉動，都是薄福的相，怎麼能考得功名呢！」

【淺釋】

　　「直心直行」是當任意、縱情解釋，也就是我們常講的「使性子」。他高興怎麼做就怎麼做，這也是別人所不能承受的。

　　「輕言妄談」，言論不謹慎，隨便說話，不負責任。

　　「此皆薄福之相也」，這是薄福。真正有福的人莫不渾厚、老實，心胸廣闊而能容人，言語動作緩慢。「緩」顯得穩重。孔夫子說：「不重則不威。」穩重，其威德才能服人，才能夠處世。了凡先生年輕時不夠穩重，自己說出自己沒福，不應該中科第。下一段則說他不應該有兒女的原因。

【原文】

「地之穢者多生物，水之清者常無魚。余好潔，宜無子者一。和氣能育萬物，余善怒，宜無子者二。」

【譯文】

「喜歡乾淨，本是好事；但是不可過分，過分就成怪脾氣了。所以說越是不清潔的地方，越會多生出東西來。相反地，很清潔的水反而養不住魚。我過分地喜歡清潔，就變得不近人情，這是我沒有兒子的第一種緣故。天地間，要靠溫和的日光，和風細雨的滋潤，才能生長萬物。我常常生氣發火，沒有一點和育之氣，怎麼會生兒子呢？這是我沒有兒子的第二種緣故。」

【淺釋】

俗話說，地下不乾淨會長東西，會生五穀雜糧；水要是太清了就沒魚。為什麼？魚在清水裡，它也知道會被人家捕去，所以它不會在清水裡游。也可以說地裡頭很乾淨沒有穢物，是不會生長植物的。

● 觀魚

「水至清則無魚，人至察則無徒。」水太清澈，魚就無法生存了；對人要求太嚴格，就沒有夥伴了。在雲谷禪師的教導之下，了凡先生自我反省，才知道自己沒有兒子的原因之一就是如此。了凡過分的喜歡潔淨，甚至到了不近人情的地步，這成為他沒有兒子的首要原因。

袁了凡有潔癖。整齊、清潔是件好事情，但是太過分的清潔也是個毛病，一點髒東西都不能忍受的，這也不行。這是不應有子的第一個原因。

和氣能興家，俗話常說「和氣生財」，袁了凡沒有財富，與這也有關係。他並不富有，家境清寒。他喜歡發怒，常常發脾氣，看不慣的，看不順眼的，他就要發作，不能容忍。這是沒福，這是「宜無子者」的第二個原因。

【原文】

「愛為生生之本，忍為不育之根；余矜^{ㄐㄧㄣ}惜名節，常不能捨己救人，宜無子者三。」

【譯文】

「仁愛，是生生的根本，若是心懷殘忍，沒有慈悲，就像果子沒有果仁一樣，怎麼會長出果樹呢？所以說，忍是不會生養的根；我只知道愛惜自己的名節，不肯犧牲自己，去成全別人，積些功德，這是我沒有兒子的第三種緣故。」

【淺釋】

「愛」是仁愛，能夠推己及人。這些道理他曉得，但是自己做不到。為什麼？他是個很刻薄的人，「忍」就是刻薄。換句話說，他愛惜自己的名節，不願意幫助別人，這也是無子的一個原因。

【原文】

「多言耗氣，宜無子者四。喜飲鑠^{ㄕㄨㄛˋ}精，宜無子者五。」

【譯文】

「說話太多容易傷氣，我又多話，傷了氣，因此身體很不好，哪裡會有兒子呢？這是我沒有兒子的第四種緣故。人全靠精氣神三種才能活命。我愛喝酒，酒又容易消散精神，一個人精力不足，就算生了兒子，也是不長壽的，這是我沒有兒子的第五種緣故。」

【淺釋】

前面是講存心，以下則從生理上說。他反省說了六條原因，前面三條是從心理上講的，不應該有兒女；後面是從生理上說的，也不應該有兒女。他喜歡說話，喜歡批評人，喜歡論是非，所以說他言語上常常喜歡強出人頭。這容易傷氣，在生理上受傷害，這是「宜無子者」第四個原因。

不但喜歡高談闊論，還喜歡喝酒，大概酒量也不錯。飲酒過度會傷神，「精」是精神；傷精神，對於身體健康有很大的妨礙。

●太白醉酒

喝酒亦並非全是壞事。詩人李白天資絕高，性格清奇，嗜酒如命。他以酒言志、以酒抒懷、以酒解愁，創作了很多豪放的不朽奇作。以酒助興，他個性中的狂放不羈都在詩作中流露出來。

【原文】

「好徹夜長坐，而不知葆元毓神，宜無子者六。其餘過惡尚多，不能悉數。」

【譯文】

「一個人白天不該睡覺，晚上又不該不睡覺；我常喜歡整夜長坐，不肯睡，不曉得保養元氣精神，這是我沒有兒子的第六種緣故。其他還有許多的過失，說也說不完呢！」

【淺釋】

他晚上不睡覺，一定是找朋友聊天，喝酒作樂，不知道保養。想必了凡先生的身體相當虛弱，他不知道保養身體。

想想自己一身的過失毛病，確實是太多了，好像數也數不盡。他為人真正誠實，這叫「懺悔」，發露懺悔。自己身心的毛病都能夠對人說出來，坦誠地說出來，毫無隱瞞。佛門講「懺除業障」，這樣才能夠真正把自己的業障除掉。能夠發現自己種種的弊病，這叫「開悟」。覺悟之後能夠把這些毛病改正過來，這叫「修行」。一般人修行，修什麼行？自己有什麼毛病都不知道，從哪裡修起呢？「修」是修正，「行」是錯誤的行為；把錯誤的思想、行為改過來，這叫「修行」。所以修正行為第一要緊的，就是要知道自己的錯誤行為，才能改過自新。了凡先生很了不起，雲谷禪師一追問，他認真地反省，就把自己心行的毛病一樁一樁的找出來，這是後來他能夠改造命運的根本原因。

他憑什麼能改造命運呢？我們為什麼不能改造？我們對於自己的毛病一無所知，從哪裡改起？人家一反省，毛病就明明白白地擺在面前，然後再一樁一樁地把它改掉。所以內裡求德行，外面求富貴、求兒女，樣樣都得到了。他不是從外面求的，我們看他並沒有在送子觀音前面燒香跪拜，求菩薩送一個兒子。他求功名、富貴也不是在佛菩薩面前去禱告求的。現在人拜神求神都是錯了！哪裡能求得到？寺廟香火鼎盛，一

天到晚不知道有多少人去求富貴、求男女，而得來的全是命裡有的，不求也會得來。還以為是神賜給他的，神對他特別有恩惠，實在是冤枉！所以學佛的人一定要明理，如理如法地去求，就是雲谷禪師所講的「內外雙得」，沒有得不到的。

【原文】

雲谷曰：「豈惟科第哉？世間享千金之產者，定是千金人物；享百金之產者，定是百金人物；應餓死者，定是餓死人物！天不過因材而篤，幾曾加纖毫意思。即如生子，有百世之德者，定有百世子孫保之；有十世之德者，定有十世子孫保之；有三世二世之德者，定有三世二世子孫保之。其斬焉無後者，德至薄也。」

【譯文】

雲谷禪師說：「豈只是功名不應該得到，恐怕不應該得的事情，還多著哩！當知有福沒福，都是由心造的。有智慧的人，曉得這都是自作自受；糊塗的人，就都推到命運頭上去了。譬如這個世上能夠擁有千金產業的，一定是享有千金福報的人；能夠擁有一百金產業的，一定是享有一百金福報的人；應該餓死的，一定是應該受餓死報應的人。比如說善人積德，上天就加多他應受的福；惡人造孽，上天就加多他應得的禍。上天不過在他本來的質地上加重一些罷了，並沒有一絲毫別的意思。就像生兒子，也是看下的種怎樣，種下的厚，結的果也厚；種下的薄，結的果也薄。譬如一個人，積了一百代的功德，就一定有一百代的子孫，來保住他的福。積了十代的功德，就一定有十代的子孫，來保住他的福。積了三代或者兩代的功德，就一定有三代或者兩代的子孫，來保住他的福。至於那些只享了一代的福，到了下一代，就絕後的人，那是他功德極薄的緣故，而恐怕他的罪孽，還積得不少哩！」

【淺釋】

　　雲谷大師這些開導非常重要，絕對不能看作是迷信。如果看做迷信，實在講不是雲谷迷信，是我們自己迷信。自己迷了，不相信別人之言，不相信事實的真相，是自己迷惑顛倒。前面雲谷禪師教袁了凡真實地反省檢討，了凡才真正知道自己的過失很多。「知過能改，善莫大焉」，世間最大的善行就是改過。

●目連救母

　　《盂蘭盆經》中記載，目連得到六通後，想藉著度化父母來報答他們養育之恩。但是，他發現母親墮入餓鬼道中。目連奉飯，食物尚未入口便化成灰炭，母不能得食。為救母出地獄，他在七月十五供十方眾生，以此功德終解母親地獄之苦。

我們在《無量壽經》裡也讀到，佛告訴我們，縱使供養無量無邊的聖人——這是大善，還不如自己回頭來認真修行。認真修行就是改過自新，我們古聖先賢所講的，改過是大善，中外的聖人都有共同的見解。

雲谷在此就講到「豈惟科第哉」，豈只是功名？求取功名是要靠積德，是要靠過去生中的修積，才能夠得到科第。「世間享千金之產者」，這是講富貴。家財萬貫，一定是富貴之人，他才能夠享受富貴。富貴不是隨便可以得來的，佛門裡說，這一生中得大富是因前生財佈施修得多。我們這一生貧困是因前生沒有大修財佈施的果報。財富能不能勉強得到呢？不可能是得不到的。如果勉強去求，災禍跟著就來了。「禍福無門，唯人自召」。我們看中國古人造字，學問都很大，「禍」跟「福」兩個字很像，就差那麼一點點，真是失之毫釐，差之千里。這些都是教我們先知道因果，然後我們求功名、求富貴，才能夠如理如法，沒有一樣求不到的。

「千金」是說大富，「百金」是講中富，必定他們前世都種了善因，所以是大富之人，或是中富之人。「應該餓死的人」，是他前世造惡多端，不修佈施，貪妒吝嗇所致。世間有沒有這樣的人？有。我們也曾見過一毛不拔，一點好事都不願意做的人。他勸人佈施，自己卻不肯佈施。這樣的人，我們知道，來生必得貧窮的果報。因緣果報是自作自受，絕沒有個主宰在支配。如果說有個主宰在支配，這是錯誤的看法。

「天不過因材而篤」，世間人常以為一切皆是天意安排，其實不然，裡面真正的原因是自己的造作，絕對不是天意，天沒有意思。只有大聖大賢有真實的智慧，能把這些事相和事實真理看得清清楚楚、明明白白。這一段是講富貴貧窮都有定命，下面是講兒女也有定命，這是世間人的兩樁本事。

「即如生子，有百世之德者，定有百世子孫保之。」中國的大德——印光大師常稱歎的有兩個人。第一是孔老夫子，所修的是「百世之德」。孔夫子所念都是利益國家、利益百姓，沒有一絲一毫為自己著想。他一生從事教學，把自己的理想抱負傳給學生，是歷史上最偉大的教育家。孔子的子孫一直到今天，已經70多代了。孔德成先生在全世界還受到大眾的尊敬。不但是中國人，甚至外國人——像美國人，一聽到他

是孔老夫子的後代，特別加以禮敬，特別招待他。種善因得善果，於此顯見。

「有十世之德者，定有十世子孫保之。」「十世之德」，在歷史上，帝王將相建立一個政權能夠傳十幾代，像清朝傳了十代——從順治到宣統。如果祖先不積德，那是不可能的！今天的人不相信這些事，認為是自己有能力、有權謀、有智慧，這些想法都錯誤了。祖宗積德，及本身宿世的德行，感應道交，有同樣德行的人到了一家，才能夠保得住。

小而言之，我們家庭的事業能夠傳多少代？我們舉個例子，像臺灣同仁堂。同仁堂原來是在北京，也是祖先積德，這個堂號做了一百多年——百年老店，他傳了多少代！老祖宗存心仁慈，開藥店是以救人為目的，利潤不在乎，只要生活能夠維持，店面能夠維持下去就可以。不是以賺錢為目的，不是以個人享受為目的，是以利益社會，說明苦難的眾生為目的。他存這個心，所以他能夠維繫一百多年。如果子子孫孫不變祖先的宗旨，他的公司行號必然能夠不斷地延續下去。不像現在許多人開公司，開不到兩三年就倒閉了，這就是德薄。

「有三世二世之德者」，能夠傳三世、二世，也「定有三世二世子孫保之。」「其斬焉無後者，德至薄也。」俗話常說：「不孝有三，無後為大。」這是德很薄，以至於他不能傳下去了。過去社會對這些事很重視，現在觀念完全改變了，甚至於有許多年輕的夫婦，他們不要兒女，嫌兒女麻煩。現在社會的結構跟從前不一樣了，現在有社會福利。美國或加拿大，誰養老？國家養老，不需要靠兒女養老，所以他可以不要小孩。六十五歲退休了，國家有養老金，按月送來，比兒子還孝順。這是現代的社會福利制度比從前好，從前老人唯有兒女來撫養，現在的社會逐漸趨向於由國家、由政府來照顧。但是因果的原則是不會變更的。

養兒防老這是世俗的觀點。年輕人發心出家，父母親友總是想盡辦法來阻擋，原因在於他不曉得，還守著舊觀念——無後為大。佛法是看三世——過去、現在、未來，他看到整個宇宙，實在是認清宇宙本來面目。我們世俗人看的只是宇宙中的一部分，看不到全體，而且只看到很小一部分。在十法界裡只看到人法界；人法界裡面只看到現前，看不到過去、未來，所以眼光沒有佛菩薩那樣的透徹。家裡面如果有人出家，

那真正是第一大喜事、第一殊勝之事。

可是出家一定要認真修行，出家修行要是沒有結果，於家庭沒有損害，於自身必定墮落。佛家常說：「施主一粒米，大如須彌山；今生不了道，披毛戴角還」，這是很嚴重的問題。了道的確很不容易，你修行要有一定的成就，決定要證果，至少也要決定往生淨土，超出三界。譬如小乘一定要證得須陀洹果以上，雖沒有出三界也不要緊。為什麼？證得「位不退」，就算是聖人了。以後天上、人間七次往來，決定證阿羅漢果，時間雖然長，不墮三惡道，算是有成就了。

以這個標準來看，在大乘佛法裡面最低限度，也要把見思煩惱斷一部分——也就是八十八品見惑斷掉，才算是成就。八十八品見惑沒有斷掉，這一生就沒有成就，這是我們必須要認清楚的。八十八品見惑斷掉，在大乘圓教裡是初信位，小乘是初果位，不達到這個標準不算成就，還是要六道輪迴。六道輪迴就要還債，十方的供養你必須要一一償還。人家不是白白地供養你，一定要償還。如果證得小乘初果、圓教初信位，供養的人都有福了，也不要還債，他的確種在福田上了。依此標準來看，我們這一代的出家人做不到，誰有能力可以得到？

做不到還有一個方法——求生淨土。求生淨土，一定要能往生，若不能往生還是不行。實在講求生淨土，比斷八十八品見惑容易得多了。生西方淨土，八十八品見惑一品不斷都沒有關係，所謂帶業往生。只要具足真正的信心、真實的願行，老實念佛，沒有一個不成就的。這在我們的《無量壽經》、《彌陀經》上看得清清楚楚的。所以發心出家，一定要成就的。

【原文】

「汝今既知非，將向來不發科第，及不生子相，盡情改刷。」

【譯文】

「你既然知道自己的短處，那就應該把你一向不能得到功名，和沒有兒子的種種福薄之相，盡心盡力改得乾乾淨淨。」

【淺釋】

這是雲谷禪師教給了凡先生改造命運的方法，對著袁了凡的習氣毛病來下藥——應病與藥。他已經知道自己的毛病習氣，所以教他要「盡情改刷」，「改」是改過，「刷」是刷洗，「盡情改刷」是真正的修行，並不是天天念經、拜佛、念咒這些形式上的功夫——修行一輩子還要搞六道三途，都叫形式。形式的目的無非是提醒自己，是表演給別人看的，引發別人覺悟，真正目的在此也。個人修行不重形式，重在發現自己的毛病，這個叫「開悟」；把自己的毛病改正過來，就叫修行的「功夫」。所以最要緊的是，自己能心平氣和來反省檢點，把自己的毛病習氣找出來。「尋出」就是尋找，找出自己的病痛，找出自己過失到底在哪裡，這樣「便有下手處」，你才知道如何去修正，怎樣去改過。「用全神全力反轉來」，「神」是精神——用全副的精神、全副的力量，「反轉來」，把它轉過來。下面舉出幾個例子教我們。

「慳貪者轉之以施捨」，譬如「慳貪」，「慳」是慳吝；我們有的不肯施捨給別人，有的希望貪得。如果我們有這個毛病，「轉之以施捨」，用佈施的方法把它改正過來。我有的別人沒有，人家向我要，我很慷慨、很大方，能送給別人。或者我看到別人有急需，他還沒有向我要，我就主動地佈施給他，這是修福。

「佈施」有財佈施、法佈施、無畏佈施這三大類。法佈施是我們以智慧、技術去幫助別人，或者是教導別人。別人不會的我們會，我們要

熱心去教他，使他也有這種能力，或啟發他的智慧，這叫法佈施。無畏佈施是幫助別人身心安穩。他心有不安、有恐懼，我們幫助他，使他身心安穩，這叫無畏佈施。譬如有人害怕走夜路、怕鬼，我們有時間就送他回家，跟他做伴，他就不怕了，這屬無畏佈施。

又如現在年輕的學生，都要去服兵役，服兵役也是無畏佈施。為什麼呢？軍人保護這個地區國家百姓的安全，使之不受外面敵人干擾侵害，這自然是屬於無畏佈施，所以三類佈施的範圍非常廣泛。佛告訴我們財佈施得財富，法佈施得聰明智慧，無畏佈施得健康長壽。

臺灣放生的風氣很盛，放生也是屬於無畏佈施，但是現在放生有很多流弊。因為大家拼命去放生，有些商人拼命去捕捉鳥獸（你不放生他就不去捕捉了）；這樣的心態、行為就不是無畏佈施，而是戕害眾生，好心也變成了造惡業。放生應該是我們去買菜時看到很多活潑的動物，推想它決定可以活得下去的，就買來放生，這是慈悲救苦。我們還聽說有很多鳥獸公司，賣的都是自己飼養的動物，決定沒有野地謀生的能力，一旦被放生到野外，決定是死路一條，這些我們都要知道。所以是在菜市場偶爾發現肯定能活下去的動物，買去放生。放生的儀式，給它念阿彌陀佛，念三皈依就很好了。

「憤激者轉之以和平」，這是講性情。容易發脾氣，容易急躁，這是大毛病。了凡患了這毛病，雲谷禪師在此地勸他「轉之以和平」；和氣心平，心地平靜，你的態度自然就溫和了。這在德行上也是一個重要的項目，無論是佛家、儒家都講求。孔夫子的學生讚歎孔子的德行有五種──「溫、良、恭、儉、讓」。第一就是溫和，這是學生們對老師的評語──溫是溫和；良是善良；恭是恭敬，無論對人對事他都謹慎恭敬；儉就是節儉、不奢侈，生活很樸實；讓就是禮讓，孔夫子事事都讓別人，絕不會與人相爭。這是夫子之美德，是做人的典範。

「虛誇者轉之以切實」，這就是喜好誇大的毛病，為人不實在。如果知道這些事實，別人對我們說的話自然要打折扣，因為不誠實，我們就難以取信於人，所以決定不能夠浮誇，一定要誠實。

「浮囂者轉之以沉定」，「浮囂」就是我們常講的心浮氣躁；心浮就要以「沉定」來對治；要沉著，心要清淨，要能定得下來。

●諫鼓謗木

在了凡先生看來，改過是為善的前提。要想改過，首先應聽取
別人的意見和建議。圖為帝堯虛己受言，納諫改過的故事。帝堯特
設一鼓於門外，只要有人想提出批評或建議就可以擊鼓，只要合理
帝堯一定虛心接受，這使得天下太平。

「驕慢者轉之以謙恭」，世出世間實在沒有一樣值得驕傲，有什麼
值得驕傲的？事情做好了，是本分的，是應該的；做不好要處分。諸佛
菩薩一切恭敬，孔孟亦無不敬。我們比起佛菩薩相差太遠了！所以對人
一定要謙恭有禮，要謙虛、要恭敬，謙與敬都是性德。

「惰逸者轉之以勤奮」，世出世間法如有懈怠懶散的毛病，一定不
會有成就的。所以一定要精進，要努力，要把精神提起來。釋迦牟尼佛
在世時，阿那律陀懶散的毛病就很嚴重，被佛呵斥一頓之後，他真的振
奮起來，七天七夜不眠不休，結果把眼睛搞壞了。佛很慈悲地教他修「
樂見照明金剛三昧」，以後他得了「半頭天眼」，不用肉眼比別人看得
還清楚，他能看到三千大世界。所以人一定要發憤，要振奮起來。懶惰

，做一切事情都不能成就；不但是佛法不能成就，世間法也不能成就，一事無成。古今中外，世出世間哪一個有成就的人是懶惰的人，是散漫的人？沒有！

「殘忍者轉之以仁慈，怯退者轉之以勇進」。「怯退」是退步、退轉。這也是大病，必須要勇猛精進。

這些毛病都是了凡先生自己敘述出來的。前面說過，各人有各人的病痛，如果我們也像他這樣改進，自己的病痛要想一想，用方法來對治。下文是雲谷禪師教他修持的幾個重要綱領。

【原文】

「務要積德，務要包荒，務要和愛，務要惜精神。」

【譯文】

「一定要積德，一定要對人和氣慈悲，一定要替人包含一切，而且要愛惜自己的精神。」

【淺釋】

「務」是務必，一定要「積德」，斷惡修善。「積德」，世出世間法都以這個為基礎。前面講的「享千金之實」、「有百世之德」，如果不是認真斷惡修善積德，怎麼能做得到？孔子受一國人尊敬，釋迦牟尼佛受全世界人尊敬；一個是積世間的大德，一個是積世出世間的大德。

「務要包荒」，是講心量要拓開，要能夠包容。不能包容，我們自己的煩惱就多，對於佛法的修學造成了障礙。我們是修「覺、正、淨」，如果心不得清淨就不會覺悟，我們的見解也就會有偏差。正知正見、大覺大悟，一定是以清淨心為基礎。所以要能包容，世出世間一切法不必認真計較。《金剛經》上說得好：「一切有為法，如夢幻泡影。」一切法不是真實的。就是世間一切境界，古人也說是：「過眼雲煙」，這種看法跟《金剛經》非常接近。有什麼值得計較的？何必把它放在心上

，妨礙了自己的清淨心。

「務要和愛」，這是了凡最大的弊病。一定要和氣，一定要能夠博愛，就是佛法講的慈悲。佛講的慈悲是平等的，所以叫「大慈大悲」。儒家講仁愛，仁愛跟佛法的大慈大悲確實相當接近。孔老夫子說：「仁者無敵。」「敵」就是敵對。這世間還有跟我對立的，那就不是仁愛了，仁愛是沒有敵對的；沒有敵對就是佛法裡面講的大慈大悲。雖然儒家講的話不一樣，其實裡面的內容是相同的，這是我們要學習的，真正有利於自己的。

淨宗講「一心不亂」，有了對立，一心絕得不到。有對立是二心，就是有對待。六祖大師講「本來無一物」，有一物存在就不是真心，所用的還是妄心。心裡果然清淨，決定沒有相對的。沒有對立的，真心才能顯露，清淨心才能現前，淨宗所講的一心不亂，我們才能獲得。

不要說真正的一心不亂，就是相似的一心不亂──功夫成片，也是從這裡下手的。念佛人念了多少年，功夫成片沒有得到，就要找出毛病在哪裡？將病根找出來了，然後再把病根消除，障礙就沒有了，功夫就可以成片了，功夫成片就決定往生。功夫到何種程度自己曉得，清清楚楚、明明白白，不必問別人。功夫成片，是凡聖同居土，事一心不亂是生方便有餘土，理一心不亂是生實報莊嚴土。品位與功夫正好成正比。

功夫成片裡面也有高下不等，所以有九品。上三品的都能自在往生，中三品的都能預知時至。上三品的自在往生，就是想什麼時候往生，就什麼時候往生；暫時不想走，也可以隨意多住幾年，一切皆能隨心所欲，確實能做得到。一心不亂功夫更高了，因為事一心、理一心都不是我們凡夫一生中能達到的，但是功夫成片則人人可以做到。所以要想這一生自在往生，想什麼時候去就什麼時候去，我們一般凡夫也可以做得到。這就是凡聖同居土裡的上三品往生，是功夫成片帶業往生的。

「務要惜精神」，要愛惜精神。因為了凡喜歡徹夜長坐，不知道保養身體，所以精神很差，因而對於身體精神的保養要重視。上面大師所講的都是針對了凡的開示。

【原文】

「從前種種，譬如昨日死；從後種種，譬如今日生；此義理再生之身也。」

【譯文】

「從前的一切一切，譬如昨日，已經死了；以後的一切一切，譬如今日，剛剛出生；能夠做到這樣，就是你重新再生了一個義理道德的生命了。」

【淺釋】

過去的事情已經過去了，不要後悔，不要再去想它，要緊的是改正現在的，修正未來的。所以「疑」跟「悔」都是煩惱，在《百法》裡是隸屬於二十六個煩惱的心所。佛不叫我們常常去想過去。尤注說：「此至人造命訣也。」「至人」是一個有高度智慧的人，真正覺悟的人。改造命運的秘訣，就是這一段的開示，其精要就是從「務要積德」到「義理再生之身」六句，確是改造命運的秘訣。

尤居士此節小注說得好：「改造命運第一步工夫，便是痛改前非。一一積習悉皆掃除，一一病根悉皆拔去，時時處處常自警覺，嚴自克治。保善天真，如保赤子。改造命運全權在己，不屬造化，即上文所謂極善之人，數固拘他不定是也。」

「積習」就是習氣，如前面所講的壞習慣，要「悉皆掃除」。

「一一病根悉皆拔去，時時處處常自警覺，嚴自克治」，對待自己要嚴格，不要常常原諒自己；常常原諒自己，前途就有限了。律己要嚴，對人要寬；對人要寬厚，對自己要嚴厲。要克服自己的毛病，對治自己的習氣。

「保善天真」，「保」是保護，「善」是純善。什麼叫「天真」？心裡面一念不生就是天真。天天在打妄想，天真就失掉了。天真就是真心，真心就是清淨心。

「如保赤子」，好像慈母照顧嬰兒一樣，要全心全力、全副精神去照顧起心動念。

「改造命運全權在己，不屬造化」，改造命運之事完全在我自己，與諸佛菩薩與天地鬼神毫不相干。所以真正把這本小冊子明瞭了，從今

●臨終遺教

釋迦牟尼的父親病臥於床，世尊為淨飯王說明妙法，王聞法生善，安詳地辭別了現世。淨飯王出葬，世尊躬身手拿香爐走在棺前，慟哭不止，為眾生說四諦之法，勸勉眾生永離生死離別與六道輪迴之苦。

以後你也不要再去看相、算命、看風水，這些都用不著了。仔細反省一下自己的命運就知道了，怎樣去改造，也曉得了，不會再受別人的欺騙了。

「即上文所謂極善之人，數固拘他不定是也。」前面雲谷禪師說，什麼樣的人叫「極善之人」？我們淨宗講極樂世界「諸上善人」，這個「上善之人」就是「極善之人」。哪一類的人是「上善之人」呢？能夠改過的人就是「上善之人」。西方極樂世界的人天天都反省、改過，一直到沒有過可改了，那是成功。

等覺菩薩還有過失，什麼過失？一品生相無明沒斷，就是他的毛病，就是他的過失，他還要改過自新。由此可知，等覺菩薩還要改過，何況我們！我們看到這裡應該覺悟了，修行修什麼？就是改過。從現在起發心改過，一直到等覺菩薩還是改過，過失都沒有了，就成佛了。有過失就不能成佛，所以菩薩叫「覺有情」，菩薩是有情眾生，不過他覺悟。覺悟，就是知過能改。我們凡夫有情不覺，不覺就是不知過、不會改，認為自己樣樣都是對的。想想自己有沒有毛病？想了半天，一個毛病都沒有。所以常說凡夫沒有毛病，菩薩毛病很多。菩薩常常檢點，知道自己毛病很多，不斷在改，三大阿僧祇劫都還沒改完。你想想看，這毛病有多少？凡夫居然沒毛病，這怎麼得了！這就是什麼叫做「覺」，什麼叫做「不覺」。知道自己一身毛病的人這是覺悟的人，就是我們佛家講的菩薩；不知道自己毛病的人就是佛家講的凡夫。這很好懂，菩薩不是神，菩薩是一個知道自己毛病的人、常常改過自新的人。

如果我們能更進一步，不但改過自新，又能發阿彌陀佛之願，即是改造命運最殊勝的方法。我們天天念《無量壽經》，把《無量壽經》念得很熟，但這只是初步功夫。第二步功夫就是拿《無量壽經》當做一面鏡子，每念一遍就是照一次，照一次就是對照一下，去尋找自己的毛病。我們照鏡子曉得哪個地方髒了，趕快把它洗淨，洗淨就是修正。心裡面骯髒不能覺悟，要讀經，經典是一面鏡子，拿這鏡子照一照，知道我們心裡哪些地方有毛病，趕緊把它改過來。所以第一步是念熟，第二步是依教奉行，就是依照《無量壽經》來修行。

修行第一要「發願」。阿彌陀佛四十八願，仔細想我們有沒有？我

們要把四十八願變成自己的願心，讓咱們跟阿彌陀佛是同心同願，真正的同志。同願、同志就是一個人，換句話說，你也變成了阿彌陀佛的化身。所以阿彌陀佛是榜樣，我們要照這個樣子來塑造自己，把自己改變成跟阿彌陀佛一模一樣——心一樣、願一樣。你想想，這樣你怎麼不能往生？決定往生！心願相同了，然後言阿彌陀佛之言，言語相同了，平常處事、待人、接物，念念不忘阿彌陀佛，念念不忘勸人念阿彌陀佛，這就是言阿彌陀佛之言，行阿彌陀佛之行。

我們的身、語、意三業都像阿彌陀佛，就是阿彌陀佛的化身，就是阿彌陀佛乘願再來。這比「義理再生之身」高明得多，這是即身成佛，成了阿彌陀佛了，把我們凡夫身搖身一變，成了阿彌陀佛再來。本來我們是業報身來投胎的，現在一變，變成了阿彌陀佛乘願再來，這是改造命運最殊勝、最上乘的方法。

【原文】

「夫血肉之身，尚然有數，義理之身，豈不能格天！」

【譯文】

「我們這個血肉之軀，尚且還有一定的數；而義理的、道德的生命，哪有不能感動上天的道理？」

【淺釋】

其實這裡面的重點是講妄念——妄想執著。身與數實在講不相干，真正有關係的是心。身是受心的影響，主要的是心地。凡夫的心地，總而言之是自私自利。這是凡夫心，一定墮在數量裡。如果拿佛法來講，若用意識心，亦決定墮落在數量裡，也就是用八識，八識是有為法。佛菩薩為什麼能超越？因為他轉八識成四智，他不用八識，所以不落在數裡面。

「義理之身」，自己覺悟之後，用的是覺心。前面「血肉之身」用

的是迷情，如果用的是覺智，「豈不能格天」！

尤注說：「精誠所至，金石為裂，此至誠所以格天也。」這有一個典故。漢朝名將李廣，有一次行軍時，路邊草很深，草裡面有一塊大石頭，他看錯了，以為是一隻老虎。他拔弓箭射它，用的力很猛，箭射去插得很深。可下馬一看是一塊石頭，自己也很驚訝！想：「我的力量有這麼大，箭能插得這麼深！」但再射一次就射不進去了，這才知道是「精誠所至」。正像羅什大師七歲時舉大鐵缽一樣，沒有心、沒有念頭時把它舉起來了。再一想：「我人這麼小怎麼能舉得動？」再舉就舉不動了。李廣把石頭當成一隻老虎，不知道它是石頭，知道以後箭再也射不進去了。這是比喻一個人以真誠之心，真誠沒有妄念，所以金石為開。

由這兩則小故事也能證實《華嚴經》講的「事事無礙」。事事無礙的心地清淨到相當程度，才沒有妨礙；如果心不清淨，事事都有障礙，所以觸事成障。心地清淨就沒有障礙了。

「至誠所以格天」，「格」當做感格、感應講。儒家講的格物，「格」是格鬥，「物」是物欲。我們要捨棄欲望，不會被欲望所轉，這叫「格物」。「天」就是數，就是定數，此地講「格天」，也就是我們講的命運以至誠感格而改變了命運，轉移了命運。至誠就是真心，至誠心就是《觀無量壽經》講的菩提心——至誠心、深心、發願迴向心。

【原文】

「太甲曰：『天作孽，猶可違；自作孽，不可活。』」

【譯文】

「《尚書·太甲篇》上說：『上天降給你的災害，或者可以避開；而自己若是做了孽，就要受到報應，不能愉快心安地活在世間上了。』」

【淺釋】

「太甲」是商朝時候的皇帝，在早年也是胡作妄為，以後得大賢伊

尹的教導，他改過自新。這幾句話是他改過自新之後，對於伊尹感謝的話。

「天作孽，猶可違」，天命所做的不善是可以改變的，我們修善積德就可以改變。「天」就是指天命，天命也就是「數」，我們一般講的命運——是可以改造的。

「自作孽，不可活」，「自作孽」是這一生自己造作的不善。「天作孽」是宿世的，過去生中所造的惡業。這一世所得的不善果報可以改，這就是宿命可以改；現前造的罪業，那就沒辦法了。現前繼續再造，你不會改過。過去有惡因，現在再加惡緣，必定結惡果；過去有惡因，現在斷惡緣，雖有惡因不結惡果，這是一定的道理。

改造命運的原理就在「緣」上——「因緣果報」，「因」是過去生中所造的，沒有法子改變，能改變的在「緣」。譬如說我們種瓜種豆，瓜與豆的種子是因，不能把瓜子變成豆，也不能把豆變瓜；因是定數。我們今天想要瓜，還是想要豆，就在緣上加以決定。我們想要豆，把豆的種子種下去，瓜的種子收藏起來，它就不會結瓜。結果需要緣，緣有土壤、肥料、陽光、空氣、水分等等，這些緣都具足，它一定會長得很好。若不想要它結果，雖然有因，只要把緣斷了，譬如瓜子放在茶杯裡，放一百年也不會長成瓜。為什麼？它沒有緣。

所以過去雖然造作惡因，這一生中不造惡業，斷惡修善，惡的緣就沒有了。過去生中總有善因，一個人哪有一生做惡沒有做善的？找不到！一生都行善，沒有一點惡，這種人也找不到。所以生生世世我們所造的業都是善惡混雜，惡多少是有的，或者是惡做得多，善做得少。惡做得多不要怕，只要今生不再做惡，惡緣斷了，雖然是少善，少善也會開花結果，所以一定要斷惡修善。

「自作孽」就是現在還繼續不斷去造惡業，惡的果報一定現前，所以「自作孽，不可活」。「天作孽」是過去生人所做的，這是我們可以改造的；現前再要不斷地造作惡業，那就沒法子改造了。

【原文】

「詩云：『永言配命，自求多福。』」

【譯文】

「《詩經》上也講：『人應該時常想到自己的所作所為，合不合天道。很多福報，不用求，自然就會有了。因此，求禍求福，全在自己。』」

【淺釋】

「詩」是《詩經》，「五經」與「十三經」裡都有《詩經》。《詩經》裡有句話說：「永言配命，自求多福。」「永」是永恆的意思；「配命」就是「上合天心」。這兩句話就是佛家早晚課誦真正的目的。早課是提醒自己，晚課是反省、檢點自己，這樣早晚課做得就有意義了。在佛陀的時代，早晚課的內容就是三皈依。早晚課所念的詞句是出自《華嚴經·淨行品》——「自皈依佛，當願眾生，體解大道，發無上心。」早晚都一樣。現在我們所見的課誦本是古德所編的，內容適合於當時在一起共修的大眾，這對於我們自己修學恰不恰當？不恰當就要修正。根據什麼修正？針對我們的毛病來修正，則課誦對於我們才有大利益。拜懺也是如此。如果天天拜懺，心還是不清淨，業障不但不能消除，還在增長。就跟生病吃藥一樣，如果這些藥用下去之後沒有收到效果，生病的人就得趕緊換個醫生，另外換處方才好。誦經、拜懺是治我們的心病，治我們的煩惱，若沒有效，就要想方法對治。所以夏蓮居士所編的《寶王三昧懺》，比起其他懺本更契合於現在眾生的一般毛病，諸位仔細看看就曉得，裡面許多文句講的是我們現前的病痛。因此早晚課誦要根據自己病痛來選定。

圖書館早晚課誦都念《無量壽經》，就是修定。如果沒有這麼長的時間來做課誦，可以在早晨念第六章——四十八願；晚課念三十二至三十七章，這六章都是講因果報應，希望自己能改過自新。早課提醒，晚課反省，這才是「永言配命，自求多福」。

此地所講的「天心」就是自性，所以「天」不是指天地、天神，就是自己的真如本性。與自性相應，與真心相應，這是第一善。也就是《無量壽經》中講的八個自然，都是這個意思。

【原文】

「孔先生算汝不登科第，不生子者，此天作之孽，猶可得而違。汝今擴充德性，力行善事，多積陰德。」

【譯文】

「孔先生算你，不得功名，命中無子，雖然說是上天註定，但是還是可以改變。你只要將本來就有的道德天性，擴充起來，儘量多做一些善事，多積一些陰德。」

●李廣冥山射虎

漢名將李廣，誤把大石當虎，把箭射入大石很深，之後再射便怎麼也射不進去了。一個人真誠到沒有一絲妄念，一心只做一件事，總會收到意料之外的效果，這正是所謂的「精誠所至，金石為開」。

【淺釋】

　　孔先生給你算命，你命裡沒有登科的福報、沒有兒子。這是你過去生中所造的業，所積的惡業，前世所修的不善，但是可以改造。就是命運是有，但不是定命，不是一成不變的；以前是常數，現在再造的是變數。

　　雲谷禪師非常具體地指出來，如何改造自己的命運。改造命運一定要曉得從心地上改——「擴充德性」就從這裡改。由此可知，從外面改、外面求，則是雲谷講的「內外雙失」。現在有人改風水，改個門，改個窗，改個位置，莫不是內外兩失。表面上好像是有得，其實還是命裡有的，依然還是個常數，不是變數。

　　要知道從心裡面改，從觀念上去改，就是斷惡修善。「多積陰德」，「陰德」是自己多做好事，不需讓人知道，這叫陰德。做了一點好事，就到處宣揚，受人讚歎，果報就報掉了；一面做一面就報掉了，德積不住。做好事沒有人知道，很好；做了好事還有人罵你更好——罵你是給你消業。罪業惡報都消掉了，好的、善的都藏在那裡沒動，善是愈積愈多，惡是愈消愈少。今天做好事遭人家毀謗而不甘心，做了好事為什麼還遭惡報？其實那才是善報。做了好事人家馬上表揚，什麼好人好事……現前都報掉了。所以善一定要累積，就是藏起來不讓人知道，這才是真正的好事。

【原文】

　　「此自己所作之福也，安得而不受享乎？易為君子謀，趨吉避凶；若言天命有常，吉何可趨，凶何可避？」

【譯文】

　　「這是你自己所造的福，別人要搶也搶不去，哪有可能享受不到呢？《易經》上也有為一些宅心仁厚、有道德的人打算，要往吉祥的那一方去，要避開兇險的人、兇險的事、兇險的地方。如果說命運是一定不能改變

的，那麼吉祥又何處可以趨，兇險又哪裡可以避免呢？」

【淺釋】

你自己這一生所造的善業，當然你自己享受。佛經裡講「因果通三世」，我們這一生的果報，是前生修的；這一生修的，來世得果報。如果你修得很積極，修得太多了，等不到來世，現前就報了，是這麼個道理。了凡先生後半生的命運全部改變來，就是這個道理。他積的善太多了，不等到來世，現在就得果報。

「易」是《易經》，《易經》可以說是中國古代最早的一部哲學書，裡面有甚深的哲理，教人成賢成聖，而且著重在數學的探討。內容有六十四卦，每一卦有六爻，共有三百八十四爻。從這裡面去推衍陰陽剛柔的變化，能夠知道過去未來的一切事相。小而個人，大至國家、世界的變化，都可以從這裡面推衍出來。這是自然的因果律，也就是它所能推算得出來的。但是雲谷禪師的超越數量，它就沒有辦法推斷。所以它能推斷的是常數，沒有辦法推斷變數，其目的是教人「趨吉避凶」。常數是定數，《易經》知道有變數。但是人的心境，一念善就是加，一念惡就是減，天天都有加減乘除。如果加減乘除的幅度不大，於常數沒有太大的變化，那麼命運就會被人算得很准。

了凡先生被孔先生算定之後，他二十年不增也不減，完全相符，一點也不錯的。凡夫一般總是有變化的——一念善，一念惡……不像了凡先生不想做善事，也不做惡事，始終保持一個常數，所以他的命運還是相當準確的，如果變化大就超越了。因為超越常數，所以「吉可以趨」，「凶可以避免」，就是自己可以爭取的意思。

尤注說：「因為諸行無常，所以一切得失苦樂境界，都覺得非常活變，可以隨著各人行為，把他加減乘除去來。」「行」是思想、見解、行為，這不是一個常數，所以一切得失苦樂境界都覺得非常活變，可以隨著各人行為，把它加減乘除去來。常數是因，變數是緣，改造命運的關鍵在「緣」上。佛法對緣非常重視，所以講「天地萬物，因緣所生」。因緣所生著重在緣——緣生法。因為緣是變數了，因是常數，掌握這個變數，自己就可以改造命運了。自己就可以循著自己的理想、自己的

願望，得到殊勝圓滿的結果。佛在經上也給我們說「無常、無我、涅槃」，懂得這個原理，人可以成聖、成賢，可以成阿羅漢、成菩薩、成佛，都是基於這個原理來說的。

【原文】

　　「開章第一義，便說積善之家，必有餘慶。汝信得及否？」余信其言。

【譯文】

　　「《易經》開頭第一章就說：經常行善的家庭，必定會有多餘的福報，傳給子孫；這個道理，你真的能夠相信嗎？」我相信雲谷禪師的話。

【淺釋】

　　由此可知，《易經》瞭解世間宇宙人生的常數，但是它也知道這裡面有變數。掌握了變數，小則可以改造自己的命運，大則可以代世界國家謀求永久的安定和平。這一部書真正是了不起，很可惜現在幾乎變成看相算命的書，實在太可惜了！正如同梅光羲居士在《無量壽經》序文中說：「《彌陀經》本來是幫助我們了生死、出三界、成佛作祖的一部書，現在變成為人送終的經卷，這實在是太冤枉了！」《彌陀經》淪落到這種地步，就像《易經》淪落到看相、算命、看風水一樣，太可惜了！《易經》確實是指導人生幸福、世界安定和平的一部哲理書。《易經》教導我們改造命運，就是「積善」。積善當然先要改過，改過而後積善，這樣的人家「必有餘慶」。雲谷禪師問了凡：「你能不能相信？」

　　袁了凡之所以能改造命運，關鍵所在就是聞到善言他能夠深信，這就是大善根、大福德，他遇到雲谷這是因緣。佛經上講的「善根、福德、因緣」，這三個條件具足，他的命運怎麼會不轉？絕對能轉過來的。

　　尤注說：「聞善言而生疑謗者，是為罪惡之相，故曰疑為罪根。」「善言」是聖教，世出世間聖人的教誨，後人稱之為經典。經典所說就

是真理，永遠不變，超越時間，超越空間。超越時間就是幾千年前所說的道理，幾千年之後還是這個道理，永遠不變的；在我國是這個道理，拿到外國去還是這個道理，這是超空間。超時間、超空間，這才稱之為經典。

所以聽到這些話，知道這些世出世間的聖人，他們的著作教訓絕對不是經驗累積的。經驗累積有時候還有差誤，還有不適時宜。佛經是從真如本性流露出來的真言，不是經驗的累積；歷史教訓是經驗的累積，經典著作是真性的流露，所以超越時空，是絕對的真理。你能相信，絕對得利益、得好處；不相信，這種殊勝的功德利益，是你當面錯過。所以佛法講「疑是罪根」，是根本煩惱。根本煩惱有六個──貪、嗔、癡、慢、疑、惡見，「惡見」是錯誤的見解。尤注說：「聞善言而起敬信者，是為福德之相，故曰信為福母。」「母」是比喻能生的意思，世出世間的福德都是從「信善言」而生的。你能深信聖言，你能相信聖教，無量無邊的福德是從這裡生出來的。了凡先生很難得，聽到雲谷的開導他就深信。

【原文】

拜而受教。因將往日之罪，佛前盡情發露，為疏一通。先求登科，誓行善事三千條，以報天地祖宗之德。

【譯文】

我向他拜謝，接受他的指教。同時把從前所做的錯事，所犯的罪惡，不論大小輕重，到佛前去，全部說出來。並且做了一篇文字，先祈求能得到功名，還發誓要做三千件的善事，來報答天地祖先生我的大恩大德。

【淺釋】

「拜而受教」，在此處我們見到了凡尊師重道的真誠表態，並不是隨便說：「我相信，我一定照做。」然後過了兩天都忘掉了，他是認真

●慧達改過

　　了凡在雲谷禪師點撥之下，將往日之罪在佛前盡情發露，開始自己自新之路。圖中慧達改過與之有異曲同工之妙。劉薩訶以屠業為生，暴病而死。其靈魂到地獄門前，遇到觀世音菩薩，在菩薩點撥之下還陽界並痛改前非，最後免下地獄，並在安仁寺出家改名慧達。

地去做。下面是了凡先生自己的敘述，從此把從前種種的習氣、種種的毛病在佛前盡情發露，絲毫不隱瞞。而且「為疏一通」，「疏」就是疏文。述說自己種種過失的情形，向佛菩薩陳白，這是表示自己真心懺悔，求佛菩薩為作證明。《寶王三昧懺》裡有不少文字，跟了凡先生的疏文相同。

尤注說：「朱子家訓有雲，惡恐人知便是大惡。」自己的缺點，自己的毛病不要怕人知道。真正聰明智慧的人，自己的弊病越多人知道越好；人家批評一句，人家責罵一句，業障就消了。如果把自己的毛病隱藏起來，不讓人家知道，惡就越積越大，後來的果報不堪設想！所以有過失不要隱藏，別人說出來，自己要感謝。縱然沒有過失，人家冤枉了我們也好；冤枉我們也是替我們消業，不必去辯白、辯護。常常為自己辯護，自己真的有毛病人家就不說了，那個惡就大了。唐太宗之所以能成為歷史上賢明的帝王，就是他不護短。任何人可以當他面說他的過失，他以帝王之尊卻不責備人。為什麼？他要知過改過。

了凡先生發願「先求登科」，這「科第」是他命裡沒有的。命裡沒有而求得，那才是真正求得的。「誓行善事三千條，以報天地祖宗之德」，「天地」是講神明；發願行善事三千條，以報答天地神明和祖宗之德。

【原文】

　　雲谷出功過格示余。令所行之事，逐日登記。善則記數，惡則退除。且教持準提咒，以期必驗。

【譯文】

　　雲谷禪師聽我立誓要做三千件的善事，就拿了功過格給我看。叫我照著功過格所訂的方法去做，所做的事，不論是善是惡，每天都要記在功過格上。善的事情就記在功格下面，惡的事情就記在過格下面。不過做了惡事，還要看惡事的大小，把已經記的功減除。並且還教我念準提咒，更加

上了一重佛的力量，希望我所求的事，一定會有效應。

【淺釋】

　　雲谷禪師贈送「功過格」給了凡先生。對於什麼是「功德」，什麼是「過失」，列出具體的條目。

　　教導袁了凡先生依此修行，每天反省檢點，有過失要記下來，修的善事也要記下來。

　　「功過格」在明朝末年很流行，有一些讀書人以此來修身，佛門裡也有。蓮池大師就編有功過格，名稱叫「自知錄」，完全是以佛法善惡的標準，提供給四眾弟子作為斷惡修善的標準。功過格流傳到現在有很多種，可以給我們做參考。了凡先生距離我們現在有五百多年，時代背景跟現在不一樣，生活方式也不相同。換句話說，許多事項上的標準不一樣。我們要守住它的原理原則，要用智慧，然後細想在當前的社會裡，我們應該怎麼做。目前還沒有人給現代編一個功過格，現在所流行的都是古代的功過格，我們要曉得它的精神之所在。

　　「準提菩薩」是觀世音菩薩在密教裡的化身。為什麼雲谷禪師不教他念經，要他念咒？念咒的目的是要恢復清淨心，不要胡思亂想。咒沒有意思，沒有辦法想意思，一直念下去，念久了心就清淨了，其目的在此。所以念經、念咒、念佛，目的都相同，這要應機施教。因為如果教了凡念經，他會想經中的意思，所以教他念咒。佛門裡也說：「念經不如念咒，念咒不如念佛。」都是講求實行。

　　我們今天缺乏以往的基礎教育，能做的就是古德所講的「亡羊補牢」。所以學佛的頭幾年著重在背書──背誦《無量壽經》。尤其是年輕人，二十歲以前是求學最好的黃金時代，能把這部書背得很熟，一生受用無窮。這種作法是一舉四得：第一、中國語言不會忘掉，尤其是海外的僑居子弟，使他不忘本；第二、能夠認識中國文字；第三、目的是通達文言文。能通達文言文，這是自己一生真實的本錢，他有能力閱讀《四庫全書》──就是我們中國五千年傳下來的這些經典，這是古聖先賢智慧經驗的結晶，可以吸收都變成自己的學問；第四、也有能力讀佛經，作為學佛的基礎。佛法是無上究竟圓滿的智慧，所以背誦經典是根本

的基礎，非常重要。能斷惡修善，又有作心地功夫，就是修清淨心。「以期必驗」，所求必定可以得到。

【原文】

　　語余曰：「符籙家有云：不會書符，被鬼神笑；此有秘傳，只是不動念也。執筆書符，先把萬緣放下，一塵不起。從此念頭不動處，下一點，謂之混沌開基。由此而一筆揮成，更無思慮，此符便靈。」

【譯文】

　　雲谷禪師又對我說：「有一種畫符籙的專家曾說：一個人如果不會畫符，是會被鬼神恥笑的。畫符有一種秘密的方法傳下來，只是不動念頭罷了。當執筆畫符的時候，不但不可以有不正的念頭，就是正當的念頭，也要一齊放下。把心打掃得乾乾淨淨，沒有一絲雜念，因為有了一絲的念頭，心就不清淨了。到了念頭不動，用筆在紙上點一點，這一點就叫混沌開基，因為完整的一道符，都是從這一點開始畫起，所以這一點是符的根基所在。從這一點開始一直到畫完整個符，若沒起一些別的念頭，那麼這道符，就很靈驗。」

【淺釋】

　　「符籙」是道教的一種法術，類似佛門裡的念咒。「不會書符」，就是不會畫符。「被鬼神笑」，不會畫符的人，畫的符不靈，鬼神都笑話他。「此有秘傳」，這符要怎樣畫才靈？秘訣是「只是不動念也」，就是不動念頭，「念頭不動處，下一點，謂之混沌開基，由此而一筆揮成，更無思慮，此符便靈。」畫符的秘訣就在此，你懂得秘訣，也就會畫符了。

　　你要是懂得這個原則，念咒也是如此。有人念咒很靈，念大悲水很靈，有人念得不靈。秘訣在哪裡？就在此地。他念咒從頭到尾沒有一個

雜念，這就靈了。如果念咒當中有一個妄想、一個雜念，這咒就不靈了。所以咒愈長愈難念，愈不容易靈驗。楞嚴咒非常之靈，而現在念楞嚴咒的人很少有靈驗的。為什麼呢？念楞嚴咒時不知道打了多少次妄想——有一個妄想就不靈了，何況有很多妄想，當然不靈！

同樣的道理，念經也是如此。念一部《無量壽經》，如果沒有一個妄想，那了不得！必定跟十方三世一切諸佛感應道交。所以我們讀經要以清淨心、平等心、真誠心、恭敬心去念就有感應了；一面念一面妄想是不可能有感應的。

由此可知咒愈短愈好念，愈短我們攝心就比較容易。而這一句「南無阿彌陀佛」更短了，如果嫌這個還長，蓮池大師告訴我們念「阿彌陀佛」四個字。念這四個字沒有一個妄念，這四個字就靈驗了。就好像我們這裡打電報給阿彌陀佛，電報打去，那裡就收到了。如果加一個妄念，他就收不到，沒有感應。這段開示的道理很重要。

●準提道人

在佛教徒的心目當中，準提菩薩是一位感應甚強的大菩薩，更是三世諸佛之母。她福德智慧無量、功德廣大，而念誦準提咒則可能使短命的眾生，增壽延福。

【原文】

「凡祈天立命，都要從無思無慮處感格。」

【譯文】

「不但畫符不可夾雜念頭，凡是禱告上天，或者是改變命運，都要從沒有妄念上去用功夫，這樣才能感動上天。」

【淺釋】

「祈」是祈禱，或者是向佛菩薩祈禱，或者是向天地鬼神祈禱。「都要從無思無慮處感格」，「感格」就是感應、靈感，這是非常重要的開示。「要從無思無慮處」，使心地真正清淨，沒有一個妄念——就是真誠心、清淨心、恭敬心。我們祈求佛菩薩定要如此用心，至誠恭敬的去禱告，才有感應。原理如是，怎麼會沒有感應？我們中國人祭祀祖先，在祖先神位前禱告，也是這個原理，心不清淨禱告是沒用處的。所以古代祭祀，這是大典，主祭者要沐浴齋戒三天。這三天修清淨心，自己關在一個小房子裡，把一切萬緣放下。我們佛家講「觀想」，祭神如神在，到祭祀時，確實他的祖先神靈來了。

所以要知道，寺院裡供奉的是佛菩薩，但佛菩薩在不在？不一定在，不是說佛菩薩形象供著就在。如果這個寺院裡面，四眾同修，心地真誠清淨，佛菩薩就在；如果心地不清淨，往往有一些妖魔怪就冒充佛菩薩來作祟了。這事《楞嚴經》上講得很清楚。所以寺院裡不一定是真有佛菩薩的。

【原文】

「孟子論立命之學，而曰：夭壽不二。夫夭與壽，至二者也。當其不動念時，孰為夭，孰為壽？」

【譯文】

「孟子講立命的道理，說道：短命和長壽沒有分別。乍聽之下會覺得奇怪，因為短命和長壽完全不同，怎麼說是一樣呢？要曉得在一個妄念都沒有時，就如同嬰兒在胎胞裡面的時候，哪曉得短命和長壽的分別呢？等到出了娘胎，漸漸有了知識，就有了分別心；這時，前生所造的種種善業惡業，都要受報應了，那也就有短命和長壽的分別了。因此，命運是自己造的。」

【淺釋】

這是孟子所說的，「夭」是短命，「壽」是長壽，這是迥然不同的兩樁事情，為什麼說是「不二」？我們起了妄念，有分別、有執著，這是「二」；如果不分別、不執著，就「不二」了。

「當其不動念時，孰為夭，孰為壽？」可見得是「從無思無慮處」才能看到不二。夭與壽不二，這是舉一個例子；世出世間一切法都是不二的，佛法中所謂「入不二法門」。不二法門是《維摩詰經》上講的，不二法門也就是淨宗所講的一心不亂，也是《華嚴經》所講的一真法界，這是諸佛如來果地上的境界。這裡孟子也說到不二法門，可見都是地上菩薩的境界。

【原文】

「細分之，豐歉不二，然後可立貧富之命。窮通不二，然後可立貴賤之命。」

【譯文】

「如果把立命這兩個字細分來講，那麼富和貧要看得沒有兩樣，不可以富的仗著有錢有勢，隨便亂來，窮的也不可以自暴自棄去做壞事，儘管窮，仍然應該安分守己的做好人；能夠這樣，才可以把本來貧窮的命，改變成富貴的命。本來富貴的命，改變成更加富貴，或者是富貴得更長久的

命。窮與通，要看得是沒有兩樣，不發達的人，不可因為自己不得志，就不顧一切，隨便荒唐；發達的人，也不可仗勢欺人，造種種的罪業，越是得意，越是要為善去惡，廣種福田。能夠這樣，才可以把本來窮苦的命，改變成發達的命，本來發達的命，就會更加發達了。」

【淺釋】

　　這裡講到安身立命，心安住的所在叫做「立」。「富貴安於富貴，貧賤安於貧賤」，社會就安定了，天下就太平了；在生命之中、生活裡面，都能夠得到樂趣。樂趣是什麼？沒有妄想，沒有憂慮，沒有煩惱。乞丐可以說貧賤到了極處，他要真正能夠知命，他也會很自在、很幸福、很快樂。

　　民國初年，有一個真實的故事。在江蘇，當時有一個乞丐，白天出來討飯，晚上就在破廟裡睡覺，生活過得很自在、快樂。以後他的兒子做生意發了財，在地方上很有聲望，很有地位，別人見他父親還在外面討飯，就罵他：「你這做兒子的真不孝！有這麼多的財富，怎麼可以讓你父親在外面討飯呢？」兒子聽了也很難受，就派很多人到處去找，把父親找回來了，在家裡供養。他父親在家裡住了一個多月，又偷偷跑出去討飯。人家就問他：「你在家裡享福不好嗎？」他說：「不自在！我白天遊山玩水，晚上到處為家，生活多麼自在，快樂無比！在家裡受人供養，簡直受罪！」他能在貧賤上立命，真正放得下，是真自在！財、色、名、食、睡，一點都不動心，心地清淨安樂。看這個社會，就像看戲一樣；社會上的人天天追逐名聞利養，社會大眾演戲，他在一旁看戲。這個人確實不是普通人，這真正是智慧立命的好樣子。人生在世，追求幸福美滿的人生，但幸福美滿不是財富，也不是地位。所以要知命，要能夠順應──「恒順眾生，隨喜功德」，這才能真正幸福美滿。

　　「貴」是富貴，能夠安於富貴；「賤」是貧賤，能夠安於貧賤。「貧富」是從財富上說的，多財是富，少財為貧。「貴賤」是從社會地位上說的，貴是地位高的，賤是地位低的。

【原文】

「夭壽不二，然後可立生死之命。人生世間，惟死生為重，曰夭壽，則一切順逆皆該之矣。」

【譯文】

「命中長壽的人，不要認為自己有得活，就拼命造孽，作奸犯科，犯邪淫。要曉得長壽得來不易，更應該做好人，才可以保住他的長壽。能夠明白這個道理，才可以把本來短的命變成長壽，本來長壽的命，變得更加長壽健康。人生在這個世界上，只有這生與死的關係最為重大，所以短命同了長壽，就是最重大的事情。既然說到這最重大的短命同了長壽，那麼此外一切順境、富有和發達；逆境、貧窮和不發達，都可以包括在內了。短命和長壽，要看得沒有兩樣，不可說我短命；不久就要死了，趁還活著的時候，隨便做惡事，糟蹋自己。要曉得既然已生成短命，就更加應該做好人，希望來生不要再短命，一生或許也可以把壽命延長一些！孟子講立命的學問，只講到短命和長壽，並沒講到富和貧，發達和不發達，就是這個道理。」

【淺釋】

「生死自在」就把所有順逆境界包括了，無論處順境、處逆境，無不自在，正是所謂頭頭是道，左右逢源，得大自在，這是真正的人生。真正真實的幸福，沒有大學問，沒有真正的功夫做不到。由是可知唯有「覺者」才能安身立命。迷的人沒有法子，天天胡作妄為，愈陷愈深。所以佛常常在經上說之為「可憐憫者」，真正可憐！

【原文】

「至修身以俟之，乃積德祈天之事。曰修，則身有過惡，皆當治而去之。曰俟，則一毫覬覦，一毫將迎，皆當斬絕之矣

。」

【譯文】

　　「孟子所說的『修身以俟之』這句話，是說自己要時時刻刻修養德行，不要做半點過失罪惡。至於命能不能改變，那是積德的事，求天的事。說到修字，那麼身上有一些過失罪惡，就應該像治病一樣，把過失罪惡要完全去掉。講到俟，則是要等到修的功夫深了，命自然就會變好，不可以有一絲一毫的非分之想，也不可以讓心裡的念頭亂起亂滅，都要完全把它斬掉斷絕。

●八仙慶壽

　　八仙一般指鐵拐李、鐘離權、張果老、呂洞賓、何仙姑、藍采和、韓湘子和曹國舅八位。得到八仙祝吉可以獲得無疆之壽，在中國傳統文化中具有祥瑞之一。八仙慶壽圖多在壽慶場合使用。

【淺釋】

「俟」是等待，「修身」等待我們的命運改變、改造。改造命運並不是一天、兩天可以做得到的，是與時間之累積，勇猛精進，並且與自己的勤、惰、迷、悟有很大的關係。一定要覺而不迷，正而不邪，還要勇猛精進，再假以時間，一定能得到效果。

「修」就是修正。「行」就是行為，思想、見解、造作，這些都屬於行為。「身」包括心、包括語。身、語、意三業有過失、有惡意、有惡行，要把它改正過來。「治」就是對的，要用方法對治。

「覬覦」是非分希望善報、善果早一點來，這個心是妄心，這一念是障礙。古人說：「只問耕耘，不問收穫。」你只要勤於耕耘，自然有收穫，何必天天去求？這是把實修的方法教給我們——什麼都不要求，只管斷惡修善，到最後什麼都得到了。不必求，樣樣都得到了；有求反而得到有限，求一樁，就得一樁，多可惜！若不求就樣樣都得到了。為什麼說不求樣樣都得到？因為你不求，樣樣都是性德顯露，與性德相應，所以樣樣都得到。若有所求，則修德不與性德相應，故所得者有限。

實在講，了凡先生他所得到的是修德，還不是性德，因為他還是有所求——先求功名，然後再求兒女。他有求，求一樣就得一樣。如果他一點希求的念頭都沒有，唯去修身積德，則他樣樣都圓滿。他沒有求壽命，壽命也延長，他的壽命只有五十三歲，以後活到七十四歲。

「覬覦」是非分的希望，要把一念非分希望的心除掉。「將迎」，就是我們今天所講的「攀緣」，把攀緣的心也要去掉。「皆當斬絕之矣」，把它斷除，不再安絲毫非分的希望。唯一的希望就是我們的生活能過得很安穩，三餐吃得飽、睡得好、穿得暖，這就夠了！衣食不缺，生活安穩，小房子住得很舒服，費用少，生活容易。一般人要求奢侈、豪華，講求派頭，不知道要付出多少的辛勞，這是得不償失。自己縱然有能力、有福報，也應當給大家共用，那你的福報就是積德——積百世之德，你的子子孫孫都享受不盡。所以有餘福一定給大眾去享受，這才是真正聰明有智慧的人。所以一定要有耐心，何必求福報提前到來！

【原文】

「到此地位，直造先天之境，即此便是實學。汝未能無心，但能持準提咒，無記無數，不令間斷，持得純熟，於持中不持，於不持中持。到得念頭不動，則靈驗矣。」

【譯文】

「能夠做到這種地步，已經是達到先天不動念頭的境界了。到了這種功夫，那就是世間受用的真正學問。平常時一般人的行為，都是根據念頭轉的，凡是有心而為的事，不能算是自然。你現在還不能做到不動心的境界，你若能念準提咒，不必用心去記或數遍數，只要一直念下去，不要間斷。念到極熟的時候，自然就會口裡在念，自己不覺得在念，這叫做持中不持；在不念的時候，心裡不覺得仍在念，這叫做不持中持；念咒能念到這樣，那就我、咒、念打成了一片，自然不會有雜念進來，那麼念的咒，也就沒有不靈驗的了。但是這種功夫，一定要透過實踐才能領會到的。」

【淺釋】

「實學」是真實的學問。「直造先天之境」，就是佛法講的「返本還源」，也就是說自性流露。不是凡夫的境界。這裡面有真樂，法喜充滿，真正是離苦得樂，這是覺悟的人所求的。

這是教他「戒、定、慧」三學一次完成的修行方法，這叫「圓修圓證」──《華嚴經》上講的「一即一切，一切即一，一修一切修」，秘訣還是「無記無數，不令間斷」，這就是常講的不間斷、不夾雜，這個功夫很重要。要不要記數？雲谷禪師教他不必記數，只要求不間斷。古德有很多要求我們從記數下手，原因是什麼？我們懈怠懶惰。所以每一天老老實實的定一個數字，一天念一萬聲，一定要念滿一萬，來對治懈怠懶惰的毛病。不記數，有時候就忘掉。像了凡這樣的人非常老實、認真，教這種人可以不必記數，記數反而是夾雜。他真學、真做、真精進，所以就教給他不間斷、不夾雜。法門平等，無二無別，關鍵就是要一

門深入。古人從讀經下手的非常普遍，不管是念經還是念咒、持名，都要以清淨心、平等心、恭敬心一直念下去，這樣才能得到真正的受用。

「汝未能無心，但能持準提咒，無記無數，不令間斷。」「無心」兩個字很重要，這兩個字是關鍵的所在。「無心」就是沒有妄想、分別、執著。袁了凡雖然和雲谷禪師兩個人在禪堂裡，三天三夜不起一個妄念，但他沒有到無心的程度。他只是用一點信心把煩惱伏住，不是定功；他相信一切皆是命運，相信因果報應。所以雲谷禪師教他更進一步，要「修定」。持準提咒是修定——妄想、執著沒有了，真性就顯露出來了。佛在大乘經上常說的「法爾自然」，就是淨宗所講的一心不亂，這是佛門裡面修證的目標，也就是圓滿真實的功夫。功夫到了，「於持中不持，於不持中持」，就是我們常講的「念而無念，無念而念」，念一句佛號如此，念經也是如此。我們念《無量壽經》——念而無念，無念而念，念經一樣達到功夫成片，一心不亂。可見得方法、手段不相同，原則、原理、目標完全是相同的。到念頭不動的時候，感應自然就現出了。

所以做功夫，大致上分三個等級——上乘的功夫，理一心不亂；中等的功夫，事一心不亂；下等的功夫，功夫成片。修學一定從功夫成片，再提升到事一心不亂，晉級到理一心不亂。所以我們功夫達到第一個階段時，不可終止，不要滿足，滿足就不能提升了。

功夫成片的上乘，已有生死自在的可能——想哪一天走，就哪一天走；想什麼時候走，阿彌陀佛就什麼時候來接引你。雖到這個境界——生死自在，最好還在世間多住幾天，為什麼？經上講娑婆世界修行一天，等於西方世界修一百年，住在這個世界磨煉磨煉。第二個更大的意義是多勸幾個人往生。我們自己去了很好，若是能帶一批人去，那不是更好！所以就不妨把目標著重在說明別人，在化他。「自行化他」，功德是圓滿的，這樣才能報答佛菩薩的深恩大德，幫助佛接引眾生，有求必定有得，也就是「靈驗」。

【原文】

余初號學海，是日改號了凡。

【譯文】

我起初的號叫做學海，但是自從那一天起就改號叫做了凡。

【淺釋】

古人跟我們現在不一樣，有名、有字、有號。「名」是父母取的，不能改變。要是把自己的名字改掉了，這是大不孝。父母給你取的名，就是父母對你一生的期望，你把名字改掉，對於父母的希望忽略了，這是真正的不孝。古時候名、字之外還再用「號」。用號的人在社會上是比較有身份、有地位的了。

古人成年之後，沒有人再稱他的「名」了。這是對他表示尊敬。男子二十歲行冠禮；在沒有行冠禮之前，大眾皆可以稱他的名，行了冠禮之後，表示他已成年了，如果還稱他的名就是對他不尊敬。那要怎樣稱呼呢？就是在行冠禮時，他的同輩、兄弟、同學、朋友送他一個「字」，從此以後稱他的字，不稱他的名，一生都是如此。縱然將來做官，朝廷上皇帝也稱他的「字」，不稱他的「名」。若稱名，必是他犯法有罪了，他要被判刑罰罪。這些稱呼上的常識，不可不知道。

若對他更恭敬，「字」也不稱了，稱他的「號」，或是出生地名——他是某一地方出生的，表示這個地方出了這樣一位受尊敬的大人物。稱地名是最尊敬的。譬如清朝的李鴻章，當時很受大眾尊敬，名、字、號都不稱了，稱他「李合肥」——他是合肥人。佛門裡也是如此，到達最尊敬的時候，名、字、號都不稱了，往往稱寺廟或地名。像我們稱智者大師為「天臺大師」——他居住在天臺山；「慈恩法師」——是慈恩寺的窺基大師。

「了凡」、「學海」皆是他的號，這是很尊敬的稱呼。他的名，終其一生只有兩個人稱他。一個是父母，父母一生稱你名，不稱你的字；

你的祖父母、伯叔都要稱字，這是對你尊重客氣。除父母之外，另一個就是老師稱名。所以對老師、父母是一樣的尊敬，父母之恩和老師之恩是同等的。只有父母、老師可以稱名，皇帝都不稱名。但是對於長輩，自己要稱名，表示恭敬。對於平輩可以稱字。這些稱謂我們要曉得，不能搞錯。佛門裡同有內號、外號——內號就是法名，外號是字，還稱名、稱字。

【原文】

蓋悟立命之說，而不欲落凡夫窠臼也。從此而後，終日兢兢，便覺與前不同。前日只是悠悠放任，到此自有戰兢惕厲景象，在暗室屋漏中，常恐得罪天地鬼神；遇人憎我毀我，自能恬然容受。

【譯文】

因為我明白立命的道理，不願意和凡夫一樣。把凡夫的見解，完全掃光，所以叫做了凡。從此以後，就整天小心謹慎，自己也覺得和從前大不相同。從前盡是糊塗隨便，無拘無束；到了現在，自然有一種小心謹慎，戰戰兢兢戒慎恭敬的景象。雖然是在暗室無人的地方，也常恐怕得罪天地鬼神。碰到討厭我，譭謗我的，我也能安然接受，不與旁人計較爭論了。

【淺釋】

這一段是說他改過自新的決心和行持。首先他把別號改了，以前他的別號叫「學海」，從這以後就改成「了凡」，「了」是明瞭，「凡」是凡俗；現在對於世俗之間的事情他都明瞭，也就是覺悟的意思——真正曉得命運是自己可以改造。道理、方法他都懂得了，從此以後不會再走宿命論這條道路。

決心改過之後，氣象就不相同了，也就是日常生活的感觸不一樣了。他說從此終日能提高警覺。「兢兢」是警覺的狀態，不像從前迷惑顛

倒。以前是「悠悠放任」，「悠悠放任」是很隨便的意思，就是過一天算一天。日子怎麼過的？不曉得。沒有理想，沒有方向，像俗話講的「醉生夢死」。這樣決定被命運拘束，不能創造自己光明的前途。改過之後，「到此自有戰兢惕厲景象」。拿現在話講，改過自新後的意識形態不一樣，也就是說對於宇宙人生的看法轉變過來了。從前的看法是一切命中註定的，還有什麼轉變的呢？沒有法子。現在曉得，命運可以自己改造，這個觀念轉變過來了，比以前顯得更積極、更發憤、更樂觀。

●無量壽會

　　《無量壽經》上說，佛告訴阿難，有一位國王，聞佛說法，棄國出家，號稱法藏。法藏發四十八大願，成就阿彌陀淨土。而且，只要口念阿彌陀佛名號，仰仗無邊力量的加持，即可往生。

「在暗室屋漏中，常恐得罪天地鬼神」，這一句非常重要，一般人所以不能改過自新，就是不曉得這個事實。為什麼《無量壽經》念多了，真正體會到這種情形，會比袁了凡還要來得謹慎。因為西方極樂世界的人數絕對沒有法子計算，就是集合全世界的電腦來計算，也算不出來。他們每一個人的神通道力都像阿彌陀佛一樣，天眼洞視、天耳徹聽、他心遍知。我們一舉一動，甚至心裡面起個念頭，他們都知道。不要說做壞事，就是起個惡念，阿彌陀佛、觀音、勢至、西方世界的大眾們沒有一個不知道，能瞞過誰？

這是講獨居無侶，人目所不見處，他也是規規矩矩、謹謹慎慎，不敢起一個惡念，這才真正做到了克己的功夫。我們想求生西方極樂世界，想成就自己的德行，如果還是自己欺騙自己，那怎麼能成就呢？孔夫子說：「君子慎獨。」「慎」是謹慎，「獨」是獨自一個人。獨居也決定不放逸，這叫真正做功夫。一般人懈怠、放任的習氣太重，就是隨便慣了。在大眾中比較謹慎收斂一點；人見不到的地方他就放逸了。

為什麼從前寺院叢林的修行，一定要廣單，不可以一個人住一個房間？一個人一間寮房是不可能有成就的。睡廣單就是「依眾靠眾」，十幾個人睡在一個房間裡，我們今天稱為「睡通鋪」，睡覺時也不能隨便亂動。用這個方法，目的在使人不可以有絲毫放縱，這樣來歷練自己。現在的社會跟從前的社會不一樣，每一個人都不願意約束自己，一定要享受舒服。

寺院裡也有單獨的房間，是專為年老的修行人而設的，因為他的行動不方便。大家在一起過團體生活，行動都要一致，年老的人，體力衰弱、行動不便，才給他一間寮房。寺院裡面身份地位比較高的，瑣碎的事情多──像住持、當家師，什麼事情都要過問，也要單獨一個房間，便利於辦事。

所以真正修行，六和敬裡的「身和同住」，絕對不是一個人一個房間。如果說是兩三個人住一個房間不方便，我不願意跟他住，有這種念頭，念佛功夫成片絕對得不到。為什麼呢？心不平等、心不清淨，還有嫌棄。這怎麼能成就？修行在哪裡修？就在這個地方修。在極不平等的環境裡面修自己的清淨心、平等心，這叫修行。不願意跟人相處，這就

是過失，就是毛病。了凡先生發現他自己的毛病，就要痛改前非，把毛病改過來。我們現在有這個毛病，不但不改，還要繼續去培養，怎麼能成功呢？

所以僧團裡首先要求我們修學的就是「六和敬」，「六和敬」就是大眾在一塊共修的基本戒條，個人所遵守的就是「五戒十善」。在從前，寺院叢林裡面以《沙彌律儀》作基礎──「十戒二十四門威儀」。現在不要求那樣苛刻了，我們只要求五戒十善就夠。出家、在家都應當如此，規矩不能再降低了。團體生活就要求六和敬，把我們的毛病習氣都修正過來，不討厭別人，不怨憎別人。

「遇人憎我毀我」，「毀」是譭謗；不要跟他計較，不要把他放在心上。「自能恬然容受」，「恬」是安然。由此可知，他的心境相當平靜，不像從前心浮氣躁，一點點委屈都受不得。現在可以受委屈了，這就是他修行的功夫在增長，這就是效果。所以一個修道的人，一個真正學佛的人，要學著跟任何人都能相處；跟佛菩薩能相處，跟妖魔鬼怪也能相處，在任何境界裡，都是怡然自得。

我們看《六祖壇經》，六祖大師在黃梅證的果位我們不曉得，但最低限度也應該是圓教初住菩薩，只會比這個更高，不會比這個更低。他是明心見性的人──初住以上的菩薩，這還得了！他去侍候那些打獵的人。打獵，天天殺生造惡，他眼睛看到，耳朵聽到，還要替那些獵人燒飯，侍候這些獵人。獵人是他的主人，他是獵人隊裡的僕人，獵人要吃肉，他也要侍候。不是短時間，是十五年！我們能忍受得了嗎？而他在那個環境裡怡然自得，不起心、不動念、不分別、不執著，十五年是六祖真正的修行。他在黃梅是開悟了，「悟後起修」，他在一切順境、逆境裡面修清淨心、平等心、大慈悲心。沒有別的，就是修這三樣。

我們今天與人相處，是不是在順、逆境界裡面，物質環境、人事環境裡修清淨心？如果不是修清淨心，就沒有修行，於自己一點利益都得不到。那不是學佛，那是搞「佛學」。每天在文字紙堆裡去鑽，也能說得天花亂墜，煩惱天天增加，將來的前途依舊是往生三途六道。這就錯了！真正修行人絕不執著文字──離言說相、離名字相、離心緣相。他求的是心地清淨、心地平等。清淨心、平等心就是真心，就是本性，他

所求的是明心見性。

我們念佛人也是這個目標，我們求功夫成片。「成片」就是心地清淨平等，平等就是一片，清淨就是一片，心裡面沒有界限。換句話說，還有分別執著就不能成片；一有界限，就不能成片。離開一切分別執著，功夫才可以成片，這叫真正修行。他有了這樣的功夫，功夫並不很深，稍稍上軌道了，感應就現前。

【原文】

到明年，禮部考科舉。孔先生算該第三，忽考第一，其言不驗，而秋闈中式矣。

【譯文】

從我見了雲谷禪師的第二年，到禮部去考科舉。孔先生算我的命，應該考第三名，哪知道忽然考了第一名，孔先生的話開始不靈了。孔先生沒算我會考中舉人，哪知到了秋天鄉試，我竟然考中了舉人。這都不是我命裡註定的，雲谷禪師說：命運是可以改造的。這話我更加地相信了。

【淺釋】

明、清的「禮部」相當於現在的教育部。「科舉」是國家舉辦的考試，相當於現在的高普考。民國的高普考是考試院負責的，從前考試跟教育都是禮部掌管，禮部的職權相當於現在的教育部。

他命裡註定的是第三名，現在跟命裡的就不一樣了。他行善積德，他的名位從第三名提高到第一名。「其言不驗」，這就跟定命不一樣了，這就是變數——他嘗到了——確實有變數，而不是定數。「而秋闈中式矣」，古時候大考都定在秋天，「闈」是闈場、考場；他考中了，就是考中了舉人。了凡先生的命裡，原本只有中秀才的份。因為命裡講，他沒有科第，科第最高的是進士。以後他發願求中進士，也被他求到了，那是他命裡沒有的，這才是求到的。

【原文】

　　然行義未純，檢身多誤，或見善而行之不勇，或救人而心常自疑，或身勉為善而口有過言，或醒時操持而醉後放逸，以過折功，日常虛度。

【譯文】

　　我雖然把過失改了許多，但是碰到應該做的事情，還是不能一心一意地去做，即使做了，依然覺得有些勉強，不太自然。自己檢點反省，覺得過失仍然很多。例如看見善，雖然肯做；但是還不能夠大膽地向前拼命去做。或者是遇到救人時，心裡面常懷疑惑，沒有堅定的心去救人。自己雖然勉強做善事，但是常說犯過失的話。有時我在清醒的時候，還能把持住自己，但是酒醉後就放肆了。雖然常做善事，積些功德；但是過失也很多，拿功來抵過，恐怕還不夠，光陰常是虛度。

【淺釋】

　　這段所敘述的幾樁事，都值得我們參考，值得我們效法。「行義未純」，「義」是道義，或者說得更淺一點就是義務。幫助別人，不要求報酬的，這是義務。儒家教我們的五倫十義，由此可知，「行義」是性德。父母對於兒女的愛護教導是義務，兒女對於父母孝順也是義務。兄友弟恭，乃至於朋友有信──這都是義務。義務就是應當這樣做的，人與人之間應該要互愛，應該要互敬互助，了凡先生懂得，雖然是做，但做得不純，裡面摻雜個人利害。我去幫助他，對我自己不利！這一考慮就不純了，也不能夠盡心盡力去幫助別人。這是自己反省，雖然做了，但做得不夠。

　　「檢身多誤」，「檢」是檢點，反省自己的毛病，過失還是很多。下面舉幾個明顯的例子，或者是「見善而行之不勇」，儒家所講「成人之美」，美就是善；我們遇到了人家做好事要幫助、要成就他。為什麼？一件善事對於整個社會、鄉里都有好處。譬如道路壞了，這人要發心

修補，我們見到了，就要盡心盡力地幫助他，把這件善事做好，便利於大眾。類似這種對於社會有利益，對大家有利益、有幫助的事情，我們都要幫助他。了凡先生也能夠隨喜去做，但是做得不夠勇猛。也就是說沒有盡心盡力，只稍稍地做了一點。這就是反省自己的過失。

●科舉考試圖

科舉考試是古代一種選拔官員的考試制度。文人皆以能夠中舉，入朝為官為榮耀。

「或救人而心常自疑」，別人有苦難，要去幫助他——應不應該幫助他？如果在今天的社會，求幫助的人很多，我們常常遇到。而且求幫助的人當中，有很多是來騙錢的。騙了之後他到外面去吃喝嫖賭，那就有罪過了。所以行善的確不容易，行善真正要有智慧、要有慈悲。智慧能明察，能判斷應不應該做；慈悲是真正的動力。他確實有苦難，我們一定要盡心盡力去幫助他；如果他用欺騙的手段，我們一眼看穿，我們要教導他。如果他並不是很衰老，也並不是有病，身體健康強壯，應該勸導他，教導他從事正當的行業，不要用這種方式來討生活。

「或身勉為善而心有過言」，所以改過自新不是猝然成就的，是要一段相當長的時間，不斷去改；初期這些現象，決定是免不了的。身雖然善，能夠合於禮法，但是口裡面的言語還會有過失——口不擇言，這是習氣。自古以來，所謂言語是禍福之門，不能不謹慎。孔夫子教學的四科，第一個科目就是德行。德行是做人的根本，就是今天講的教育中的德育。第二個科目就是言語。孔夫子多著重言語——說話要有分寸，說話不能傷人。言語傷人，是不知不覺的，但人家懷恨在心，將來的報復是沒有辦法預料的，往往許多的怨仇、誤會都是從這兒來的。這個事情麻煩大——「說者無心，聽者有意」，所以不可不謹慎。少言就寡過，何必多說話呢？

尤其修行人求心地清淨，自行化他，一句「阿彌陀佛」就行了。人家給我們講再多的是非，我們一句也不要答覆他只念「阿彌陀佛！」他再講就還念「阿彌陀佛！」聽幾句就念幾句「阿彌陀佛」。聽完之後，他講什麼我們不曉得，我們就念「阿彌陀佛！」我們把這句「阿彌陀佛」給他，他講的那些東西我沒聽進去。這樣好！所以語言少好！袁了凡是有言語多的毛病。

「或醒時操持而醉後放逸」，就是清醒時能注意自己的言行，很守規矩、很如法；但他喜歡喝酒，酒喝醉了，就又放逸了，毛病就出來了。酒是佛法的大戒，五戒裡有酒戒。但是諸位要曉得，佛為什麼要戒酒？就是酒醉後亂性。如果我們飲酒不至於醉，酒有開緣，可以喝的，但決定不能喝醉。戒律講得很嚴格，是滴酒不沾。為什麼？怕我們止不住，感情用事，沒有理智，一杯接一杯，那麻煩就大了，那決定是破戒。

鄭玄是東漢大儒，是馬融的學生。馬融在當時也是一位了不起的大學問家，但是馬融的心量不大，學生成就若是超過他，他心裡就不甘心，想派刺客把學生殺死。所以鄭玄後來離去時，馬融帶著學生到十里長亭送行，他實在是不懷好意，令同學們每人敬酒三杯，鄭玄喝了三百杯（三百杯的典故就是從這裡來的），希望把他灌醉，在路上好下手。哪裡曉得鄭玄的酒量很大，三百杯喝下去，小小的禮節都不失。李老師說，如果人人的酒量都像鄭玄，釋迦牟尼佛這條戒就不用制定了。

●楞嚴大定

阿難出外乞食，被摩登伽女用大幻術咒所迷惑，差點兒毀了戒體。幸而世尊及時宣說「大楞嚴神咒」，破滅了摩登伽女的惡咒，才保住了阿難的清淨戒體。阿難歸來後啟請佛開示修行方法。佛於是說大佛頂首楞嚴王具足萬行，十方如來同依此一妙法門。

釋迦牟尼佛為什麼制定這條酒戒？我們要瞭解制戒的意義。學佛的同修如果在烹調時用作料酒，是不會醉人的，調味是可以的。如果年歲大、體力衰，他血液循環慢，酒可以幫助血液循環，每餐飯喝一杯酒，這也是可以的，這是開緣，不是破戒。

同樣道理，佛門忌五辛，五辛裡尤其忌大蒜。五辛是大蒜、蔥、蕎頭、韭菜、興渠。佛為什麼禁止我們吃呢？《楞嚴經》上說得很好，修行最重要的是清淨心，功夫不到家，飲食會影響心理、生理。功夫到家，心理作得主宰，境隨心轉，那就事事無礙；如果還是心隨境轉，這是有障礙。佛跟我們說：「生吃助長肝火，容易發脾氣；熟吃增長荷爾蒙，容易引起性衝動。」所以佛制禁食都有道理的。換句話說，不管生吃、熟吃，它都增長煩惱，所以禁止。

有一些在家的同修說：「五辛不能吃，我們對吃素的興趣都沒有了。」要明白佛制禁食的用意，五辛若當作料配菜不起作用；像炒一盤菜裡面加一兩個大蒜，是起不了作用的。所以要明理，佛法是很講道理的，也要曉得佛法是活用的，合情、合理、合法，通人情、通道理的。受了戒也有開緣，你才能度很多人，自己也歡歡喜喜的跟大眾在一起。所以在某一個場合裡，需用智慧觀察，通權達變，要利用機會把佛法介紹給大眾，因為他們能聞到佛法是很難得的。我們在飲食之間就把佛法的大道理告訴他，他聽聽也種了善根，所以這是機會教育。

「以過折功，日常虛度」，功與過兩相比較，每天的過多功少，沒進步！光陰空過了。

【原文】

自己巳歲發願，直至己卯歲，歷十余年，而三千善行始完。時方從李漸庵入關，未及迴向。庚辰南還，始請性空、慧空諸上人，就東塔禪堂迴向。

【譯文】

從己巳年聽到雲谷禪師的教訓，發願要做三千件的善事；直到己卯年，經過了十多年，才把三千件的善事做完。在那個時候，我剛和李漸庵先生，從關外回來關內，沒來得及把所做的三千件善事迴向。到了庚辰年，我從北京回到了南方，方才請了性空、慧空兩位有道的大和尚，借東塔禪堂完成了這個迴向的心願。

【淺釋】

己巳（隆慶三年，即1569年）至己卯（萬曆七年，即1579年）經歷十一年，許求取科舉之願，要行三千善事，三千善事十一年才圓滿。「時方從李漸庵入關，未及迴向」，這是因為他在外面服務，曾經一度在李漸庵的軍中辦事，任參謀一樣的職務，跟著軍隊到處行軍，沒有機會迴向。「庚辰南還」，第二年才有機會。「始請性空、慧空諸上人，就東塔禪堂迴向。」這就是他己巳年所許的願圓滿了，真正做到了，最後迴向。因為他許願時自己寫了疏文，表示要認真改過自新，積功累德。現在他修積的功德，三千善事做圓滿了，迴向報恩，他的願求也果然得到了。

【原文】

遂起求子願，亦許行三千善事，辛巳生男天啟。余行一事，隨以筆記，汝母不能書，每行一事，輒用鵝毛管，印一朱圈於曆日之上。或施食貧人，或買放生命。

【譯文】

到這時候，我又起了求生兒子的心願，也許下了三千件善事的大願。到了辛巳年，生了兒子，取名叫天啟。我每做了一件善事，隨時都用筆記下來；你母親不會寫字，每做一件善事，都用鵝毛管，印一個紅圈在日曆上。或是送食物給窮人，或買活的東西放生，都要記圈。

【淺釋】

他命裡沒有兒子，想發願求得兒子，他求到了——「求有益於得也」，真正是他修來的。「辛巳生男天啟」，他許願下三千善事，三千善事還沒有圓滿，他就生了兒子。因為他發這個願，第二年就生兒子了（天啟是他的大兒子）。所以真正發願，一發願就有感應。當然三千善事他一定會兌現的，雖然還沒有修完，兒子已經得到了。跟前面一樣，前面禮部考試，他三千善事還沒有圓滿時，居然就考中第一名，命裡註定是第三，他考中第一名，這是感應道交，不可思議。

每天行善，做一樁好事他就記下來，夫妻兩個都行善。他太太不認識字，不能記，就用鵝毛管蘸著印泥，在家裡用的日曆本子上，每做一樁好事，就印一個紅圈。

這是舉兩個例子。「或買放生命」，這就是放生。今天我們發心放生，要記住不要受騙。很多發心放生的人都到鳥獸公司去買，他們是專門捕捉來給你放生的，你不放生他就不捕捉了；你愈放得多，他們越加拼命去捕，這不是放生，是害生，這是絕對錯誤的。不但沒有功德，還有過失——罪過。所以佛教講放生，是在日常生活中，買菜時偶然看見的（不要故意去找，故意去找就是攀緣）。偶然之間發現了，這個動物活活潑潑，判斷它可以活命，如果買去放生它活不成，就不必了，不如拿這個錢做其他的功德。所以一定要有智慧，不可以感情用事。

我們宣揚吃素，勸人不殺生，勸人愛護動物，都是放生修學的意義，不一定買動物去放才叫放生，那就搞錯了。像豐子愷的《護生畫集》，能多印多流通——他畫得很好，裡面題的詞，內容也非常的好。但是他裡面的題詞多半是用文言文，如果能發心把它改寫成白話文，再把畫面改成彩色，再標上注音符號，多印給中、小學生，讓他們從小培養愛護動物的觀念，這就真正能收到放生的效果。所以要多方面去著眼，廣泛去修學，不能死在一句話裡面。須知「放生」二字含義很廣很深；「佈施」有財、法、無畏多種，義實深廣不可思議。

【原文】

一日有多至十余圈者。至癸未八月，三千之數已滿，復請性空輩，就家庭迴向。九月十三日，復起求中進士願，許行善事一萬條，丙戌登第，授寶坻(ㄉㄧˇ)知縣。

【譯文】

有時一天多到十幾個紅圈呢！也就是代表一天做了十幾件善事。像這樣到了癸未年的八月，三千條善事的願，方才做滿。又請了性空和尚等，在家裡做迴向。到那年的九月十三日，又起求中進士的願，並且許下了做一萬條善事的大願。到了丙戌年，居然中了進士，吏部就補了我寶坻縣縣長的缺。

【淺釋】

了凡夫婦斷惡修善，顯然比過去進步多了。在過去一天難得做一件好事，好幾天才做一樁，所以三千善事十年才完成——一年三百六十五天，十年三千六百五十天，可見得一天做一件善事，還有六百天沒有做善事。現在一天居然做了十幾樁善事，比從前是大有進步了。改過自新、斷惡修善真正不容易，你看了凡夫婦的確有毅力、有耐心，看他們這樣努力，就會曉得精進不懈的修善不容易。要是沒有毅力，沒有決心，毛病習氣不容易斷除，這就是菩提道上進得少、退得多的道理。

到「癸未」，發願的時候是庚辰，即一五八〇年，從庚辰到癸未，即一五八三年，才四年三千善事就圓滿了。前面三千善事十一年才圓滿，第二次發的願四年就圓滿了。「複請性空輩，就家庭迴向。」請法師們到自己家裡的佛堂來做迴向。

「九月十三日，復起求中進士願，許行善事一萬條」，他命裡沒有進士，所以現在要求中進士。命裡面沒有兒子，他得了兒子，這是他自己在這一生當中求得來的。命裡沒有進士的學位，他能得到的話，這也是一個變數。雲谷禪師教給他的完全兌現了，有了靈驗。現在他許願行

善事一萬條，「丙戌登第」，從癸未年的九月十三日發願，到丙戌（萬曆十四年，即1586年）只有三年，他果然中了進士，「登第」就是進士及第。命裡沒有的，他又得到了。

「授寶坻知縣」，朝廷分發他去做寶坻縣的知縣，這也是他命裡沒有的。他命裡講的，是到四川一個縣做縣長，命裡沒有說在京城附近。寶坻是京城附近，當時的首都是在北京，寶坻縣距北京很近，在北京的東南方，現在屬於河北省。

【原文】

　　余置空格一冊，名曰「治心編」。晨起坐堂，家人攜付門役，置案上，所行善惡，纖悉必記。夜則設桌於庭，效趙閱道焚香告帝。

【譯文】

　　我做寶坻縣的縣長時，準備了一本有空格的小冊子，這本小冊子，我叫它「治心篇」。意思就是恐怕自己心起邪思歪念，因此，叫「治心」二字。每天早晨起來，坐堂審案的時候，叫家裡人拿這本治心篇交給看門的人，放在辦公桌上。每天所做的善事惡事，雖然極小，也一定要記在治心篇上。到了晚上，在庭院中擺了桌子，換了官服，仿照宋朝的鐵面御史趙閱道，焚香禱告天帝，天天都是如此。

【淺釋】

　　這是敘述他做了官之後，用什麼樣的態度來處理公務，替老百姓造福。縣長是朝廷選的，不是老百姓選舉的。這個縣長好！他確實斷惡修善，積功累德。從做了縣長開始，他每天準備一本冊子——空白的本子，名「治心編」。這是對治心理、檢點起心動念善惡的記事本。

　　「晨起坐堂」，每日處理公務，審問案子。因為從前的知縣就相當於現在的縣長，不但要管理縣的行政，而且還要管縣的司法；就是縣裡

最高的司法官，案件都需要他來審查。不像現在行政、司法分開了，司法由法院法官處理。從前縣長還要管司法、管審案，這叫「坐堂」。

「家人」，家裡的傭人；這本冊子都隨身攜帶。「門役」，是縣政府的當差。門役就將這一冊記事本放在他辦公桌上。他每天做的善事，做的惡事，大小事都登記在其中。因為他許願要做一萬條善事，所以小善、大善都要登記，看看到什麼時候這一萬條善事才能圓滿。晚上他還要設香案，就是在庭院裡擺一個香案，把一天所做的事情向天帝、鬼神報告，不敢隱瞞在心裡。

「效趙閱道焚香告帝」，仿效古人的做法，使得自己真正懺悔，身心清淨，絲毫不敢隱瞞，這是佛家所講的「發露懺悔」。

【原文】

汝母見所行不多，輒顰蹙曰：「我前在家相助為善，故三千之數得完。今許一萬，衙中無事可行，何時得圓滿乎？」

【譯文】

你母親見我所做的善事不多，常常皺著眉頭向我說：「我從前在家，幫你做善事，所以你所許下三千件善事的心願，能夠做完。現在你許了做一萬件善事的心願，在衙門裡沒什麼善事可做，那要等到什麼時候，才能做完呢？」

【淺釋】

從前沒做官，工作不會太忙，所以太太幫助做善事容易。現在做官，住在官府裡面——等於現在的公家宿捨。從前做官的住家與老百姓是不接觸的，尤其是眷屬和外面不接觸，家人無法幫助他行善。想一想，所許的一萬條善事要到哪一年才能圓滿呢？這使他的太太發愁擔憂。

【原文】

　　夜間偶夢見一神人，余言善事難完之故。神曰：「只減糧一節，萬行俱完矣。」

【譯文】

　　在你母親說過這番話之後，晚上睡覺我偶然做了一個夢，看到一位天神。我就將一萬件善事不易做完的緣故，告訴了天神，天神說：「只是你當縣長減錢糧這件事，你的一萬件善事，已經足夠抵充圓滿了。」

【淺釋】

　　他白天動這個念頭，晚上就有感應。晚上做夢，夢到一位神人，他就跟神明說：「我許的一萬條善事，在公務當中修積善事，反而不及從前便利，這一萬條善事很難圓滿。」神就告訴他：「如果你做好減糧這件事情，你的一萬條善事都做圓滿了。」

【原文】

　　蓋寶坻之田，每畝二分三厘七毫。余為區處，減至一分四厘六毫，委有此事，心頗驚疑。

【譯文】

　　原來寶坻縣的田，每畝本來要收銀兩分三厘七毫，我覺得百姓錢出得太多，所以就把全縣的田清理了一遍；每畝田應繳的錢糧，減到了一分四厘六毫，這件事情確實是有的；但也覺得奇怪，怎麼這事會被天神知道，並且還疑惑，只有這件事情，就可以抵得了一萬件善事呢？

【淺釋】

●文帝問法

　　宋文帝想永不殺生，但沒有做到，他就向求那跋摩請教。求那跋摩告訴他做善事不是要看形式，而是要看為善之心真切程度以及為善的效果。了凡先生發下了做一萬件好事的心願，他總擔心自己做不夠一萬件，但是沒想到自己為全縣免糧這一件事就頂了一萬件善事。

他做了縣長之後就把田租減少了。前一任知縣，收租是按照每畝田二分三厘七毫這個數字來收租的。「余為區處，減至一分四厘六毫，委有此事，心頗驚疑。」神怎麼知道我減租？想想真的有這一樁事。他減租稅的幅度很大，所以全縣的農民都得到他的好處。這一個縣何止一萬農民得到他的好處？一萬件好事不就做圓滿了嘛！所以他自己也懷疑，懷疑兩樁事情：第一，我做事情，神怎麼會知道？第二，做這一樁事情會有這麼多、這麼大的功德嗎？所以諸位要曉得，俗語常講：「公門好積德。」一般人修大福德沒有機會，袁了凡要沒有做縣長，他想做一萬條善事那要多少年！今天他有這個機會，能夠利益萬民，一樁善事就抵得過一萬樁善事。

公門裡積德是容易，造罪也容易；一個政策如果不便利於老百姓。對老百姓有損害的，這一樁事就是一萬條罪過。禍福確實是在一念之間！地位愈高，禍福造作的範圍就愈廣泛。一個國家的領導人，一個政策，一個善行，於全國老百姓有幫助，那就行了千千萬萬條的善事；一個政策有害於老百姓的，那他就做了億萬條的惡事。一般人沒有這個機緣———不在位，行善、造惡都很有限，都不太大；得到這個地位，有這個機會，造惡、造善都不能不謹慎。行善，前途絕對光明；造惡，必墮三途苦報。為什麼呢？他所造作的比一般人來得深廣，影響也大得多。

【原文】

　　適幻余禪師自五台來，余以夢告之，且問此事宜信否？師曰：「善心真切，即一行可當萬善，況合縣減糧，萬民受福乎？」

【譯文】

　　那時候恰好幻餘禪師從五臺山來到寶坻，我就把夢告訴了禪師，並問禪師，這件事可以相信嗎？幻餘禪師說：「做善事要存心真誠懇切，不可虛情假意，企圖回報。那麼就是只有一件善事，也可以抵得過一萬件善事

了。況且你減輕全縣的錢糧，全縣的農民都得到你減稅的恩惠，千萬的人民因此減輕了重稅的痛苦，而獲福不少呢！」

【淺釋】

他剛剛做了這個夢不久，恰巧碰到從五臺山來的幻餘禪師，了凡就把這件事情向他請教，並且問他：「這個事情能不能相信？如果真的有這麼一回事情，那實在是好！所許的一萬條善事就圓滿了；如果不能相信，這一萬條善事得慢慢去做。」法師就告訴他，「善心真切」，確實是「一行可當萬善」。

這道理在《華嚴經》上，所謂「一修一切修」，這是華嚴「事事無礙」的修學。為什麼說一修可以一切修呢？如果這一修是見性的話，那就一切修了；這一修沒有見性，那一等於一，一不等於二。如果一修要見性的話，一就是無量，無量就是一。

什麼是心性？我們舉一個淺顯的例子來說。淨宗講的「清淨心」，心地清淨，沒有一樣不是，何止萬善！一句「阿彌陀佛」稱為萬德洪名，我們逐漸明瞭事實真相，才覺得蕅益大師的話很有道理。他告訴我們，一句阿彌陀佛，無量無邊的法門都包含在裡面，萬行都在其中。他說：「豈知念得阿彌陀佛熟，三藏十二部極則教理，都在裡許。千七百公案、向上機關，亦在裡許。」前一句是把教下都包括了；這一句「千七百公案」，是禪宗也包括了。宗門教下，都在這句佛號裡面。又說：「三千威儀，八萬細行，三聚淨戒亦在裡許。」持戒也在裡面了。持戒就是守法，包括世出世間一切法。什麼法門都在一句阿彌陀佛聖號裡面──「一即一切，一切即一」，許多人不懂得。修到心地清淨，那就是佛門講的法門無量，都圓滿了──圓修圓證。多少人尚不知道這一句阿彌陀佛的好處！

所以我們起心動念，諸佛菩薩、天地鬼神沒有不知道的。這一念從真性裡生出來，特別著重在真心；真心沒有界限，真心沒有邊際，行再微小的一樁善事，與真心相應，再小的善也是盡虛空、遍法界。了凡還沒到這個境界，了凡只是在事相上利益了一縣的老百姓。

「善心真切，即一行可當萬善」，這是理。「況合縣減糧，萬民受

福乎？」這理論了凡先生還不會，他的萬善圓滿是在事上修的。如果從性上修，就是真心上修，那一善是盡虛空、遍法界，不只是萬善。縱然我們在街上遇到一個乞丐，佈施他一塊錢，這一塊錢的功德「稱性」。為什麼？因為當時你沒有人、我的分別，沒有分別「他」是乞丐，「我」是能佈施的人——能所雙忘、三輪體空。一塊錢的佈施功德是盡虛空、遍法界，因為是性德的顯露。今天佈施千萬、億萬，不如真心人佈施一塊錢的功德大。為什麼？你佈施千萬、億萬是從意識心上佈施的。意識心是有分別、執著、界限的，你突破不了這個界限。真心人一塊錢雖少，他沒有分別、執著，沒有界限，就和虛空法界完全相等，這是不一樣的！所以諸佛菩薩修功德，我們沒有法子跟他比，原因是用心不一樣。境隨心轉，我們的心量很狹小，修再大的福德，分別執著的界限畫在那裡出不去。菩薩、阿羅漢邊界沒有了，所以他的一點點善事，就是無量無邊的擴展出去了，達到盡虛空、遍法界。頭一句講的是理，我們要曉得這道理，念念功德圓滿——圓遍法界，遍滿十方，這個意境就不是凡夫所能想像得到的。了凡先生是從事上修的，事上修便利於萬民。

【原文】

吾即捐俸銀，請其就五臺山齋僧一萬而迴向之。孔公算予五十三歲有厄。

【譯文】

我聽了禪師的話，就立刻把我所得的俸銀薪水捐出來，請禪師在五臺山替我齋僧一萬人，並且把齋僧的功德來迴向。孔先生算我的命，到五十三歲時，應該有災難。

【淺釋】

很難得，他立刻就能夠將自己的俸祿捐獻出來，到五臺山去齋僧，供萬人大齋。常講「千僧齋」，他要打「萬僧齋」，滿他這一萬條善事

的大願。「齋僧」就是請出家人吃飯。明、清時代四大名山出家僧眾經常都有幾萬人，五臺山一萬人是少的，人數最多的是普陀山，普陀山僧眾大約有三、四萬人。在明、清佛法相當興盛時，峨嵋、九華大約有一萬多人。所以他到那裡去齋僧。

尤注說：「足見其人當機立斷慷慨佈施，無絲毫牽強吝情處，宜其受福無量也。」「宜」是應該。這樣慷慨大方佈施，沒有一絲毫懷疑、沒有一絲毫吝嗇，自己所有的馬上能夠拿出去。了凡先生是個清官，不貪污。清官俸祿能有幾何？這次請客，請一萬人吃飯，大概把他那一點俸祿積蓄全部都拿出來了。他出身清寒，尤其相信因果報應，決定不敢取一分非法之財，所以這是很難得的，一般人做不到的。一般人雖做好事，總是抽出幾分之幾，有一百塊錢，拿出一塊錢做好事就覺得很滿意了。不像袁先生，全都拿出來，這是很難得的。

就是五十三歲壽命就完了。而且算得很準確，是八月十四日丑時，這一年有災難，這一年過不去。

【原文】

余未嘗祈壽，是歲竟無恙，今六十九矣。書曰：「天難諶，命靡常。」又云：「惟命不於常。」

【譯文】

我雖然沒祈天求壽，五十三歲那年，我竟然一點病痛都沒有。現在已經六十九歲了（多活了十六年）。書經上說：「天道是不容易相信的，人的命，是沒一定的。」又說：「人的命沒有一定，是要靠自己創造的。」

【淺釋】

他寫這篇文章時六十九歲。五十三歲那一年他沒有求長壽，那一年也過來了，也沒有什麼災難。沒有求長壽，壽命延長了。由此可知，世間法裡最大的就是生死大事，也就是壽命。連壽命都可以求得，何況其

他的呢？功名、富貴、兒女，都可以求得到，這個求要如理如法的求，要從至心上求，從自己心地上求，沒有一樣求不到的。如果撇開了心地，從外面去求，那就是前面雲谷禪師所說的「內外雙失」。所以佛門講的是求福、求慧、求生淨土；世俗所講的是求福、求壽、求兒孫。多福、多壽、多兒孫，世間人求這個確實求得到，沒有求不到的。我們知道了凡確實是添福、延壽、添丁，完全超出了他命裡的常數，這是他一生修得的，不是命裡註定的。

「書」是《尚書》，五經裡的一部書。《尚書》是中國最古老的歷史典籍，記載上古時代的典章制度。這兩句話，「文見商書（商朝）鹹有一德篇」，《商書》裡面的一篇。「天」是講天命，也就是我們講的定命。我們命運被人算定了，落在數量裡。「諶」就是信的意思；天命難信。也就是常數是有的，但很難相信。為什麼？它有變化。雖是一個常數，但它天天都有加減乘除。了凡先生斷惡修善，惡的天天減少，善的漸漸在增加。做了知縣，減糧這一節，這是乘法不是加法。這一乘，一萬條善事沒幾天就做完了、圓滿了。這就不是一一相加，是乘法。如果造大惡，那一下就除掉，不是一樁一樁減。所以我們起心動念，所作所為，的確有加減乘除，這就是很大的變數；常數有，變數就難信。常數決定是有，但不是呆板的，是會變的。

「命靡常」，《太上感應篇》明白地告訴我們：「禍福無門，惟人自召。」禍福都是自己行業感得的果報。

這一句話也是《書經‧上周書‧康誥篇》裡所說的，也是說天命無常。告訴我們修德的重要，變數勝於常數。

●法寵除愆

　　法寵和尚本來命中註定四十歲時得惡疾去世，幸而他用全部財物禮佛，將死業消除，得以保住性命。了凡先生受點撥後也開始了自己創造命運的歷程。

【原文】

　　皆非誑語。吾於是而知，凡稱禍福自己求之者，乃聖賢之言。

【譯文】

　　這些話，一點都不假。我由此方知，凡是講人的禍福，都是自己求來的，這些話實在是聖賢人的話。

【淺釋】

　　古聖先賢這些教訓都是真實的，所以我們尊稱為「經典」。「經典」就是我們現代人所講的真理，絕對是真實，不會改變的。這些教訓應用在現代，還是真實的；若不信，憑著自己的意思，胡作妄為，只有增加過失。眼前縱然得到一點好處——何況所得到的還是命中有的，若不知修德，所得也保不住了，不但財富不能常保，壽命都保不住。命都保不住了，財富再多又有什麼用？這個社會隨時都有災難，隨時都可以把命丟掉。你想想看，其他的還有什麼意義？縱然得到了也沒有意義。《普賢菩薩行願品》裡說得很好，一個人在臨命終時什麼都帶不去，你的家親眷屬、地位、權勢、財富，沒有一樣你能夠帶得去。能夠帶得去的是「十大願王」，願王常隨不捨，引導你到西方極樂世界去。

　　佛門也說：「萬般將不去，唯有業隨身。」這是很重要的警語。既然曉得業隨身，業會隨著我們走，就應該要努力修善因，不要帶著惡業走。帶惡業，我們就由惡業引導墮三惡道；善業引導生三善道；念佛的淨業引我們到西方極樂世界。比較比較、衡量衡量，我們就清楚了，這一生中應該要做些什麼？所以眼光要看遠一點，要看大一點，不要在眼前斤斤計較，不要計較這一生的得失。這一生時光非常短促，如果我們能在這一生中，多做一點好事、多利益一切眾生，這個功德就大了！

　　古聖先賢的話，我們讀了要能夠相信、能接受，依教奉行，所得的功德利益是自己受用不盡的。你不相信，認為那是神話，靠不住，那是

自己的業障。這樣無比殊勝的因緣，就當面錯過了。

這是了凡先生真正覺悟的話。大聖大賢有真實的智慧，把事實真相看得清清楚楚，佛菩薩是聖人當中的聖人。

【原文】

若謂禍福惟天所命，則世俗之論矣。汝之命未知若何？即命當榮顯，常作落寞想；即時當順利，當做拂逆想；

【譯文】

若是說禍福，都是天所註定的，那是世上庸俗的人所講的。你的命，不知究竟怎樣？就算命中應該榮華發達，還是要常常當做不得意想。就算碰到順當吉利的時候，還是要常常當做不稱心，不如意來想。

【淺釋】

這是講常數。以前孔先生給他算命是世俗之論，雲谷禪師教他改造命運是聖賢之言。曉得這個道理，你還需要去算命嗎？還去看相，看風水嗎？不要了！相信聖賢之言，命運完全掌握在自己的手中，要自己開拓美好的前途。

了凡先生的命是被人算定了。他的兒子沒有給人算過，不知道他的定命是如何，實在講也不需要算了。「即命當榮顯，常作落寞想」，以下這一段開示，非常重要，是他教導兒子：縱然你命裡將來是大富大貴、達官顯要，也要常作落寞的想法。「落寞」即是不得志。為什麼要作此想？因為以後縱然發達了，人也要謙虛，能夠禮讓，不會以富貴對別人起一種傲慢的念頭。自己能謙虛，這是培養自己真實的福德。

樣樣事都很順利時，也常常要想著遇到許多的困難。就是在順利當中，還是要謹慎，還是要小心，不敢大意。諸葛亮一生成功就是在此──諸葛一生做事小心謹慎。

【原文】

即眼前足食，常作貧窶想；即人相愛敬，常作恐懼想；即家世望重，常作卑下想；即學問頗優，常作淺陋想。

【譯文】

就算眼前有吃有穿，還是要當做沒錢用，沒有房子住想。就算旁人喜歡你，敬重你，還是要常常小心謹慎，做恐懼想。就算你家世代有大聲名，人人都看重，還是要常常當做卑微想。就算你學問高深，還是要常常當做粗淺想。

【淺釋】

眼前衣食不缺乏，相當的豐富，可是一定要知道節儉。如果在富貴時能常常守住這一點，德行、善行都能夠增長，歷史上的范仲淹就是如此。范仲淹出身非常清寒，年輕時在寺院裡念書沒有東西吃，每一天煮一鍋粥（稀飯），把粥畫成四格，每餐吃一塊，過著這樣貧困的生活。到以後發達了，做了宰相，一人之下萬人之上，他的生活方式還是保持從前窮秀才的樣子，沒有改變多少，只是小幅度調整。他收入多，就想到很多貧苦的人，把他的收入救濟那些貧苦的人。看他的傳記，得知他曾養活三百多家。一個人的收入養活了三百多家，你就曉得三百多家也只能糊口而已，都過著很貧窮的生活。如果過得很富裕，他哪有能力養活三百多家！

這是我們中國人中的大賢，印光大師讚歎——孔夫子之後就是他。他的子子孫孫一直到民國初年都不衰，這是他培育「百世之德」，才有百世的子孫保之。中國世家第一個是孔夫子，第二個是范仲淹。范家八百年不衰，都是積德積得厚，真正修行，真做！能夠把自己的福報分給別人去享受，這是大福報。福報不要享盡了，分些給別人享，後福就無窮了。一直到民國初年時，范家的子孫都能守住家風，都很好，在中國歷史上像這樣大德的人家不多。印祖在《文鈔》裡說還有一個，清初一

位葉狀元，這個人一直到清末年時，他的家業三百年不衰。由此可知，斷惡修善、積功累德，才是人生第一大事。

俗話講「受寵若驚」，別人愛護我們是好，但是我們要自己想一想，我們有什麼地方值得人愛護？值得人敬仰？要唯恐自己的德能不夠，有這樣想法才好——時時能回頭，進德修業，不負眾望。

這些都足以戒除貢高我慢。慢是很大的煩惱，慢與貪、瞋、癡有連帶的關係，了凡從這裡著眼下手，確實是斷煩惱的好方法。斷盡煩惱，性德才能夠顯露，這是真正修德有功。

【原文】

遠思揚祖宗之德，近思蓋父母之愆；上思報國之恩，下思造家之福；外思濟人之急，內思閑己之邪。

【譯文】

講到遠，應該要想把祖先的德氣，傳揚開來；講到近，應當想父母若有過失，要替他們遮蓋起來；這裡即是說明孟子的「父為子隱，子為父隱」的大義所在；講到向上，應該要想報答國家的恩惠；講到對下，應該要想造一家的福；說到對外，應該要想救濟別人的急難；說到對內，應該要想預防自己的邪念和邪想。

【淺釋】

這以下的文字是這一章的總結，非常重要。立命的關鍵就在此。我們心裡思的什麼，想的什麼，這是進德修善的關鍵。中國過去的教育，說的是人與人的關係，人與天地萬物的關係。教你常常想，「遠」要如何榮宗耀祖，「揚」是顯揚祖宗之德。自己在社會上，道德、學問、事業能為社會大眾所尊重，是祖先之光榮。今天社會努力精進的動力是什麼？是名利。大家拼命去做，為什麼？錢財在那裡鼓勵，在那裡推動。如果沒有錢財，誰肯去做？大家都不願去做了！從前人努力勤奮工作，

他的動力是孝道，他想到祖宗，想到父母——我一定要努力修善積德，使我的父母有面子，我的祖宗很光榮，這個動力比名利高尚得多。這是我們中國幾千年來的文化傳統，佛法也是建立在孝道的基礎上，所以對於祖宗的祭祀，祠堂的建立，都非常重視，這是中國文化的大根大本。人能夠孝親，能夠不忘本，自然能夠心正行正，不會做壞事。

「近思蓋父母之愆」，「愆」是過失。兒子孝順，兒子對社會有貢獻，父母縱然有一點小的過失，社會人士也會把它忘掉。父母有這麼一個好兒子，大眾都讚歎他的父母了。這是孝子。

「上思報國之恩」，國家對人民有君親師的使命，保障人民安居樂業，國民應為國家盡忠。

「下思造家之福」，「家」是家庭，但不像現在的小家庭。從前的家是家族，內外眷屬，是一個大的家族。為子弟的要常思造整個家族之福，不是一個小家庭之福。所以一人有福，一個家族皆能享受。

●化諸淫女

舍衛城中有從摩偷羅國來的許多妓女，專事勾引誘騙男子。佛聞此事，為諸女說不淨觀、苦、空、無常等法。諸女聞法，皆發信心，決心改過從善，求佛受三皈及五戒法。只有肯改造，就不會因循耽擱一生。

「外思濟人之急」，從社會來著想，要盡心盡力替社會服務，為社會大眾造福。在今日社會，最急者無過於倫理道德教育之復興與發揚光大。

「內思閑己之邪。」「閑」是防止；防止自己的過失。「邪」就是邪知邪見；我們對妄想要知道防止，絕對不可有非分之想，起心動念都要知道本分。人人都能知道本分，能夠守住本分，於是社會祥和，天下太平。《孟子》所謂「君子務本，本立而道生。」本是本分，守本分就是要盡義務。儒家所講的本，是指五倫十義，就是要盡到我們在社會、在人生應該盡到的義務。應當做到的這些事情要認真去做，要努力去做，為社會、為家庭造福。

【原文】

務要日日知非，日日改過。一日不知非，即一日安於自是；一日無過可改，即一日無步可進。

【譯文】

一個人必須要每天知道自己有過失，才能天天改過。一天不知道自己的過失，就會一天安於自己的境況。如果每天都無過可改，就是每天都沒有進步。

【淺釋】

「日日知非」就是覺悟，佛家所說的「開悟」——始覺、本覺、究竟覺。始覺就是「日日知非」，「始」是開始，是天天開始，所以從初發心到等覺菩薩，都是始覺。天天發現自己的過失、自己的毛病，發現了就改，這叫真正的修行——修正自己的見解、思想、行為，日日改過，這就是大聖大賢的真實修務。

我們要想改造命運，想離苦得樂，這幾句話是關鍵、是鎖鑰，非常重要。一般人一生當中不能成聖成賢，修行得不到一個結果，毛病就犯

105

在此地。天天知道自己的過失，就是天天始覺。一發現就把它改正過來，這叫功夫。真的改過，這是功夫得力。不必多，一天真的能知一過失，改一過失，三年之後你不是聖人就是賢人，這一點都不假。一天改一條過失，一個念佛人三年之後，不是上品往生，也是中上品往生，這是修學成佛作祖，你肯不肯認真去做？一天一條過失都沒有發現，這是迷惑顛倒。不知道自己的過失，當然就無過可改，哪有進步！不進則退，自然墮落。「安於自是」──自以為是，是最可怕的生活。

【原文】

　　天下聰明俊秀不少，所以德不加修、業不加廣者，只為因循二字，耽擱一生。

【譯文】

　　天底下聰明俊秀的人實在不少，然而他們道德上不肯用功去修，事業不能用功去做；就只為了「因循」兩個字，得過且過，不想前進，所以才耽擱了他們的一生。

【淺釋】

　　這是真的，聰明睿智的人很多。「所以德不加修，業不加廣者，只為因循二字，耽擱一生。」「因循」是放逸、懶散、偷安，日子得過且過，就是我們常講的混日子。這樣一天天混下去了，這樣過生活，就是定命。你命裡面註定的──怎麼生、怎麼死，死了以後要到哪一道去，全按照定數安排。這就是雲谷禪師講的凡俗之人、庸俗之人，完全照著命運去走，也是佛在經裡所講的「可憐憫者」。他教他兒子這一段，確實是世出世間用功，都離不開的原則。

【原文】

　　雲谷禪師所授立命之說，乃至精至邃、至真至正之理，其熟玩而勉行之，毋自曠也。

【譯文】

　　雲谷禪師所教立命的許多話，實在是最精、最深、最真、最正的道理，希望你要細細地研究，還要盡心盡力地去做，千萬不可把大好的光陰虛度過去。

【淺釋】

　　了凡先生將雲谷禪師教他改造命運的理論與方法，寫出來傳授給他的兒子，希望他也依照這個方法來修學。了凡先生依此修學，得到了很好的效果，所以對雲谷禪師所說的理論與方法深信不疑。

　　「至精至邃」，「精」是精華、精純、精彩到了極處；「邃」是深遠、真實，絕對正確。

　　「熟玩而勉行之」，「熟玩」就是把它讀熟深思，細細去體會。常常思維，常常去想，你會得到其中的法味，然後把它變成自己的行為，努力去做。

　　「勿自曠也」，「曠」是光陰空過，謂不可虛度這一生。

| 第二訓 改過之法 |

第一章是講因果的理論，以下兩章就講命運怎麼改法——惡要怎麼改？善要怎麼積？兩章完全著重在行動。前一章是建立改造命運的信心，信了以後要去做；要怎麼做法，在這一章裡，會有詳盡的解釋。

【原文】

春秋諸大夫，見人言動，億而談其禍福，靡不驗者，左國諸記可觀也。大都吉凶之兆，萌乎心而動乎四體。

【譯文】

在東周的春秋時代，各國官吏相互往來頻繁，學問與閱歷都很豐富，因此僅憑觀察一個人的言語舉止，就能推測出他的吉凶禍福，沒有不靈驗的。這種事在《左傳》、《國語》等各類記載史實的書中都能看得到。大概說來，一個人在尚未發生事情之前，預先顯露出的吉凶禍福現象，都是發自他的內心，而表現於外在的行為。

【淺釋】

從此處可見古人學問的真實。《春秋》是魯國的歷史書，孔夫子當年在世把它進行整理，做成了定本流傳於後世。這部書有三個人注解，流傳最廣的是左丘明注的《左傳》。今天所看到的《左傳》就是左丘明所注解的《春秋》。（《春秋》是孔子整理的，並不是孔子作的。原來有很多材料，孔子重新整編，左丘明再加以詳細的解釋）除《左傳》之外，還有《公羊傳》、《穀梁傳》。在這三種注解裡注得最好、文章也好、記載也很翔實的，是左丘明的《左傳》。現在所流傳的《十三經》

春秋經傳集解隱公第一

隱公名息姑。惠公之子。母聲子。謚法。不尸其位曰隱。

杜氏註

盡十一年

傳惠公元妃孟子　宋姓。○惠公名不皇。謚法。言元妃。明嫡夫人也。子。

孟子卒　先夫死。不稱薨。不成喪也。不得從夫謚也。諸侯夫人始薨始娶。謚也。蓋孟子無謚。

繼室以聲子生隱公　姪娣。謚也。次妃。謚也。諸侯始娶則次妃攝治。姪直結。愛人好與曰聲子。歷反。適丁歷反。

宋武公生仲子。仲子生　則同姓之國。以姪娣媵。故謂之繼室。○繼室則次。姪攝治。反又夫一反。兄女弟也。○婦大計反。女弟也。○

● 左傳書影

《左傳》原名《左氏春秋傳》，是一部史學名著和文學名著，是中國現存的第一部敘事詳盡的編年體史書。

，三種傳都在其中。

「見人言動，憶而談其禍福，靡不驗者」，這是說古人聽到別人的談話、舉止動作，就能判斷此人的吉凶禍福，而且判斷得很正確，後來就都應驗了。小則能預見一個人成功失敗，大則能看出國家的興衰。這是確實的，我們在「左國」（《左傳》和《國語》兩部史書）讀到很多。他們有這種觀察能力，就是懂得因果報應的道理。你的言善、行善，穩重厚道，就可以判斷你有福，這個人有前途；言語刻薄，行動輕浮，這人會沒前途。即使現在很得意，那也是曇花一現。這一舉一動都可以看得出一生的吉凶禍福，所以心行言動不可以不謹慎。

這不只是理論，也是事實。一個人、一個國家都是如此——事還沒有形成，它就有吉凶的預兆，這種預兆都是在起心動念處，在所作所為處。所以頭腦冷靜、很有理智的人，能夠觀察得出來，預知未來的變化。他從眾人心行中就能看到國家興亡——「國者人之積」，你看這國家上上下下的人，他們每天想些什麼，他們每天做些什麼，就知道這個國家有沒有前途，知道這個國家的興亡；我們一個家庭裡的人，想的是什麼，念的是什麼，做的是什麼，從中也就可知這個家庭的興衰了；個人的吉凶禍福也在乎個人的行為。這些都有預兆。預兆很明顯，看得清清楚楚，都顯露出來，所以對一個有智慧、有學問的人是隱瞞不過的。

【原文】

其過於厚者常獲福，過於薄者常近禍，俗眼多翳，謂有未定而不可測者。至誠合天。

【譯文】

凡是待人處事比較穩重、厚道的人，常常能夠獲得福報；而行為不莊重、過分刻薄的人，常常會招致災禍。一般的凡夫，學問不深、見識淺陋，沒有識人之明，就像是眼睛得了眼翳病一般地看不清楚，卻說禍福沒有一定，是無法推測得出來的。一個人如果能以至誠之心待人，那他的心就與天道相吻合。

【淺釋】

「厚」是厚道，厚道的人，心地厚道，行為厚道。能夠損己幫助別人，這是厚道。對自己可以刻薄一點，對別人要好一點，這種人一定有後福。

「過於薄者常近禍」，對待別人刻薄，貪圖自己的享受，這個人將來必有災難。

「俗眼多翳」，俗人看不出這個預兆，像眼睛被遮住一樣。

「謂有未定而不可測者」，好像一切吉凶禍福沒法子預測，看不出來，其實吉凶禍福的預兆都擺在眼前。什麼人才去看相算命？就是此地說的「俗眼多翳」之人才會找人給他算算命、看看相。下面這一段就很要緊，是我們應當留意、要修學的。

這是大原則──我們一個人處事、待人、接物要用真心，不欺騙自己，不欺騙任何一個人「至誠合天」中的「天」就是佛法講的真如本性。日常生活中妄念不生，常常保持著正念現前。那麼現在這人縱然受苦受難，畢竟苦難很快就要過去，大福報要來。所以世出世間法的大根大本就是真誠。儒家講學養，八條綱目裡「誠意、正心」是重心，「格物、致知」是達到誠意、正心的手段，這兩條不能做，雖然想誠意，也誠不了，就是做不到「至誠」。格物，物是什麼？物是五欲六塵。財、色、食、睡要放下，如果不能淡薄，你的心會被心面境界所動，怎麼誠得了？縱然不能把整個欲望捨掉，也要看淡。凡夫天天在打妄想，其實妄想無濟於事。不如把這些妄想捨掉，把五俗六塵種種的享受捨掉一些，多替別人想想。我們有福，把福報都給別人去享，這個福報就大了，我們明白這個道理之後就要真做！

淨空學佛，最初得力的就是《了凡四訓》，朱鏡宙老居士將此書贈送給我。我讀了之後，想想年輕的時候和了凡先生一樣，他有的毛病我都有。我也是短命，過去多少看相算命的，連甘珠活佛都說我短命，我相信。所以算命的說我過不了四十五歲，我很相信。因此，我出家學佛就把時間表定到四十五歲，因為我只有這麼多的時間好修（我沒有求長壽），果然四十五歲那年得了一場病。當時基隆大覺寺，靈源老和尚舉辦結夏安居，靈老請我講《楞嚴經》，我只講了三卷，就生病了。自己想想壽命到了，所以也不找醫生，也不吃藥，天天在家念佛等往生。病了一個多月，也沒有往生！病好了！這些年來依照這個方法修行，愈修行愈靈驗，愈有信心。現在什麼都捨了，捨乾淨就更自在了。

所以「捨」才會有「得」，不「捨」就沒有「得」。我們中國人說「捨得」，「捨得」這個名詞是從佛經裡來的。你能捨才能得，不能捨什麼都得不到。這篇改造命運的文章也就是叫我們「捨」；求呢？求也有助於得也。怎麼求？捨了就得了，你所求的都能得；首先要把妄想、

執著捨掉。「至誠合天」是從根本上捨，捨自私自利──將利益自己的念頭捨得乾乾淨淨，起心動念都是利益大眾、利益社會、利益眾生，這個人後福自然無窮。

【原文】

福之將至，觀其善而必先知之矣；禍之將至，觀其不善而必先知之矣。今欲獲福而遠禍，未論行善，先須改過。

【譯文】

一個人福報將要到的時候，只須看他所做的善行，就必能預先得知；災禍將要降臨時，只須看他所做的惡行，也必定能夠預先推測得到。現在如果想得到福報而避開災禍，在還沒有講到行善之前，就必須先從改正過失開始做起。

【淺釋】

所以吉凶禍福都有預兆。福將要來了，看他的善心、善行──他能把自己的利益分給別人共用，這是善行，於是曉得他的福報快到了。若只顧自私自利，奪取別人的利益，自己的利益與福報不肯與別人分享，他的福報是會享盡的。享盡了就沒有了！災禍就來了！所以只要看到他想的不善、做的不善，就知道他的災禍快來了。小到一個人、一個家庭，大到一個社會、一個國家，乃至於整個世界，都可以從這個原理來觀察。只要很冷靜、很細心，沒有看不清楚的。所以吉凶禍福、世界的安定動亂、國家的興衰都可以預知。

前面了凡舉出吉凶禍福都有預兆。無論個人、家庭、國家，乃至於全世界皆是如此。這些預兆，唯有心地很清淨的人看得清楚。有定功的人，不僅是佛門，就是道家、儒家、讀書人，心比較清淨的，也都能看得出來，定功愈深看得愈遠。所以佛經裡常常告訴我們，阿羅漢能知過去五百世、未來五百世，這是我們每一個眾生的本能──本有的能力，

應當是如此。現在能力喪失了，就是因為心亂了；被妄想、分別、執著、煩惱搞混濁了，使這個能力失去。佛法教我們的是要把心地上的障礙、污穢去掉，恢復我們的本能而已。

前面說的道理明白了，要從哪裡下手呢？這裡開始給我們講真正用功下手的方法。我們每個人都想求福、求慧，都希望遠離災難，想得到幸福。「福」是從「行善」得來的——行善是因，得福報是果。可是業障要是沒有除，福也不容易得到，所以先要把業障去掉。求有理論、有方法，世間一般人都在事相上求，都在常數裡面求，那怎麼可能求得到？現在雖然知道有變數，給我們帶來了很大的希望，可是畢竟變數並沒有立刻現前！如何能達到這個目的？先要修清淨心。什麼是善？心地清淨是第一善。心地不清淨，縱然修善，善裡面有摻雜、不純，所獲得的福報很有限。就是講消業障，也消得不夠徹底，消得不很多。

由此可知，心地純善、純淨非常重要。如何使自己心地恢復到清淨？那就要改過，將自己的心地真正做一番洗刷的功夫。所以此處教導我們，「未論行善」——我們還沒談論行善、修善的方法之前；「先須改過」，「須」是必須，這個字非常的肯定。那麼過要怎麼改法？這裡提出幾條綱領，這些綱領非常的重要。

【原文】

但改過者，第一，要發恥心。思古之聖賢，與我同為丈夫，彼何以百世可師？我何以一身瓦裂？

【譯文】

但是改正過失的方法，第一，要發起羞愧心。試想，古代的聖賢跟我們一樣是個男子漢，他們為什麼能夠千古流芳，成為大眾學習的榜樣；而我為什麼一事無成，甚至到了聲名敗壞的地步呢？

● 玉耶受訓

　　給孤獨長者為子娶玉耶，傲慢無禮，長者夫妻請佛來教化她。
玉耶躲藏不了，便出來禮佛懺悔。玉耶知道躲藏，說明她還有羞恥
之心；她還知恥，說明她還能夠改過自新。一個人做了惡事，卻還
沒有半點羞恥之心，才真正沒有希望了。

【淺釋】

中國古聖先賢教導我們「知恥近乎勇」——儒家講的大智、大仁、大勇。什麼人是大勇？唯有知「恥」，才能真正改過自新，才能發憤向上。人要不知恥，那就沒有前途了。我們不要跟一般人比。把標準提高一點，跟誰比？跟諸佛菩薩比。佛菩薩也是人，我也是人，為什麼他能成佛菩薩，他能得到不生不滅，我們還要搞六道輪迴？這是大恥辱！

如果我們能常常這樣想，這樣反問自己，「恥心」就能生，就是改造命運的開端，也是改造命運的動力。什麼力量在推動？這是原始動力，不可思議的動力。了凡先生在此地所說的多半是世間法，世間有大聖大賢——孔子、孟子、周公、伊尹，都是我們中國古聖先賢。他們是大丈夫！我也是大丈夫！（此地的「丈夫」沒有男女之分，能為人之不能為，謂之大丈夫。）他是人！我也是人！他能做得到，我為什麼做不到？要從這個地方去反省。

在出世間，別人證阿羅漢、成菩薩、成佛了，他們過去生中有無量劫，我們過去生中也有無量劫；為什麼別人生生世世修行，成菩薩、成佛，我們生生世世修行，還是搞六道輪迴？這實在是奇恥大辱！世間的恥辱跟這是不能比的。「百世可師」——世出世間聖人都是天人師，佛十個德號裡的「天人師」——此處的「師」就是典型、模範。他可以做一切眾生的模範，做一切眾生的好榜樣。再想想自己則是「一身瓦裂」，「瓦裂」是比喻，就是造惡業受惡報。

了凡先生的好處就是他對於自己的過失，絲毫都不隱瞞。他所講的不是一般人的過失，是自己的過失。他發現了，能痛改前非，這是他的長處。他之所以能成就，關鍵就在此地。

【原文】

耽染塵情，私行不義，謂人不知，傲然無愧，將日淪於禽獸而不自知矣。

【譯文】

　　這都是由於過分沉溺於逸樂，受到世俗欲望的染污，並且偷偷地做些不合乎道義的事，還以為別人不曉得，而表現出傲慢的樣子，毫無一點羞愧心；就這樣日益沉淪下去，逐漸變成禽獸之流，但自己卻不能發覺。

【淺釋】

　　第一個大病：耽染塵情。「耽染」就是貪愛、貪戀，是清淨心受了染污。「塵情」是五欲六塵；五欲是情，塵是指六塵，塵也是代表染污的意思。我們坐的桌椅如果一天不擦，上面就有灰塵，天天去擦拭是為除去染污。我們的清淨心也被欲塵染污了——財、色、名、食、睡，是五欲，起貪、瞋、癡、慢、疑，這就是染污。所以佛把外面境界——色、聲、香、味、觸、法，叫做六塵，就是這些染污我們的清淨心，這就是病根。如果我們要恢復自性清淨心，這就是病根。要恢復自性清淨心，就要這些塵情放下。世間人最難的就是放下！能放下一分，心就清淨一分；放下兩分，心就清淨兩分。菩薩所以有五十一個等級，實在就是因為塵情放下多寡不同，而分為五十一個等級。五十一分塵情都放下了，絲毫塵情都不染了，就叫成佛。若還有一分未放下，就是等覺菩薩。這個「塵情」就是業障。

　　淨宗講「帶業往生」，所謂帶業往生就是放下一些，沒有放得乾淨，還留一部分。過去有人主張淨土法門不是帶業往生，是「消業往生」，震撼了全世界的念佛人。這種說法是錯誤的，與經義完全不相應。雖然在淨土諸經裡面找不到「帶業往生」這四個字，可是意思非常的俱足。讀《無量壽經》，得知如果不帶業，業都消了才往生——既然業都消了，何必要往生？等覺菩薩還帶一品生相無明，就是塵情還沒有斷乾淨，還帶一分業，所以菩薩叫「覺有情」。「有情」是什麼？還有塵情；完全沒有，就成佛了！

　　嚴格來講，心地純淨的只有一個人——佛，除佛之外，絕對沒有心地純淨的。等覺菩薩還有一分生相無明，菩薩有塵情，但是沒有前頭那兩個字——「耽染」。所以他叫「覺有情」，他是覺悟的有情。我們凡夫就是「耽染」很重，這個我們一定要知道。

「帶業往生」是祖師根據經義說出來的，與經義絕對沒有違背，我們要相信。尤其淨土法門，一品惑沒有斷也能往生。在過去、在現代我們看到許多念佛往生的人，這是真實的見證，這是證明。所以有些偏差的言論，我們要有能力辨別，不要受它的影響，要「依法不依人」，那是人說的，我們要依照經典來修學。

「不義」就是不應該做的，不合理、不合法、不合人情、不合道德、不合風俗習慣，這都叫不義。自己做不應該做的事情，以為別人不知道──實在講是有些人不知道。那些人呢？迷惑顛倒的人、心裡蒙蔽的人。聰明正直、心地清白自在的人知道，這樣的人絕對瞞不過他，何況還有天地鬼神。鬼神有五通（鬼神五通是報得的，不是修得的）；鬼神都知道，諸佛菩薩就更不必說了──我們六道凡夫起心動念，他們沒有不知道的。所以我們念了經論與聖賢典籍之後，真的是寒毛直豎，沒有絲毫能隱藏得住，想想還是發露懺悔才對！為什麼？他們都知道了。我們不發露他也知道，還不如自己說出來好一點，我們心地比較能夠得到一點平安。

「傲然無愧」，這個「傲」是傲慢，沒有慚愧之心。「無愧」就是我們俗話說的「麻木不仁」，沒有一點羞恥心，沒有一點慚愧心；再說個不好聽的，就是所謂「喪失天良」。做壞事常常還受良心責備，這人還是好人。雖然他外面瞞人，在自己心裡常常感到不安，這種人還有救。做了壞事麻木不仁，這種人就沒救了。若是尚有羞愧之心，這是有救的，可以回頭的。

傲然無愧之人。「將日淪於禽獸」，他現在雖然是有人身的樣子，他所造的惡業將來必定使他墮三惡道──他自己不知，諸佛菩薩、天地鬼神皆知道。在他運衰時，妖魔鬼怪會來欺負。妖魔鬼怪欺負人，要看什麼樣的人──將來生人天道以上的，他不敢欺負，對於善人不但不敢欺負，他還恭敬；對於造惡的人則常常諷刺他、譏笑他、欺負他，因為惡人雖然現在是人身，將來必墮惡道。

這些道理、這些事實只有真正學佛的人明瞭，明瞭之後，起心動念、一切行為自然就謹慎了。我們這一生不但決定不能墮惡道，也決定不能再搞輪迴。如果我們不想再搞輪迴，只有一條路──求生淨土。所以

對於取淨土，一定要下很大的決心。淨土如何取得？心淨則土淨——信願持名、修清淨心，也就是說「耽染塵情」要遠遠地把它捨離。當然不可能完全捨掉，完全捨掉就成佛了。我們捨的愈多愈好，不需要牽掛的就儘量不要去牽掛，把牽掛的念頭轉變成念阿彌陀佛；把自己身家的利益——身是本人，家是我的家庭，也就是起心動念都是念自家的利益的念頭轉變為利益一切眾生，這樣我們心就清淨了。

　　佛菩薩與眾生的差別，就在佛菩薩起心動念是想一切眾生，沒想自己；眾生起心動念先想自己，不想眾生。如果念念都想一切眾生的利益，我執不刻意斷，自然就漸漸沒有了。我執要是沒有了，在念佛功夫上就得「事一心不亂」，往生品位就高了，可生「方便有餘土」，決定往生。我們要從這個地方下工夫，要認真地去做，所以眼光要遠大，不要僅僅看這一生，不要只看眼前。我們眼前乃至於這一生，是非常之虛幻無常的。經上講的沒錯：「凡所有相，皆是虛妄。」要知道諸法無常，不值得我們去牽掛。在我們身旁的家親眷屬，我們要教他正法，要勸他如理如法地修學。

　　曾經有一位同修，他很著急——他的小孩子想到國外去留學，出國留學很不容易。他自己住在巴黎，他問我怎麼辦？我就教他，把一切妄念放下，全家念《無量壽經》、念阿彌陀佛，一定有感應。他說：「這不行！我一定要把這件事情辦妥，我的心才能放得下，才來念經、念佛。」我說：「你如果是這樣想法，你這一輩子都沒有指望。」他問：「為什麼？」我說：「你的方法用錯了，你今天所思考運用的方法，是你自己的業力，你沒有三寶加持的力量。」會用三寶的力量，把自己的力量捨掉——我自己力量做不到，我用清淨心求三寶加持，會有不可思議的力量，這個才重要！就是此地講的，我們要用變數，不用常數；常數是命中註定的，變數是自己創造命運。

　　創造命運要從心地裡面求，這個心是真心，不是妄心。成天胡思亂想的，那是妄心，妄心是在常數上，不是在變數上。一用真心，常數就改變了，我們在佛經上、在《了凡四訓》裡看得清清楚楚。所以求佛菩薩怎麼個求法？不是跟佛菩薩談條件——求佛菩薩保佑我發財，給我賺一百萬，我供養你五十萬，我們兩個對分。這不行！佛菩薩怎麼會答應

你這個條件！所以世間一般人想利用佛菩薩，想利用三寶的力量談條件——許願都是談條件的，這很有限，這是錯誤的，沒有條件好談的。最要緊的是恢復自己的清淨心，這有最根本的理論依據。就如佛法中所說，六祖也講得很好：「何期自性，本自具足；何期自性，能生萬法。」這已說明一切都是現成的，向自性裡面求，沒有求不到的——有求必應——因為自性本來具足，自性能生萬法。三寶不過是給你做一個助緣而

●竹園精捨

　　祇園精捨是佛陀說法的重要場所，是佛陀在世時規模最大的精捨，也是佛教寺院的早期建築形式。

已，求得也是我們自性本有；自性裡沒有，三寶也幫不上的。「佛氏門中有求必應」，你若完全相信，一點都不懷疑，會要求什麼得什麼——求成佛都可以得到，何況其餘的呢？所以大家一定要明理，「求」，一定能得到。世間人不知道，運用自己的聰明智慧，這就是佛經裡面講的「世智聰辨」。這不是求取功名富貴，實在講是在造罪業（他自己還不曉得）。就是求得的，還是命裡有的，你說這多冤枉！他所造作的罪業，將來必定有果報。

佛法裡講十法界，十法界中每一界又有十界，所以叫「百界千如」。我們現在是在人法界，這一法界裡就有十法界。我們現在一心一意念佛求生淨土，我們現在是在佛法界——念佛是因，成佛是果。現在修成佛之因，現在就在佛法界；我今天念菩薩，我今天修六度萬行，就是菩薩法界；我今天念仁義道德，就是人天法界；我今天想盡方法想去賺錢，貪這個世間的物質享受，這是餓鬼法界；見到一切人、一切事都不順眼，是地獄法界；糊裡糊塗、迷惑顛倒、過一天混一天是畜生法界。雖然現在都是人身，已經可以給我們分成十個不同的樣子了。諸佛菩薩、天地鬼神看到我們的樣子，他就知道是佛，還是菩薩，或是其他，他們清清楚楚、明明白白，所以每一界裡都有十界。我們自己明白這個道理，知道這個事實真相，就曉得該如何去選擇，這個選擇權的確操在自己手上。

【原文】

世之可羞可恥者，莫大乎此。孟子曰：「恥之於人大矣。」以其得之則聖賢，失之則禽獸耳，此改過之要機也。

【譯文】

世界上各種可羞可恥的事情，都沒有比這個更大的了。孟子說：「恥這個字對於一個人，關係實在是太重大了！」因為若能知恥，就可以成就聖賢之道；如果不知羞恥，那就只能像個禽獸罷了。這些話都是改正過失

的重要訣竅呀！

【淺釋】

　　人家成佛、成菩薩，我們還在搞三惡道、搞六道輪迴，這是太可恥了！世間「可羞可恥者」，沒有比這個更大了。

　　「恥」這個字與人的關係太大了，為什麼？「知恥」，這個人可以成聖成賢；「不知恥」，必定淪落三途。你看這個字與一個人的前途關係多麼重大！

　　「以其得之則聖賢」，「得之」就是知恥；知道羞辱就發憤雪恥圖強，能振奮起來。

　　「失之則禽獸耳」，「失」就是不知恥；不知恥就是小人，胡作妄為。在佛法講，不知恥才會搞貪、瞋、癡、慢；知恥的人絕對沒有貪、瞋、癡、慢，他曉得貪心墮餓鬼，瞋恚心墮地獄，愚癡墮畜生，有什麼值得傲慢的？跟佛菩薩比差太遠了！所以這些煩惱心自然就消失了。

　　「此改過之要機也」，「要」是重要，非常重要的樞機，也就是關鍵。把它擺在第一──要知恥。說得粗俗一點，就是善行善果不如人是羞恥，知恥一定奮發自強。希望發最上乘者，一起來組成一個「知恥學社」，提倡知恥運動，喚醒大眾，共創人類之和平福祉。

【原文】

第二，要發畏心。天地在上，鬼神難欺。

【譯文】

　　第二，要發起敬畏的心。須知，天地鬼神都在我們的頭頂上監察著，他們是難以欺騙的。

【淺釋】

　　「畏」是畏懼。人常懷有畏懼之心，那是一種很大的控制力量，使

自己不敢作惡。他有所恐懼，他怕什麼？

「天地」是指天神與鬼神。在我們上面的諸天神有天眼通，我們一切動作他們皆看得很清楚；地下則有鬼神，鬼也有五通，能力雖然比不上天神，但他們的感觸比我們一般人要強。鬼的智慧比不上我們，但是他能見、能聽，這些能力比我們強（也許你不相信，而認為鬼神有五通，應該是他們的聰明智慧比我們強才對）。現在科學家已經測驗出來，很多動物它們的器官很特殊，譬如說狗　　它的鼻子比人靈，我們覺察不出來的味道，它可以覺察出來；狗的耳朵也比我們靈。它是畜生，它沒有我們聰明。畜生裡尚且有許多種能力超過我們，何況鬼神呢？所以鬼有五通是可以相信的。那他為什麼還受苦難？因為他智慧不如我們，福德多數不如我們。所以天上地下有鬼神，我們一舉一動他們都清楚。

【原文】

吾雖過在隱微，而天地鬼神，實鑑臨之。重則降之百殃，輕則損其現福，吾何可以不懼？

【譯文】

我們縱然在幽暗之處犯過，大家雖然不容易發覺，但天地鬼神卻像鏡子般地照著我們，看得非常清楚。所犯的罪業若是重大，必定會降下許多災禍；就算是輕的過失，也會減損現有的福報。我們怎麼可以不懼怕呢？

【淺釋】

我們縱然在很隱密的地方，也就是說沒有人看到的地方，做一點小小的過失，天地鬼神有天眼，我們的牆壁障礙不住，他們看得清清楚楚。真正可怕！這些眾生的神通不是小的，因為距離我們很近，他們全都能看到。「鑑」就是看到，「臨」就在我們面前。我們看不到他，他實在就在我們面前，他看我們看得清清楚楚。佛菩薩則更不必說了。佛菩薩是大慈大悲，看到我們做什麼壞事，他心清淨，他不會找我們麻煩；

可是鬼神不一樣，鬼神是凡夫，看到我們作惡，他生氣，有時要找我們麻煩。佛菩薩無所謂，但護法神是眾生，他看不順眼，也要找你麻煩。因為護法神是凡夫，他沒有成佛、成菩薩。鬼神更是凡夫，所以「重則降之百殃，輕則損其現福，吾何可以不懼！」我們有重大的罪惡，這些鬼神就要來懲罰我們，這就遇到一些災難災殃了。輕的就是我們常說的

●楊枝淨水

　　毗舍離國流行惡病無法醫治，長者祈請世尊設法救濟。於是，觀世音菩薩憐湣救護一切眾生，稱念佛號，撒淨水救助。毗舍離國所有的病人全部康復。

折福。要是真正明白這個事實，怎麼能不怕！

所以《無量壽經》裡有好幾段經文，讀了真正叫人敬畏。西方極樂世界人數無量無邊，個個「天眼洞視」（洞視就是沒障礙，一點障礙都沒有），「天耳徹聽」，能力是盡虛空、遍法界——十方一切諸佛剎土，我們肉眼看不見的，他看得見；我們耳朵聽不見的，他聽得見。所以想想我們還有什麼地方能隱瞞極樂世界的諸上善人？連那些人都不能隱瞞，又如何能瞞過阿彌陀佛、觀音、勢至呢？沒有法子隱瞞！

我們真正明白這一樁事實，則深知念佛求生淨土，形式上的迴向和不迴向是沒有什麼關係的。我們的心願他們都知道，不必嘴裡講：「我要求生淨土！」他們早就知道，起心動念時他們就曉得了。好好地念阿彌陀佛，這是真話，其他的廢話可以不必講了。求一心不亂、求上品上生、求生西方極樂世界，這才是第一等大智、大福德人。

【原文】

不惟此也。閒居之地，指視昭然，吾雖掩之甚密，文之甚巧，而肺肝早露，終難自欺，被人覷破，不值一文矣，烏得不懍懍？

【譯文】

不只如此！就算是在沒有人在的地方，神明仍然清清楚楚地看著人們的一切作為；我們雖然掩蓋得非常隱密，文飾得非常巧妙，但是內心的種種意念，早就顯露出來了，神明全都看得很清楚，終究還是難以自我欺瞞。如果被人看破了，就變成一文不值，怎麼可以不時常存著敬畏之心呢？

【淺釋】

前面所講是在一般時處，這裡是講我們一個人在私室獨居時。一個人在自己房間裡關起門來，有時就不檢點了，可以馬虎隨便一點了，不知「慎獨」功夫要緊。因為有人在，自己總會約束一點，沒有人在就放

逸了。

李老師講過，古時候，好像是鄭康成（鄭玄）跟一些同學們在一起，有一次大家自我反省，提出自己有什麼過失，把過失說出來。每位同學反省時都能把自己的缺點說出很多，唯獨鄭玄想不出來。最後大家問他：「你再想想！」他說：「我在想！」又想了很久，想出來了——有一次上廁所時沒有戴帽子，這就是我的過失。可見古人慎獨的功夫，在自己房間關著門，衣服都要整齊，像見賓客一樣的慎重。現在人會說何必這樣做作？古人就是這樣做，這叫「慎獨」。在他們的觀念中，縱然掩蓋得很嚴密，天地鬼神也會見到，如果馬虎一點、隨便一點就是失禮。隱密之處也如臨天地鬼神，所以態度是恭恭敬敬，不敢有一點放逸。

「閒居」是指私人的臥房，在這裡面也是「指視昭然」，雖在私室中，亦如十目之所監視、十手所指——就像大庭廣眾之下一樣的檢點、一樣的謹慎，不敢隨便。

「吾雖掩之甚密，文之甚巧」，「文」是文飾，就是掩蓋自己的過失，還用花言巧語去掩飾，其實是掩飾不住的。「掩」就是騙人、自欺欺人。實在是「肺肝早露」，「肺肝」是內臟，一般人看不到，可是天地鬼神都看得清清楚楚，是用這個來比喻。比喻我們在暗室，在臥室裡面，一舉一動、起心動念，天地鬼神沒有不知道的。我們以為掩藏得很密，那不過是自欺欺人——其實早就被人看破了，看破了就一文不值。想到這裡，怎麼不害怕！

【原文】

不惟是也。一息尚存，彌天之惡，猶可悔改。

【譯文】

不僅這樣！一個人只要還有一口氣存在，就算犯了漫天的大罪惡，都還可以悔改。

【淺釋】

人知恥，就有敬畏之心，就能改過，就能滅罪。我們講「懺除業障」，學佛的人天天去拜懺，拜了一輩子不僅業障沒消除，卻愈拜愈多，原因在哪裡？他不曉得從哪裡去懺悔。今天在寺院拜懺，就是此地講的「文之甚巧」；他不是真懺悔，而是在掩飾他的罪惡性，罪惡愈積愈重，所以愈拜懺愈多，真正修行是知恥、畏敬，我們能夠在念頭上轉就好了。

「一息尚存」，只要一口氣沒有斷。「彌天之惡」，「彌天」就是大惡，佛經裡所說的五逆十惡──必墮地獄。這樣的人在一口氣沒斷時，還有沒有救呢？還有救──「猶可悔改」，他還能改過自新。他要是真正知恥，真正的生敬畏之心，悔過發願求生西方，一念、十念決定往生。

我們在《無量壽經》、《觀無量壽經》讀到，在印度、在中國，在過去都有這種實例。譬如唐朝時的張善和，他是屠夫，臨終十念即往生。在古印度有阿闍世王，我們在《觀無量壽經》裡讀過，他殺父親、害母親、破和合僧，也是無惡不作（《大藏經》裡面有一部《阿闍世王經》，釋迦牟尼佛專講這個人的因緣果報），他在臨命終時，一口氣還沒斷，他真正懺罪悔了，一心念佛求生淨土，他往生的品位是「上品中生」，實在不可思議！

所以我們才曉得往生極樂世界有兩種方式：一種是我們平常積功累德，平常修行往生的；另外一種是作大惡的人，臨終懺悔往生的。所以我們不可輕慢造作罪業的人，說不定他在臨終時懺悔的力量強，往生的品位比我們還要高，這是很可能的。我們俗話說：「浪子回頭金不換」──浪子一回頭比一般好人還要好，平常一般好人比不上他，就是這麼一個道理。所以對於惡人不可以存輕慢之心。

知道這個道理之後，我們決定不能存僥倖的心──造惡臨終懺悔還可以往生，我現在多造一點惡不要緊，臨終時還來得及。我們要是存這個心就壞了，存這個心可以說決定墮三途。諸位要知道，臨終懺悔往生是很不簡單的事情！表面上看是一生，其實他過去生中善根、福德不知道有多麼厚！只是在這一生當中他迷了，臨終時他又醒過來了，這才行！過去生中沒有深厚的善根（大家可以去參觀病院，你就曉得了），幾

127

個人在臨命終時頭腦清醒？這是第一個條件。如果臨命終時昏迷了，求懺悔的念頭忘掉了，那不就往惡道去了！我們明瞭事實真相，決定不敢存這個念頭。為什麼？太難！太難了！真是千萬人中，難得有一個臨終時清清楚楚、明明白白的。這是第一個條件，沒有這個條件就辦不到。我們能保證自己臨終時頭腦清楚嗎？第二要遇善知識。第三要立刻回頭

●金鼓懺悔

　　一天夜裡，信相菩薩夢見金鼓懺悔。天亮後，他到世尊的住所，向如來訴說夜間夢見金鼓的事情。他說，金鼓所發出的妙音，能滅除一切諸苦，能夠為一切無所歸依、無所依靠的眾生作歸依處。

，一心懺悔，念佛求生淨土。我們能保證臨終時這些條件都能俱足嗎？若不能，還是老老實實，平常積功累德，這才穩當可靠。淨宗是萬人修萬人去的法門，但是尤注說得好：「放下屠刀，立地成佛。苟有悔罪之心，便開自新之路。」這要愈早愈好，愈早覺悟愈好。趕緊回頭，不要再造惡業了！

【原文】

古人有一生作惡，臨死悔悟，發一善念，遂得善終者。

【譯文】

古人有一輩子都在作惡，到了臨命終前卻能悔悟過來，萌發一個善的念頭，於是得到了善終的果報。

【淺釋】

這種例子很多，世俗、佛門中都有，如前所說。近代我們見得到的，比如美國首都華盛頓的周廣大的往生。他雖然不是一個作惡的人，但給我們證明，臨終遇到佛法，一念十念是可以往生的。周廣大是一個經商的好人，不是個惡人。他一生沒有遇到佛法，臨終前三天才聽到善友說西方淨土。他聽了很歡喜，沒有絲毫懷疑就接受了，發願求生淨土，一心念阿彌陀佛，這是他過去的善根現前。一發願求生，他病痛就沒有了，這是佛法講的華報。真心一發，三寶就加持，雖然有病，沒有痛苦；雖然病重，精神提得起來。從本身上來講是自己的願力、法喜——人逢喜事精神爽，特別有精神，這是本身的力量；另外是阿彌陀佛威神加持，所以他能提得起精神來念佛。念了三天佛，他看到西方三聖從雲端下來，接引他往生。這是最近發生的事，如何不信？

諸位要曉得修行重實質，不重形式。周先生沒有聽過經，也沒有讀過經，沒有受過三皈，也沒有受過五戒，不過是善友勸他念一聲阿彌陀佛。真的！阿彌陀佛西方三聖就接引他往生。修行重實質、重心地、重

真心。

尤注說：「修不嫌早，悔不嫌遲。臨終安詳，超拔之征。」臨終悔過還是來得及的。凡是臨終死得好，他來生去處一定好，這是可以斷定的──好死好生，是一定的道理。所以人「好死」在我們中國是五福之一，五福最後一條是「考終」，這是講死得安詳，沒有痛苦，他來生決定是生三善道，決定不會墮三惡道。

【原文】

謂一念猛厲，足以滌百年之惡也。譬如千年幽谷，一燈才照，則千年之暗俱除。故過不論久近，惟以改為貴。

【譯文】

這就是說，只要能夠發出一個勇猛堅決的善念，就足以洗刷一生所積下的罪惡呀！譬如上千年的幽暗山谷，只要有一盞燈光照射進去，那麼這千年來的黑暗就可以完全除去。所以過失不論是久遠前犯的，還是最近才犯的，只要能夠改過，就是最可貴的。

【淺釋】

這個事實儒、佛都說，可見得它是真的，絕對不是假的。改過要勇猛，真正勇猛地去改過，縱然是大惡，縱然是久惡，都能懺除。「一念猛厲」，就是真實的懺除業障，所以「足以滌百年之惡也」，「滌」是洗刷乾淨，「百年」是講長久累積的惡業，都可以懺除洗淨。

「譬如千年幽谷」，千年的黑洞，我們點一盞燈，黑暗就沒有了，就照亮了。「一燈才照，則千年之暗俱除」，就是把你勇猛改過的這一念心比喻成為燈、光明，這一念心就能夠把長時間的積惡都洗刷掉。所以過失不論大小、不論久近，是「以改為貴」。我們一定要改過。

佛法裡常講：「法器難得。」如果不是法器，決定不能續佛慧命。器是器皿，譬如這個杯子一定要乾乾淨淨，我們盛水才能飲用。如果這

個茶杯不乾淨，裡面有一點毒藥，你盛滿一杯水喝了，是要中毒的，毒就是惡業；要成法器，就是先要把我們的惡業淘汰盡，我們接受的佛法才能自利、利他。

前面講修福，為什麼先要改過？這就是先使自己成為一個法器。諸佛菩薩、天地鬼神賜福，我們才能接受——真正是福，不會變質。如果自己接受的器皿不乾淨，煩惱重重，惡業很多，佛菩薩給我們的福會變成更毒的藥，怎麼能受得了！這就是先要改過自新，然後才能修福的道理。過要是不改，我們修的福是彌增大惡。為什麼？沒有福報，造的惡小，沒有能力造；福報大，造的惡就更重更大，將來墮地獄墮得更深！墮得更苦！世間貧窮人，縱然想造罪惡性，造不大；富貴人造的惡就比平常人的都大，這也是一定的道理。明瞭修福先要改過，就是先要消災。先不要求福，先消災，然後修的那個福才能真正得到受用。如果自己積習不消除，我們就去修福，福來了往往造更大的罪業。真正善知識，真正好老師，傳不傳這種學生？不傳！為什麼不傳？這是害他！這就是佛門講的，他不是法器——不是法器不能傳法。不是說這個人很聰明、很有智慧，能舉一反三就是法器，不是的。若這個人心地清淨、善良，沒有貪、瞋、癡、慢，這是法器，再笨都不怕。我們看倓虛法師《影塵回憶錄》後面有個曬蠟燭的出家人，他真是笨頭笨腦，一點智慧都沒有。但是他心地清淨，他老實，他沒有壞心眼。老和尚看中他了，他是法器，叫他去拜佛，去拜阿育王寺釋迦牟尼佛的舍利，一天拜三千拜。他拜了三年，開悟了，悟了以後能作詩、作偈，辯才無礙，後來講經說法，廣受人歡迎。雖然自己有成就，但生活很節儉，對人非常謙虛有禮。這就是法器，是真實的福報！所以傳法能成就人，也會害人。自古以來，世出世間的善師、好老師，傳法是要選擇人才的。選人的標準，是德行第一，其他的不考慮，因為其他可以培養。所以我們自己如果想真正成就，在這一生真正往生，能夠自利、利他，一定要從改過下手，這就是「惟以改為貴」。

【原文】

但塵世無常，肉身易殞，一息不屬，欲改無由矣。明則

千百年擔負惡名，雖孝子慈孫，不能洗滌；幽則千百劫沉淪獄報。雖聖賢佛菩薩，不能援引，烏得不畏？

【譯文】

　　但是我們現在所處的這個世間，一切都不是恒常不變的；我們的肉體也是很容易死亡的，只要一口氣不來，呼吸停止了，這個肉身就不再歸我所有。到這個時候，就算是想要改過，也沒有辦法。到了這種地步，在明顯可見的世間果報上，將須擔受千百年的壞名聲而遭人唾罵，雖然有孝子慈孫這些善良後代，也洗刷不掉這種惡名。幽冥的果報則是，在看不見的陰間之中，還要在千百劫的長時間裡，沉淪到地獄裡受到折磨。縱然是遇到聖賢佛菩薩，也無法救助、接引。這種惡報怎麼可以不懼怕呢？

【淺釋】

　　這四句是勸勉我們要把握時間及時改過。世間無常，佛經上講：「人命在呼吸之間」，一口氣不來就是隔世，想改也來不及了。知道這確實是人生第一樁大事，就要認真地去做，把握機會、把握時間，天天反省、天天改過，才是真正的修行。修行──就是修正行為，就是把自己錯誤的行為都修正過來。現在有許多人，以為修行就是每天念念經、拜拜佛、念念佛，就叫做修行。這樣做與自己的惡習氣毫不相關，完全流於形式，不起作用。我們念經是修行，念一個小時，這一個小時沒有妄想，精神集中在經文上，甚至連經文的意思都不要去想，因為想還是打妄想。所以修行的目的就是修「清淨心」，把妄想止住而已。念經、念咒、念佛都是這個目的，這是「修心」。心清淨了，身就清淨。

　　我們這些年來，真正體會到心清淨、身清淨就不會生病（平時飲食起居要謹慎）。身清淨，境界清淨就沒有憂慮，沒有煩惱；也因此年歲雖長，不會有疾病，不會衰老。李炳南老居士是最好的榜樣，他天天講經說法，還有很多應酬，但這麼大的年歲，還保持健康長壽而不生病，六根聰明不輸給年輕人，就足以說明他的心清淨、身清淨。

　　一個人作惡不知道懺悔，不知道改過，惡名流傳到後世，孝子賢孫

●道生講經

竺道生認為「一闡提都能成佛」（斷絕一切善根的人都能成佛）。了凡先生講「一息尚存，彌天之惡，猶可悔改」。惡人只要還有一息尚存，就有希望改過。世人都犯過大大小小的錯誤，因此，對惡人不能存輕慢之心。

都沒有辦法為他洗滌。中國歷史上，大家曉得曹操不善，其實秦檜才是真不善；這個惡名，後世子孫再怎麼好，也不能從歷史上替他洗刷掉。

這是我們肉眼看不到的——惡業必墮地獄，墮地獄是很可怕的事。佛經上講地獄，時間長短有很多種的講法。最淺顯的，像李老師在《十四講表》裡所列的，那是我們很容易理解、很容易懂的，也是根據佛經上說的——地獄的一天等於我們人間的兩千七百年。中國人常自誇有五千年歷史，若在地獄才不過兩天。你想地獄有多麼可怕！地獄的壽命，短命的都有一萬歲。也算它一年三百六十五天，地獄的一天是我們人間兩千七百年，可不得了！這個苦日子沒有出頭的時候，真是千萬劫難出頭！在這一生當中，造作地獄罪業很容易，可是墮落下去之後想出來，就不容易了。所以我們要是深信佛講的是真實話，我們怎麼敢輕舉妄動，造作一切重罪！

墮落在地獄，諸佛菩薩大慈大悲也沒有辦法度脫。地藏菩薩雖然是幽冥教主，能度得了嗎？度不了！墮落在地獄裡，實在講是要有非常善根、福德的人，地藏菩薩才能幫他的忙——跟他說法，他即能悔改，徹底地悔改，這就超越地獄了。人在受非常苦難時，往往什麼好話都聽不進去；愈是受苦，惡念愈是增加，愈是不平，愈是怨天尤人，好話怎麼聽得進去！說了好話，他反而說你諷刺他，更恨你。人間受苦難的人尚且如此，何況地獄！所以往往受地獄苦，又造重罪，因此地獄果報很難超越，道理在此！地藏菩薩能度的是什麼人？是真正有善根、有福德的人。這些人以一念差錯，墮到地獄去了，這種人還有救。地藏菩薩勸他，他肯聽，後悔覺悟了，就容易出來。若不是善根深厚一念差錯的人，是沒法子救的，佛菩薩救不了的。看到這樣子，想到這件事情，怎麼會不害怕？

第二教我們要有畏懼之心。知道我們絲毫的過失，瞞不過天地鬼神，諸佛菩薩們人人皆知道。所以縱然在暗室，起心動念都不可有邪念。沒有邪念，自然就不會作惡，這是一定的道理。所以改過要從心上改起。心善了，言語、行為自然都善；心不善，言語、行為裝得再善，也是假的，不是真的。

【原文】

第三，須發勇心。人不改過，多是因循退縮，吾須奮然振作，不用遲疑，不煩等待。

【譯文】

第三，要發起勇猛的心。人在犯過之後，不能夠改正的原因，大都因為得過且過、退墮畏縮。我們必須在明白過失以後，立即痛下決心改正過來，不可以延遲、疑惑，更不應當猶豫不決、東等西等，不敢下定決心。

【淺釋】

勇於改過。前面第一條講「知恥近乎勇」，知恥是開悟自覺，不知恥是迷惑顛倒，所以知恥是開悟的條件，勇猛是功夫的條件。知恥是從內心裡覺悟——內心裡真正覺悟了；畏懼是外力的加持，使我們不敢做壞事——就是自性裡面的甚深漸愧。知恥是真正「慚心所」，畏懼是「愧心所」，慚愧是兩個「善心所」。《百法明門》裡十一個善法中，就有「慚愧」。人能有慚愧心，必定有成就。印光祖師一生自號「常慚愧」，就是他常常懷著「知恥畏懼」的心情來修持，所以才能勇猛精進。才能真正做到，「須發勇心」。

「因循」就是得過且過，我們常說混日子、混時間，「退縮」，不進則退，這是一定的道理。不求長進，沒有進取的心——進取須是在德行上。現代人也是勇猛精進——他是求五欲六塵，在貪、瞋、癡、慢上勇猛精進而未知後果之可畏。世出世間聖人教我們要在道德學問上精進。道道學問比學術還要高，學問和學術不一樣，學問是智慧，是從真如本性流出來的，就是佛法講的「般若智慧」；學術在佛法講是「世智辯聰」。我們今天勇猛精進的方向錯了，往六道、往三途裡去了；世出世間聖人教我們的方向是超越三界、永脫輪迴，與諸佛菩薩看齊，這就對了！所以「吾須奮然振作，不用遲疑，不煩等待」。我們明白這個道理，必須奮然振作，要奮發，要把精神提起來，勇猛精進。不要懷疑，不

要再拖時間，說做就做，就從現在開始，絕無退縮。

【原文】

小者如芒刺在肉，速與抉剔；大者如毒蛇齧指^{ㄋ一せˋ}，速與斬除，無絲毫凝滯，此風雷之所以為益也。

【譯文】

　　犯了小的過失，要像是被尖刺戳進肉內一般，必須趕快地剔除。若是犯了大的罪業，更須像被毒蛇咬到手指一樣，盡速將指頭斬斷，不可以有一點點猶豫、停頓，否則毒液蔓延到全身，就會立即死亡。這便是《易經》中，風雷之所以構成「益卦」的道理所在。

【淺釋】

　　「抉剔」，「剔」就是拔掉。小過失就好像「芒刺在肉」，我們身上若有個刺，就很痛苦，總是想盡辦法趕快把它剔掉。過失在心裡比這個更痛，我們不能不覺察；不覺察就是麻木不仁——刺進去不知道痛就是麻木，我們現在皮肉沒有麻木，良心麻木了。

　　大的罪惡，就好像毒蛇咬了我們的手指。被毒蛇咬了手指，不要猶豫，趕緊把手指斬掉！為什麼？不斬掉，毒一散開，必死無疑。這是比喻要下定決心，斷一切惡。每天昏沉，提不起精神，是業障現前；妄念很多、煩惱很多、憂慮很多、牽掛很多，樣樣不能順心，不能稱意，都是業障現前的相。佛門常講「業障」，什麼是業障，我們自己要知道，自己要看得清楚。晚上睡覺作惡夢，是業障；生活習慣沒規律，是業障。要認真反省，要警惕！能把這些過失都改過來，業障就消除了。業障少的人，必然法喜充滿、身心輕快、沒有負擔。業障少就是煩惱少；煩惱少，心地自然清淨，常生智慧，於世出世間法，身心世界就看得清清楚楚、明明白白。自己要有決心，要能省察——先要把自己的過失找出來，勇敢地把它改正過來。不要猶豫，不要害怕。

「此風雷之所以為益也」，末後這一句是引用《易經》「風雷益」這個卦相。《易經》有六十四卦，「風雷」這個卦相就是「利益」，也就是今天所說的果斷、決心。人能有果斷、決心，改惡修善，說做就做，這才能得到真正利益。沒有猶豫，立刻改過自新，就是《易經》裡「風雷」這一卦裡所顯示出的卦相。

【原文】

　　具是三心，則有過斯改，如春冰遇日，何患不消乎？然人之過，有從事上改者，有從理上改者，有從心上改者；工夫不同，效驗亦異。

【譯文】

　　如果具備這三種心——恥心、畏心和勇心，那麼一旦發現犯了過失，就能夠立即改正，如同春天冰雪遇到了太陽，還怕能不消除嗎？然而一般人的過失，有從犯過的事實本身上戒除的，有從認識其中的道理而改正的，也有從心念上來改正的；所付出的努力程度不一樣，因此所得到的效果也就有所不同。

【淺釋】

　　改過自新必須要具備這「三心」——知恥心、敬畏心、勇猛心。知恥是自覺——「慚心所」，敬畏是「愧心所」，具足慚愧，才產生出勇猛心來改過。由此可知，過失為什麼改不掉？原因就是沒有恥心與畏心，沒有力量產生勇猛心。勇猛心是從知恥、敬畏裡生出的，人不知恥也不怕別人笑話他，就沒有辦法修善了！

　　如何培養「三心」？我們現在為什麼在所有經典裡，選擇《無量壽經》來讓大家受持？別的經不是不好，沒有《無量壽經》講得圓滿。《無量壽經》是事、理、因、果面面都說到了，分量也不多，現代人容易受持，何況這是一切經典的精華！

我們現在的《早晚課誦》，是專為淨宗學會同學印的課誦本。以前的課誦本是古德所編的，他們編的課誦本用來對治當時人的毛病，果然有效；我們現在的病跟從前人不一樣，所以早晚課我們要修訂。早念《無量壽經》第六章，以求與佛同心同願；晚課念其中三十二到三十七章，這六章是講五惡、五痛、五燒，就是改過自新。每天念一遍，反省我們現在的毛病，認真地改過自新。念此六章經就是懺悔文，念了要警惕要覺悟、要痛改前非，以求與佛同解同行，這樣課誦就得到效果。所以要具足三心。

如春冰遇日，何患不消乎？

具足三心，有過即改，就像春天的冰——春天天氣暖和了，冰薄了，沒有冬天結得那麼厚。「遇日，何患不消乎？」太陽出來冰就化掉了——就是智慧增長，業障消除了。

尤注說：「發恥、畏、勇三心為改過之因，示事理心三路詳改過之法。」前面說的是理論，現在給我們講方法。方法歸納起來有三大類，這三大類功夫不一樣，改過效果也不相同。先講「事」——從事上改。

【原文】

如前日殺生，今戒不殺；前日怒詈（ㄌㄧˋ），今戒不怒；此就其事而改之者也。強制於外，其難百倍，且病根終在，東滅西生，非究竟廓然之道也。

【譯文】

譬如以前殺害生命，現在戒除不再殺了；以前發怒罵人，現在也都戒除不再發怒；這是就所犯的事情而將它改掉。但是這只是從外在來勉強約束，會比從根本上自然改正還要難上百倍；而且犯過的根源仍然存在，東邊勉強把它消滅後，西邊卻又冒了出來，實在不是徹底掃除乾淨的方法。

【淺釋】

「怒」是發脾氣,「罵」是罵人。喜歡發脾氣,喜歡罵人,惡言侵犯別人。「此就其事而改之者也」,這完全是從事相上改——把毛病找出來一樣一樣地改過。了凡先生從前也是在事上改,你看他行三千善事,十一年才圓滿,那麼長的時間,收到的效果也不太大。第二次他用了四年的時間行三千善事,求得一個兒子,費的時間還是長。實在講,得效果如願所求,這皆是從事上改的。

佛門裡面,從事上改的就是「持戒」。大乘八宗、小乘二宗,大小乘的修學都是從「戒行」上做起——是從事上修的。尤其是小乘戒——小乘戒是論事不論心。大乘戒就不一樣了,大乘戒如梵網戒。《梵網經》並沒有完全翻譯成中文,這是一部很大的經,傳到中國來也只翻了全經中最重要的一品——《心地戒品》兩卷,上卷是講菩薩心地,下卷是講菩薩戒行。實在講,重要的是在心地,上半部改過自新,從心上改;下半部是從事上改。當然,從心上改而能兼事是最上乘的。

病根是心!「東滅西生,非究竟廓然之道也」,不是「廓然之道」——這不是根本之計。這是治標——頭痛醫頭,腳痛醫腳,病根還在,沒有拔除。換句話說,身很像那麼一回事,心不清淨;外表像樣,心地不然,這在佛門裡講是小乘人。所以小乘人很固執,確實妄想可以伏住一些,分別、執著則當堅固,沒有辦法捨掉。

【原文】

善改過者,未禁其事,先明其理;如過在殺生,即思曰:上帝好生,物皆戀命,殺彼養己,豈能自安?且彼之殺也,既受屠割,復入鼎鑊,種種痛苦,徹入骨髓;己之養也,珍膏羅列,食過即空,疏食菜羹,盡可充腹,何必戕彼之生,損己之福哉?

【譯文】

　　善於改過的人，在沒有禁止事相前，先明白其中的道理。比如犯了殺生之惡，就思量，上天喜好滋育萬物，萬物都眷戀自己的生命，殺他的性命來養活我，自己的內心怎得安寧？而且當它被殺時，既已受到宰割，在尚未斷氣之前，卻又將它放進鍋鼎中去燒煮，種種的痛苦穿透進入骨髓裡面。人們為了滋養自己的身命，各類珍貴肥美的東西擺滿眼前，盡情地享受，卻未曾想到這些美食吃過以後，也都會化成糞渣排出，到最後一切都是空的。實際上蔬菜類的素食菜湯，就已經足夠讓人填飽肚子、供給能量，來養活自己，何必一定要去殺害它們的生命，來折損自己的福報？

【淺釋】

　　這一段是從理上改。我們要知道事實真相，想想它的道理，我們自然就不忍心吃眾生肉了。前面不明道理，很勉強的做，這勢必很難——強制執行，心不悅服，自然跟自己在對抗，相當痛苦，明理就可以將之化解。所以常常要想到——「上帝好生」，這是自然的。尤其現在科學也逐漸明白這個道理，所以講自然生態平衡，自然生態就是此地講的「上帝好生」之德。自然生態一定是均衡的，自然生態之平衡若被破壞，整個世界眾生都遭難。所以有智慧的人不會破壞自然生態。

　　其實人在一切動物中是最壞的、最殘忍的、最惡的。老虎、毒蛇只有在饑餓時，才傷害其他的動物。它吃飽了，別的動物在它旁邊走來走去，它動也不動，由此可知，它殺生是不得已。人不一樣，人並不是到逼不得已才殺害眾生，而是任意的殘殺；畜生實在很少造惡業。我們想想，人造的惡業是一切畜生都做不到的，造的罪業太大了！因此，在六道中我們有什麼值得驕傲！

　　墮畜生道很苦，但它不造業，它在消業障；我們得人身若不學佛，人身有什麼好處？天天在那裡造罪業。畜生消業，我們造業。它的罪業消了，它就出頭了，生三善道；我們造業，業果熟時我們入三惡道。它們準備出來，我們準備進去，有什麼值得驕傲的？這些都是事實真相，我們一定要明瞭。何況一切眾生都貪生怕死，我們殺害它，是它沒有能力抵抗。所以說弱肉強食——因為沒有法子抵抗。雖然不能抵抗，它能甘心嗎？它要是不甘心，怨恨一定存在，能免得了冤冤相報嗎？

有一位同修來問我：「超度嬰靈（墮胎）有沒有效？」

我告訴他：「沒效！你以為超度就沒事了？」

他說：「那萬一這小孩生下來是個殘障，那不是很痛苦？不如就叫他不生。」

「我們要曉得，生一個殘障小孩，那是來討債的。你欠他的債，還不讓他來討，還要殺他一條命。換句話說，你過去欠他的債，現在再加上命債，以後更不得了！現在科學家只看到跟前這一段，不知道後世的因果——因果通三世，這決定是大罪。」

他說：「小孩還沒有成形，只懷一兩星期。」

我說：「不行！神識一投胎他就來了，成形不成形沒有關係。他一投胎，他就找上你了，你跟他過去世就有瓜葛了——所謂報恩、報怨、討債、還債。如果他是來報恩的，你把他殺害，恩將仇報，以後變成仇人；明明是孝子賢孫來報恩的，你殺害了他就變成仇人、怨家了！這還得了？不得了！你做一點功德，花幾個錢，安個牌位就能超度？沒這種事！那是騙自己，安慰自己，不是事實。」

所以諸位能真正看到前後因果——太可怕了！不可以不慎重，不能不明理，不可以不曉得事實真相。殺害眾生來養自己，這是大過失！現在人認為這是正常的。有些宗教還認為是上帝供給他吃的。如果說這些眾生都是給我們吃的，上帝就不稱其為「上帝」了！上帝又哪裡談得上有「好生之德」呢？這一個錯誤的觀念，使我們造作許多的罪惡，自己都不知道，這就是知見上的錯誤。一切眾生被殺害時，被屠割時，你看到那狀況——慘叫的音聲，這就是它不服氣。佛經裡講：「人死為羊，羊死為人」，生生世世互相殺害報復。所以吃它半斤，還它八兩；欠錢的還錢，欠命的還命，這是因果定律。

我們真正的相信、真正的肯定，我們決定不會有一念殺害眾生之心。為什麼？我不希望將來世世償命。我們決定不會貪圖不義之財。為什麼？知道將來世世要還債。明白這個事實真相，人自然就安分守己、本本分分了。這絕不是消極、絕不是退轉，是奮發精進，創造自己美好的前途。這一世好，來世更好，求得生生世世都好。沒有智慧，不知道事實真相，是決定求不到的。

這一段文講肉食，我們看到眾生被殺害，那種痛苦的狀況——「徹入骨髓」，殺了它，拿來養自己，怎麼忍心？何況「食過即空」。眾生貪圖美味，但無論怎樣烹調，知道味道、享受味道的就是舌頭，舌頭以下就不知道了。為了三寸舌不知殺害多少眾生！不曉得造下多少罪業！

而「疏食菜羹，盡可充腹」，要是說素食沒有營養，吃素食長壽的人很多，吃素食健康的人很多；從小吃長齋的出家人，肥肥胖胖的、滿面紅光的多的是，怎麼可以說沒有肉食就沒有營養？這都是錯誤的觀念。殺害眾生，吃它的肉養自己，不但跟眾生結冤仇，還損自己的福報。一個真正的聰明人，絕對不肯幹這種事情。

【原文】

又思血氣之屬，皆含靈知，既有靈知，皆我一體。縱不能躬修至德，使之尊我親我，豈可日戕物命，使之仇我憾我於無窮也？一思及此，將有對食傷心，不能下嚥者矣。

【譯文】

還須想到，凡是有血有氣之類，都具有靈性知覺；既然是有靈性知覺，那麼都與我們人類沒有兩樣。就算我們不能夠敬肅地修養到至高的德行，使它們來尊敬我、親近我，怎麼可以天天殺害動物的生命，使它們與我結下冤仇，永無止境地恨我呢？想到這種道理，每當面對著滿桌的血肉之食時，自然會發出悲傷憐憫之心，不忍再咽食下去。

【淺釋】

一切動物不但有生命，也有「靈」性，跟我們人沒有兩樣。除了佛菩薩之外，誰知道「皆我一體」？

了凡先生一定是全家吃素，因為他曉得道理，他知道事實真相。現在人還有些錯誤的觀念——我們大人吃素，認為小孩太小了，怕他營養不良，還要多多給他一點肉食。這個觀念是錯誤的，這是怕他的業障太

少，冤家債主太少了，多讓他結一點怨業，如此而已。若跟他講，他不相信，還毀謗我們——頭腦太舊了，不懂得科學，不懂得營養。其實不然，他真的錯了！所以覺悟要趁早，愈早愈好；小孩愈小吃素愈好，他的福德根基厚。這正像《無量壽經》和《阿難問事佛吉凶結》所講的「先人無知」，「先人」就是長輩；沒有智慧，使我們不知不覺中犯下了過失，造了很多的罪業。單飲食這一條就不得了，罪業就很重了。

● 慈藏感禽

　　唐代僧人慈藏以慈救為懷，極力反對殺生。鳥兒們深受感動，當他隱居山林缺糧時，鳥兒們銜來山果以作報答。了凡先生也極力反對殺生。他認為，動物和人一樣，也是有靈性知覺的，人們應該有悲傷憐憫之心，不可以殺害它們來養活自己。

【原文】

如前日好怒，必思曰：人有不及，情所宜矜，悖理相干，於我何與？本無可怒者。

【譯文】

譬如以前喜歡發脾氣，就應該想到：每個人都會有短處，這在情理上來說，本來就應該加以憐惜、原諒；若有人違反情理而來冒犯我，那是他自己的過失，跟我有何關聯呢？這本來就沒有什麼可怒的。

【淺釋】

過去喜歡發脾氣，瞋恚心重。如果自己能認真反省，所謂「人非聖賢，孰能無過」，別人有過失，我自己也有過失；我不能原諒別人的過失，別人能原諒我的過失嗎？想到這個地方，就不會有責備人的心了，反而有憐憫之心。「矜」就是憐憫。他無知、愚昧，才會犯過；對於真妄、邪正、是非、利害，沒有能力分辨，所以不能改過自新，不能斷惡修善，應當要憐憫他，不要去責備他，這是佛菩薩處事、待人、接物的態度。

「悖理相干，於我何與？」即使是無理的冒犯，與我也不相干。

「本無可怒者」，即使相犯，我們的清淨心永遠不接受侵犯的──清淨心裡本來無一物。我們今天處事、待人、接物，可惜沒有用清淨心，用的是妄想心；妄想心不是自己。佛門求的「父母未生前本來面目」──本來面目是真心、是清淨心。清淨心裡一念不生，清淨心決定不受外境的干擾。所以與我無關，何必去計較？何必去執著？離開一切分別、執著、妄想，諸位想想，哪一物與我們相干？所以「本無可怒者」。

這都是從理上去觀察，所以說「心安理得」──道理明白了，心就安了，不會受外境所動了。外面什麼境界，內心都不為所動──順境裡不起貪心；逆境裡不起瞋恚心。順逆境界裡都能夠保持自己的清淨、平等、慈悲，這是真正的改過。

【原文】

又思天下無自是之豪傑，亦無尤人之學問。行有不得，皆己之德未修，感未至也。吾悉以自反，則謗毀之來，皆磨煉玉成之地；我將歡然受賜，何怨之有？

【譯文】

還要想到，天下沒有自以為是的英雄豪傑，也沒有怨恨別人的學問；如果所做的事情不能稱心如意，那都是自己的德行修得不好，涵養還是不足，感動人的力量還是不夠呀！這些都應該自我反省，那麼對於各種外來的譭謗與傷害，都將成為磨煉我們、成就我們的助緣；因此，我們要歡喜地接受這種賜教，還有什麼可以發怒的呢？

【淺釋】

這是教我們從心地上改，在方法上，這是最上乘。《華嚴經》說善財童子五十三參，「歷事練心」——就是從心地上改過修行，所以要自己認真去反省。

「天下無自是之豪傑」，「英雄豪傑」在佛門裡就是稱佛、菩薩。佛是英雄，菩薩是豪傑。出人頭地，一般人做不到的，他能夠做得到，這叫英雄。所以佛的大殿叫「大雄寶殿」，「雄」是英雄——大英雄寶殿，就是這個意思。常人做不到的——不能改過自新，佛能改過自新，佛能把所有的毛病都改正了，這才是英雄，這才叫豪傑！所以沒有自以為是的佛菩薩，大聖大賢沒有一個不謙虛的，沒有一個不忍讓的；廉敬是性德的流露。

「亦無尤人之學問」，真正有學問的人不會怨天，不會怪人。學問是智慧，是從真性裡流露出來的，儒、佛都是如此。儒家講智慧也是從本性裡流露出來的，所以儒家講「誠意、正心」。誠意就是真心——是從真誠心裡流露出來的，這是智慧，這叫學問。所以一個有學問、有智慧的人不會怪人，不會怨天尤人。

「行有不得，皆己之德未修，感未至也」，「得」就是成就。在日常生活中，我們的言行還會有人批評，還會有人譭謗，這就是「不得」。不要怪別人，反過頭來想自己，是自己的德學沒有成就，還不能感動那些人。

所以「吾悉以自反」，人家罵我、誹謗我、批評我，都接受過來；不但沒有報復的意念，還生感激之心。為什麼？他提供這些寶貴資料讓我回過頭來反省——有則改之，無則加勉。我沒有過，也不怪他；如果有的，趕緊改過自新。善財童子五十三參，他就用這方法，把一身的毛病改得幹乾淨，最後成佛了。

五十三參講「歷事練心」，事就是日常生活，與一切人、事接觸，這一切的一切，都提供自己反省。把外面的境界，無論是任何人都看做是老師，是佛菩薩給我的教訓，我要認真去反省，認真去修學；學生只有自己一個人，除自己之外，都是我的老師、都是我的善知識、都是佛菩薩；他們沒有過失，只有我一個人有過失。善財童子就是這樣即身成佛的。你看《華嚴經》，善財童子並沒有換一個身，他是肉身成佛——從凡夫一直修到究竟圓滿的佛果。他怎麼修的？就是這麼修的。如果我們學會這個本事，學會這個方法，我們這一生當中也必定是肉身成佛。修行首先決定不怨天、不尤人，看別人不順眼，就是自己業障現前；別人是佛、是菩薩，沒有一點毛病，我看不順眼，是我的業障，是我的毛病。

六祖大師講得很好：「若見他人過，自過則相左。」左是墮落；看到他人的過錯是自己的業障現前，就要隨落。又告訴我們：「若真修道人，不見他人過失。」善財童子是真正修道人，沒有見到一個人有過失。他只見自己的過失，反省改過自新都來不及了，還有什麼時間看別人的過失？看不到！所以眼睛看到一切人都是賢人、都是諸佛、都是菩薩，自己也就成佛、成菩薩了；看到別人還有過失，就是自己的過失現行、業障現行。所以佛眼睛裡看一切眾生都是佛，凡夫看諸佛菩薩都是凡夫，就是這個道理。所以最上乘的改過自新是從心地上改。

「譭毀之來」，是好事。自己有毛病，自己不容易發現，自己找都找不到，別人替我們找到，告訴我們，你看省了多少事！所以應當把它

於一毫端現
寶王剎向微
塵裏轉大法
輪

茅世昌書

●阿彌陀佛

　　阿彌陀佛別名無量壽佛，是西方極樂世界的教主。他原是
法藏比丘，受到教化，自願成就一個盡善盡美的佛國淨土。他
發四十八誓願，要以最善巧的方法來度化眾生，因此成佛。

接受過來，這就是我「磨煉玉成之地」。他來幫助我，他是善知識，我們要用這樣的心態來接受。「何怒之有？」你怎麼可以憤怒？怎麼可以不接受？還要生報復的心──罪過大了！他對你是大恩大德之人，你還要用報復心來對待他，這個罪過重大！

　　我們中國聖人講孝，說孝道就會想到舜王。在中國歷史上，沒有一個不承認他是大孝──孝感天地。他這大孝，是什麼人成就的？他的父母、兄弟成就他的。他母親死了，父親娶了一個後母，後母虐待他，父親又聽後母的話，後母又生了一個弟弟，一家三個人欺負他，不但欺負他，還時時刻刻都想置他於死地。這樣的狠毒！他沒有因此怨恨這三人，而總是自己常常在反省：「為什麼我得不到父母、弟弟的歡心？」總是想自己有過失，沒有見到別人有過失。天天在反省自己的過失，念念反省總是自己不對，從來沒有想到他父母、弟弟存心不好，對不起他。以後堯王知道他這些事情，就把王位讓給他，把自己兩個女兒嫁給他，請他來繼承王位──他能感動一家人，將來就能感動天下。

　　在佛經裡我們看到「忍辱仙人」；忍辱仙人誰成就他？歌利王成就了他。《金剛經》上雖然說到，但沒說清楚，《大涅槃經》裡講得清楚。「歌利王」是梵語，翻成中文是「暴君」──所謂的無道昏君，梵語就叫「歌利王」。仙人在山中修行，他無緣無故的發脾氣，把仙人凌遲處死；忍辱仙人絲毫怨恨的心都沒有──「忍辱波羅密」圓滿了，看不到外面有惡人，看不到外面有一樁惡事。諸位想想，他的心清淨到什麼程度？這是我們要學習的。學佛要學什麼？就是學這個。

　　也許你說我們連善惡都不分，不是麻木不仁了？十法界因因果果擺在面前，清清楚楚、了了分明，但心裡頭乾乾淨淨，一點執著都沒有；不是對外頭不清楚，樣樣都清楚，可是絕對沒有絲毫分別、執著。所以在他，「自受用」裡是萬法皆如；「他受用」時，因為眾生有煩惱，必須要跟他講進層次、跟他講原則，那是對眾生說的。對自己──我、人、眾、壽四相皆無，一切平等，決定沒有一絲毫差別；從平等法裡面建立差別法，是為了幫助別人的。所以差別就是無差別，因為差別不是自己用的，是「他受用」。眾生沒有見性，要叫他斷惡修善；自己入這個境界了，無有惡可斷，也無有善可修，自己得到清淨平等，契入一真境

界——「無修無證」；「無修無證」裡面，修證的事還照做，這就是空、有兩邊都不住。如果入了這個境界——事相上的修持都沒有了，就落在「空」；執著在事相上不明究理、不見本性，就在「有」。他「空」、「有」兩邊都不住，像大勢至菩薩所示現的，「都攝六根，淨念想繼」；「都攝六根」不落有邊；「淨念相繼」不落空邊，這叫中道——空有兩邊不著。所以心地清淨平等，萬法一如，這一句阿彌陀佛，一天到晚還是不中斷，還是照念不誤——空有兩邊都不住。這是我們要學習的，這是真正修行，真實的修行。

【原文】

又聞謗而不怒，雖讒焰熏天，如舉火焚空，終將自息。

【譯文】

再者，聽到別人的譭謗而不發怒，雖然這些壞話說得像火焰薰滿天空，也只不過像癡人般地拿著火把，想要焚燒虛空一樣，最後將會自己熄滅、停止。

【淺釋】

這不但是理，也是事。別人誹謗我們、侮辱我們，我們如果心不動、不理會，自然就沒有事了。他罵我們，我們不要回答他。他罵！我就聽；罵了幾個鐘頭，罵累了就不罵了。誰吃虧？他吃虧。他口不斷在動，很疲倦了；我們心清淨，若無其事。這個方法對治是非常有效的。

我十幾歲在學校念書，就學會這套本事，我這套本事其實是跟我一位同學學來的。年輕的我在學校念書時跟了凡先生一樣刻薄——喜歡挖苦人、戲弄人。可是我遇到一位同班同學——這位同學是我的大善知識。我處處欺侮他，大庭廣眾之中常拿他來取笑，他從來對我一句話不回，整整過了一年，我被他感動了。這個人真正了不起，真是打不還手，罵不還口。我從他那裡學到這套本事，一生都得受用。所以不管人家怎

麼樣譭謗、怎麼說，到最後都煙消雲散，而對自己內心的修養也增加了。如果講福報——一般人對你更加讚歎，某人真有修養！如果不是這些人來侮辱、誹謗，你的忍辱功夫就不能現前。他是來成就你修功的，何必不收？是送好禮來給我們的。

我們在一個機關團體裡面，有這樣的人對付我們，我們能以很清淨的心應他，長官也欣賞你，同事也佩服你，你的升遷機會就提早了。他送這麼多好處給你，你為什麼不要？你要對他惡言相報時，則兩個人程度一樣高。

我們從前在學校裡，兩個同學吵架，老師往往是一起處罰——兩個都跪著！我們心裡很不服氣！明明我有理，為什麼老師也叫我跪？到以後才曉得，凡是會打架、會吵罵的，程度都是一樣高；一個高一個低絕對打不起來、罵不起來的，這個很有道理。遇到這個情形，修養程度的高下馬上看出來。所以遇到這些事，要曉得他是來送好禮給我的，他是我們的恩人，不可以恩將仇報。第一，是來測驗自己修養功夫。第二，很現實的福報馬上就來了——他不是壞人，是好人，是真正的好人，不要錯怪了他。

【原文】

聞謗而怒，雖巧心力辯，如春蠶作繭，自取纏綿，怒不惟無益，且有害也。

【譯文】

若是聽到譭謗就動了怒氣，雖然費了巧妙的心思，努力為自己辯護，那就像春天的蠶兒吐絲作繭一樣，只會將自己纏縛住。所以，發怒不但對自身沒有好處，而且還會有害處。

【淺釋】

這一段所說的不但是世間法，出世法裡也非常重要。菩薩六度，有

兩條是關鍵。第一、是「佈施」。佈施是修福，人不能沒有福，佛是更不可以無福。我們稱佛為「二足尊」，足就是滿足、圓滿。佛是智慧圓滿、福報圓滿，世出世間論福報沒有超過佛的。所以求福、求慧是應當的——我們自性裡本來具足了無量無邊的福慧。佈施有三種：就是財佈施得財富，法佈施得智慧，無畏佈施得健康、長壽。這都是一切眾生所追求的，佛告訴我們種善因必定能得善果。第二、是「忍辱」。忍辱能夠保持，如果只有修施福，而沒有忍辱，修積的福德保不住。《金剛經》上說「一切法得成於忍」。這一切法是指世間法、出世間法，要想保全，忍辱波羅密就不能不修。經上常說「火燒功德林」。什麼火？瞋恚之火。若一發脾氣，功德就沒有了，所以功德的修積相當不容易。如果你想修積功德，想想上次是幾時動過瞋恚心，一念瞋心起，火燒功德林；念佛人若在臨命終時發脾氣，那就完了。這就是說明，為什麼人臨終時，佛法教我們八個小時內不要去碰他；因為一個人雖然斷氣了，八小時之內，神識沒有離開，你去觸摸他，怕他發脾氣。這時若發脾氣，絲毫的功德都沒有了，所以功德很難修積。福德則不會失掉，功德隨時可以失掉。

功德是什麼？功德是清淨心，是定，是慧。諸位想想：一發脾氣哪有定和慧？定、慧都沒有了。至於福德，是我們講的財富、聰明（世間的聰明是法佈施的果報）。我們念佛，所修積的功德就是一心不亂、功夫成片。一發脾氣，功夫成片沒有了，一心不亂更沒有了！所以要曉得功德很難保持，一定要有高度的警覺。

我們修行，在菩提道上——就是修行過程之中，冤家債主常常會來作對。為什麼？他們的報復心很強烈，看到我們修行要成就了，成就之後他就永遠不能再報復了；所以總是想盡方法來障礙、來阻擾。這些障礙、阻擾的方法，就是叫我們自己把自己的功德毀掉。自己要不肯毀掉，任何外面的境緣對我們是無可奈何的。

所以有些人有「境緣」。「境」是環境，「緣」是人事。物質、人事環境常常叫我們不滿意。不滿意就發脾氣，一發脾氣就把自己的功德燒掉。誰叫我們不滿意？可能都是冤親債主在那裡作祟。藉著人事、物質環境的緣，他在挑撥。所謂說話的人也許是無心的，我們自己聽了有

意──自己聽了就不舒服、就難過。不要說表面上發作,你心裡稍有恚意功德就沒有了。只是小小的瞋恚,為什麼功德就沒有了?因為清淨心失掉了,這是必須要明瞭的。所以世出世間法的成就都在忍辱,都在定功。「定」,不但是出世法修行的樞紐,世間法也少不了的。

「聞謗不怒」,這是定,這是智慧──定慧現前;「聞謗而怒」,那是業障現前。從這裡可見到,我們是定慧現前?還是業障現前?自己要清楚。

這些境界好不好?對修行人來講,是好的!常常有人來找麻煩,有些事叫自己不如意──這是好境界。若不從這種境界裡去修,「定」從哪裡修得成功?所以逆境、逆緣現前,正是自己修「忍辱波羅蜜」的時候,修忍辱波羅蜜的機會來了!所以感謝都來不及,怎麼可以抱怨?怎麼可以發脾氣?這正是鍛練自己功夫的時候。

古人鍛練一個學生,首先用的方法,就是教他修「忍辱波羅蜜」。看到這個人是個法器──就是可以教的學生,對他就沒有好臉色。會處處有意去找麻煩,好像很討厭,這是看他能不能忍受,有意折磨他;他若不能忍受,離開了,就算了!不能忍辱就不能成就,雖然其它的方面很優秀,不能忍辱其成就也有限。

我們在《禪林寶訓》裡看到,有一位老和尚折磨他的學生,就是完全不講理的。一見面就罵、就呵斥。有一次洗腳,把洗腳水潑在學生的身上,學生還是不走,還是要賴在這個地方。以後老和尚實在生氣了,趕走!不讓他住在這裡。學生沒法子,不能住了!於是他就住到遠遠的走廊下。老和尚講經說法時,他在窗戶外一心諦聽,不讓老和尚看到。過了一年,老和尚要傳法、要退休,要推選一位新的住持來繼承他,大家不曉得老和尚要選什麼人,老和尚要大家把在外面聽經的那個人找過來,傳法給他,把主持的位讓給他。大家才曉得,這麼多年來老和尚是為了要鍛練他。如果我們遇到小小不如意,就想掉頭而去不願接受磨煉,也就決定不會有成就;即使其他方面再優秀,也不能成就。世出世間法成敗關鍵就是忍辱──他能忍,他就有定;他有定,他就有真智慧,不會被外境所動搖。

有時候,我們看某人很優秀,在這兒住了沒多久他走了,常住的人

笑笑，無所謂。受不了折磨，不能成就。不能成就的人在常住多一個、少一個，一點關係都沒有。所以有些眼光短淺的人認為某人是個人才，走了可惜！這是看得近，往深遠處一看，不是如此。真正是人才——他有定功、有智慧。唯有定、慧才能續佛慧命，才能住持佛法；沒有定絕對沒有慧，定的前方便是「忍辱波羅蜜」，先有忍而後才有定，沒有忍哪裡來的定？這是我們一定要知道的。

一個真正智慧的人，他知道這是個真正道場，是有道學可以學的，打都打不走。他沒有學到手，怎麼肯走？什麼樣的侮辱都甘心承受。為什麼？必須學到手之後才肯走，沒有學到手是決定不肯走的！這是真正求學的人！假使有小小的一點不如意，他掉頭就走，不能忍辱——沒有用處的，不必去留他。

這一段文字非常的重要，息謗息爭的妙法——就是根本不把它放在心裡，再怎樣的誹謗也就消失了。所以誹謗來，不可以爭、不可以辯，愈辯就愈像此地講的「春蠶作繭，自取纏綿」。用不著辯的！冤枉了！冤枉也用不著辯。

所以說「怒不惟無益，且有害也」。害是太大太大。如果做事，上司對於一個易怒之人是不會重用的，也不會提拔的。一個長官考核部屬，往往在生活中，從他待人接物之處觀察。這個人值不值得栽培？這個人有沒有前途？易怒之人沒有什麼大前途，不值得栽培的，因為怒會害事。

【原文】

其餘種種過惡，皆當據理思之。此理既明，過將自止。何謂從心而改？過有千端，惟心所造。

【譯文】

至於其他的種種過失和罪惡，都應當要依據客觀的道理來認真思考。這種道理若是能夠明白，過失自然就會停止，不會再去違犯。怎樣叫做從

心地上來改過呢？人們所犯下的過失，其項目雖然有千種之多，但都是從心裡造作出來的。

【淺釋】

這四句是改過自新的最高原理、原則，大乘佛法就用這個方法，所以成就快速。小乘人改過是在事相上，事相就是枝枝葉葉，一個事情錯了，下一次不要再錯了。枝枝葉葉上改——難！而且很苦，時間很長，不容易收到效果，不如前面講的從理上改。理上改比事上改高明多了！這是一般講的大乘權教菩薩，權教菩薩從理上改。大乘實教（實是真實）法身大士從心上改——心是根本，萬法唯心。

「過有千端，惟心所造」，善業、惡業都是心造的，十法界依正莊嚴全是心造的。《華嚴》說得好：「應觀法界性——就是十法界依正莊嚴，性就是本體，體即是心——一切唯心所造。」大乘菩薩到地獄裡度眾生，用什麼方法進入地獄？打開地獄之門？就是這一句偈。我們看《地藏經》，破地獄門，就是《華嚴經》這首偈。地獄是什麼？「唯心所造」。明白這個道理，地獄原本沒有門，但可以自由通達。

所以改過從心地上改，修善從心地上修。若從心地上修，就是很小很小一椿善事，像我們在路上遇到討飯的，佈施一文錢，這一點點小善的功德也是盡虛空、遍法界。為什麼？這是自性大慈悲心的顯露，心量是無量無邊。因為是從心地上修的，福就是那麼大，稱性的。所以從事上修的善小，性德未顯，得的福報也小。

怎樣從心地上改？就是真心改。真心想要改，真心修善，真心斷惡，這就是從心地上用功。心地法門沒有什麼應該不應該，理上還有條件，心地上功夫是不談條件的。所以純真無妄，一絲毫的善也稱性。改過要從心地上去改，因為「一切唯心造」。

【原文】

吾心不動，過安從生？

【譯文】

如果能夠不起心動念，過失將從哪裡產生出來呢？

【淺釋】

是最高的原理──心清淨了，無量劫來的罪業都沒有了。要怎樣達到「心不動」？不動心就是「禪定」，在念佛法門裡稱「一心不亂」。諸位要曉得，若得一心，罪業都消除了；起心動念，罪業又現行了。

譬如看電視，把電視機關起來，電視畫面就沒有了，螢光屏上乾乾淨淨，一打開畫面又現行了。眾生心中業相亦如是，心定的時候一切業相都不現行，心動時業障又現行了。我們要明白這個道理，知道修清淨心，清淨心是心裡一念不生，禪宗六祖所謂「本來無一物，何處惹塵埃」。要曉得業障是在妄心裡，真心裡面沒有，真心本來清淨，現在還是清淨。

像我們戴眼鏡，眼睛本來清淨，我們戴上眼鏡，鏡片上落有灰塵，看到外面模模糊糊的，這不是眼睛有毛病，是鏡片上的毛病。所以我們講業障，業障在哪裡？業障是鏡片上的污物，眼睛並沒有障礙，大家要懂得這個道理。要是能把眼鏡去掉，不但污物除盡，鏡片也不要了──則淨眼明見，好比明心見性就成佛了；你若戴上眼鏡，隔著一層障礙看，就是凡夫，就是有情眾生；除去障礙就是諸佛如來。

我們現前用什麼心？用妄心，不是用真心──真心沒有障礙。我們用肉眼來看一切，是戴上了妄心鏡片看東西，透過一層「妄」來看外面的境界。這個「妄」就是八識五十一心所，這是重重污染的鏡片。我們是透過八識五十一心所接觸外面的境界，所以外面境界也變了，變成「六塵」了。如果不用八識五十一心所看外面的境界，外境即非六塵，而是「真如本性」。見性見色性，聞性聞聲性，轉六塵為真性──明心見

性，見性成佛。

現在的大麻煩就是我們沒辦法把眼鏡去掉——八識五十一心所沒有辦法除掉。佛家修學的宗旨都是教我們把這個東西捨掉——「轉識成智」。智是真性起用，識是迷了真性的作用，就是八識五十一心所起作用，這是在功夫上說的。權教以下皆用八識五十一心所，阿羅漢、闢支佛、權教菩薩因此不能見性成佛。所以懺罪，有從事上懺，有從理上懺，沒有辦法從心上懺。為什麼呢？他不知道心在哪裡。如《楞嚴經》所說，你看阿難尊者那麼聰明，心在哪裡都不曉得，都找不到。楞嚴會上一開頭，釋迦牟尼佛問阿難，心在哪裡？阿難找不出來，不知道心在哪裡。不曉得什麼叫做「心」，你從哪裡懺起？

大乘實教菩薩，在圓教講就是初住以上——《華嚴經》上講的四十一位法身大士，他們修的懺悔法，就是從心地上懺悔。諸位讀《華嚴經》就很清楚，特別是《善財童子五十三參》。你看善財童子怎麼修？五十三位善知識，代表圓教初住一直到等覺菩薩。這些菩薩示現在人間，男女老少各行各業都有，人家是怎麼修的？佛法真正講修行，有理、有事，還做出樣子給我們看，沒有比《四十華嚴》更好。《華嚴經》縱然不能全讀，四十卷完整的《普賢菩薩行願品》確實很重要。要曉得大乘最殊勝、最高級的佛法，如何應用在我們現代人的生活上，這是真實修行的一部好書，真正值得提倡。

依照這個原理、原則，古德常常開導我們，教我們修行要「發菩提心，一向專念」。你想想看，這「一向專念」有沒有道理？教你一天到晚念這一句「阿彌陀佛」，把一切的妄念歸成一念。這一句「阿彌陀佛」是善還是惡？非善非惡，善、惡兩邊都離開了，與心性相應了。善、惡是兩邊，識心心所裡面才有兩邊，真心裡沒有兩邊。所以這一句「阿彌陀佛」念久了，自自然然就明心見性了，這是八萬四千法門以外，修明心見性最殊勝的方法。

萬一用的功夫不夠，見不了性也沒關係，可以見阿彌陀佛，見了阿彌陀佛之後一定會見性。這是方便，是任何一個法門裡面所沒有的。其他的法門不見性，就不能算是成就；念阿彌陀佛不見性，見到阿彌陀佛就算是成就。從心地修——現在教給你一心念佛，就是從心地起修。你

一心念這句「阿彌陀佛」，什麼罪業都消除了。阿彌陀佛哪有罪業？這句「阿彌陀佛」是真善，真善不是善惡之善；善惡之善是相對的善，不是真善。真善是離開相對——絕對的大善。

【原文】

　　學者於好色、好名、好貨、好怒種種諸過，不必逐類尋求。

【譯文】

　　一個追求學問的讀書人，對於愛好美色、喜得浮名、貪愛財物、喜歡發怒等種種過失，不必一項一項地去尋找改過的方法。

【淺釋】

　　這是舉幾個例子來說。過失有千萬條，「不必逐類尋求」。學戒律的，從事上修的，他就要想：一天有多少過失？哪些事錯了？慢慢在那裡想，再一條一條改；天天要反省，還要搞功過格去記。這種對於很執著的人有效，非常有效？一切眾生根性不相同，這與過去生中習氣有關係。大乘菩薩根性的人，絕對不幹這種事情；小乘根性的人很歡喜，很受用。小乘根性的人叫他不用這種方法，他沒辦法。每個人的根性不相同，因此所用的對治理論與方法也不一樣。

　　在中國大乘根性的人多，這是事實。像南洋、泰國、錫蘭，小乘根性多，以其世代相傳都是小乘法，是樣樣要分別、執著、計較。他從事相上斷惡修善；大乘是從理論上、從心地上斷惡修善。從心上修，是從根本上下手，不必要在枝節上尋求了。

【原文】

但當一心為善，正念現前，邪念自然污染不上。

【譯文】

　　只要能夠一心一意地發善心、做好事，時時觀照自己的心思，等正大光明的心念湧現，那麼自然就不會被偏邪的惡念所沾染。

【淺釋】

　　這個方法好！簡單明瞭，但如果沒有真實智慧，你還是做不到。為什麼？因為懷疑。以為自己一身的罪業，這樣做能消除嗎？他懷疑、不相信、不接受。甚至於聽我們講：「你一心念阿彌陀佛，求生西方極樂世界。」他以為一身的罪業很重，怎能往生淨土？哪有臉見阿彌陀佛？不但沒有臉見阿彌陀佛，連寺院大殿塑的佛像他都不敢進去拜；總是認為自己罪業太重了，我怎麼好意思見佛！這樣根性的人，就教他用「事上懺」，他相信，他知道一條罪業，他能改一條，他的心能安，這樣就很好。

　　能夠接受淨土法門，真的是經上所說的「大善根、大福德、大因緣」。不是最上乘根性的人，不可能接受念佛法門。因為接受念佛法門，無始劫以來的罪業，念佛就消除了。西方極樂世界諸上善人聚會一處，生到西方極樂世界就是諸上善人之一——文殊、普賢、觀音、勢至諸上善人，你往生到哪裡，就跟他們是同等人物。小乘根性的人不敢承當，怎麼敢跟觀音菩薩並肩攜手！所以念佛法門——黃老居士的《無量壽經注解》裡講是度上上根的人。什麼人是上上根？能信、能願、肯念佛的人是上上根。禪宗六祖大師是度上上根人，殊不知淨宗的上上根超過禪門上上根。六祖大師度的上上根還保不住，還會退轉；淨宗的上上根人決定不退轉，圓證三不退。六祖大師的上上根，只是證三不退，不是圓證三不退。所以說在一切法門裡，確實無與倫比。念佛法門殊勝！遇到念佛法門幸運！也是自己生生世世修學的善根福德累積成熟，不是偶然得來。你很幸運，你的運氣好。不是這樣的，是多生多劫善根、福德、

因緣在這一生成熟，我們才遇到。

「一心為善」，「一心」就是決定沒有二念。「正念現前」，這個「正念」是第一念、絕對正念、無上正念——就是念這句「阿彌陀佛」，一心一意去念佛，一心一意求生西方淨土。改過最妙的方法、滅罪消

淨土緣起

●發心往淨土

王舍城阿闍世太子受惡友挑撥，把父王頻婆娑羅及母親韋提希夫人關閉於七重深宮之中。韋提希面祈求往生極樂世界阿彌陀佛國土之方。佛告訴韋提希只要做一個世間好人，深信因果，必定成佛。

業障極妙的方法，就是「無念」。無念是無妄念，不是無正念；正念要沒有了，那就墮到無明了。所以是無妄念，妄念就是分別、執著。這功夫不是普通人能做得到的，但是在念佛人來講，是人人都可以做得到。

什麼是「正念現前」？就是這一句「阿彌陀佛」，這一句「阿彌陀佛」就是最真實的正念、無上的正念，要把它認清楚！這一生中唯一的一樁大事，就是保持正念現前，希望自己不要落在邪思邪念上，念念都是阿彌陀佛，二六時中不間斷。諸位如果能夠從這個地方下手，三個月即見效。你一天到晚保持著「阿彌陀佛」這一念，有這一念，當然你的妄念就少了。妄念不可能沒有，一定是有的。有，不要怕！阿彌陀佛這個念頭占得多，妄念就占得少；十個念頭裡有六七個是阿彌陀佛，有三四個妄念，不在乎！沒有關係！你不念阿彌陀佛，就全是妄念。念上三個月就有效果——阿彌陀佛之念多了、妄念少了、心自在了。心裡安寧了、法喜現前了，這就是業障消除的現象。本來是憂鬱煩惱、前途黯淡；現在歡喜，顯得有智慧，生活有情趣、有信心，前途充滿了光明，與從前不一樣了。

要繼續念上半年，效果更大，信心更堅定。真正想到西方極樂世界去，三年是可以成就的。自古以來往生西方極樂世界，用三年工夫成就的人不知道有多少。有一類根性的人，說：「這個法門不能修！三年就死了，這不行！」那還談什麼呢？所以說真的，有許多人不敢修，不敢修的人貪戀六道，捨不得六道輪迴。這就是眼光短淺，不知道到了西方極樂世界受用自在快樂，人間天上、諸佛世界皆不能比。這樣好的地方不想去，還願意在這裡受苦受難，那還有什麼話說？就不必講了！

真正有志氣，有眼光的人不能不曉得，我們一心一意求生淨土，求見阿彌陀佛，才是究竟圓滿的成就。自是身心世界一切放下，永離一切分別、執著，再沒有一樁事情值得牽掛，值得留戀的，生活隨緣而不攀緣，你說多自在！多快樂！自己真正成就了。這是世人想不到的——轉煩惱為菩提，生死自在——不是我們壽命到了才往生，而是隨意往生，想去就去。如果你覺得在這世界上還需要住幾年，也不妨多住幾年。只有一個道理——還有些人與我有緣，要我勸他們一同去，所以那時住在世間是來度眾生；如果為自己，則早到西方極樂世界去了。留在此地，

是為了幫助一切眾生，為了宣揚這個法門。假如念佛法門有人繼承，有人在這裡繼續宣揚，那我把擔子交給他，就可以先去了，大事因緣讓給他們去做，何等的自在！所以諸位要曉得，「三年成就往生」的是他沒有法緣，沒有法緣他就決定走，他決定不會在這地方多耽誤一天。不能走那是沒有法子，無可奈何，能走的人決定是走了。

諸位只要真的這樣念法──不懷疑、不夾雜、不間斷、一心稱念，三年決定成功。你看諦閑老和尚有一位徒弟，就是一句「南無阿彌陀佛」，他什麼都不懂。出家剃了頭，老和尚不准他去受戒；他不認識字，也不要他去聽經；甚至於不要他住寺院裡，住院裡跟大家一塊工作，他年歲大了恐怕他受不了；別人會欺侮他，他要不能忍耐，天天發脾氣，就不好了。因此把他送到寧波鄉下沒有人住的小廟，讓他一個人住，一天到晚念阿彌陀佛，這樣念了三年，預知時至往生。他憑什麼本事？就是「一心為善，正念現前」。真正做到了老實念佛！不是平常人能夠跟他相比的。他成功了，他只有往生，因為他沒有能力去弘法利生──他不識字，沒有基礎，他念佛成功就走了。他沒有生病，沒有痛苦，自己知道什麼時候走，而且站著走，走了以後還站了三天，等諦閑老和尚給他辦後事。不簡單！不容易！這是我們念佛人的榜樣。你說這個法門不好，哪一個法門能有這個樣子給我們看呢？哪一個法門臨走的時候，清清楚楚、明明白白，站著走，走了以後還站了三天，等人家替他辦後事，這是我們真正的見證。

我教給諸位的方法，就是「一心念佛」。我們身體還在這個世間，不能沒有生活，當然要工作；工作放下來就念佛。工作時專心去工作，工作一放下來，佛號馬上就提起來。甚至於在工作時，只要不用思考，也可以念佛；或者是放錄音帶的佛號，工作時可以聽佛號。若工作需用思考，就放下佛號專心思考；不用思想時，工作也可以念，也可以聽佛號。把念佛當做我們一生中第一椿大事，其餘的都是雞毛蒜皮，不值得牽掛的──這就是從心地上改、從心地上懺罪。會修行的人一定是把根本抓住，從根本修。

【原文】

　　如太陽當空，魍魎潛消，此精一之真傳也。過由心造，亦由心改，如斬毒樹，直斷其根，奚必枝枝而伐，葉葉而摘哉？

【譯文】

　　這就好像炎熱的太陽，在空中普照著大地，所有的妖怪自然就會隱藏、消失，這是改過最精誠專一的真正妙訣。人的過失是由心所造作的，所以也應當從心地上來改正；就如同要斬除毒樹，必須直接砍斷它的根，不讓它再度發芽，何必一枝一枝地去砍伐，一葉一葉地去摘除。

【淺釋】

　　「魍魎」就是妖魔鬼怪。光天化日之下，妖魔鬼怪不能出現。「此精一之真傳也」，我們講改過自新，這是精華，「一」是純一，「精」就是精純──這是「真傳」。諸佛如來確確實實有真傳之寶，可惜很多人不相信。《彌陀經》、《無量壽經》是諸佛如來度眾生成佛道的唯一真傳，幾個人相信！

　　「枝枝而伐」就是一枝一條的砍下來，葉子一片片摘下來，這譬如從事上改。事上改的是枝枝葉葉，心上改的是連根拔除，所以要知道改過的訣竅。訣竅在哪裡？我們要用什麼方法來改？蕅益大師的開示，諸位若能熟記，依教奉行，就是從心地上改──確實無量劫所有的罪過都改掉了，這一句「阿彌陀佛」將一切罪業全都改掉了；世出世間一切善法，一句「阿彌陀佛」都圓修了。一修一切修，一改一切改，就用這一句阿彌陀佛，不可思議！大家要深信。有許多人懷疑，恐怕這個法門不太可靠，或者還有比這個更好的。我聽了笑笑，跟他合掌念「阿彌陀佛」就好了！不可受他的影響。

【原文】

大抵最上者治心，當下清淨。才動即覺，覺之即無。

【譯文】

大抵最高明的改過方法，是從修心下功夫，當下就可以使心地清淨。每當心裡剛動了個壞念頭時，就能夠立刻覺察到，然後馬上讓這種念頭消失，過失自然不會再產生。

【淺釋】

從心上改，這是「最上」，「當下清淨」。就是我剛才跟各位講的，你如果能夠一切放下，一句阿彌陀佛念下去，三個月，六個月，你的心就清淨了，效果就現前了。縱然弘法學講經，我也常勉勵大家學講一部經。你每天念一部經，讀一部經，三五個月心即得到清淨；若同時看很多經，三五年得不到清淨心，沒有用處。這個秘訣就是「專精」，知道的人也不多。

真正學佛，愈學心愈清淨，愈學煩惱愈少，愈學無明愈薄、智慧愈長、容光煥發、身體健康，這才是功效！所以要牢牢記住蓮池大師講的：「三藏十二部，讓給別人悟」。我們辦圖書館，書是給別人看的，不是給自己看的，大家要記住！為什麼要給他看那麼多書？因為他不相信；不相信，就給他去看。他要走廣學的路，讓他走；我們走專精的路，跟他不一樣。他們改過從枝葉上改、從事上改；我們改過是從心地上改。從此處就看出，智慧不相同，見解不一樣。

這是講從心上改的。「動」就是煩惱，就是業障；「動」是心動了，心裡有念頭，心裡有妄想。才有妄想、才有念頭，馬上就知道，知道了即轉成阿彌陀佛。我們六根接觸六塵境界，心一動，不管你是歡喜、是厭惡，不管是善念、是惡念，只要念頭才動，第二念就轉為「阿彌陀佛」。真正修行人念六個字、四個字「阿彌陀佛」都可以。妄念一動，第二念「阿彌陀佛」就是「覺」，覺而不迷。第一念迷，第二念覺；覺

要快速，決定不能讓迷繼續增長，效果就大了，這是真正的開智慧。

如果你能堅持半年、一年，智慧開了，眼睛就放光——六根聰利，世出世間法一接觸就通達、就明瞭。人家要看多少書、看多少資料，還要找多少世界的資訊，才能夠判斷，還未必然能夠判斷正確；你什麼都不要，你一看就明瞭、就通達，絕對正確，沒有錯誤。這種本事世間人沒有，這是佛菩薩的本能——佛教給我們求真實智慧！

發心弘經，最要真誠、清淨、慈悲，不必還要找參考資料來研究怎麼講法。不要落到第六意識，這樣也許錯解了如來真實意。我說過很多次，經典是沒有意思的。我們在這裡想經中意思，三世佛皆喊冤枉！所以只要老老實實去念，不要求意思。沒有解釋、沒有講法，老老實實念，把心念清淨了，自性裡的智慧就能現出來。人家要來問經義，你跟他

●苦煉修行

佛教講修身，講修心，為的是滅身語意三業，去除無名煩惱。而佛教修行的最高境界，即是成佛。

講，講出來的是「無量義」。不求意思，「無量義」都顯示出來了，無量義是你自性裡的智慧顯現。所以展開經本，深講、淺講、短講、長講，自會恰到好處。講完了之後，人家問你：「你講些什麼？」真的不曉得，真的不知道。為什麼呢？你不問，什麼意思都沒有；一問，即生起來了。生起無量義是「他受用」，沒有意思是「自受用」。「自受用」就是清淨心、一念不生，唯有一句阿彌陀佛。講經說法是他受用，不是自受用。所以講出去之後何必還要記我講些什麼？不知道，心才乾淨！

永遠保持清淨心，清淨就是「覺」；污染是「動」。心動就是染污了，換句話說，你心裡有念就是染污，無念就是本覺；念這一句「阿彌陀佛」就是始覺合本覺。念佛法門確實不可思議！念這一句「阿彌陀佛」，念念都是始覺合本覺，這是真正修行！

所以經只要念《無量壽經》或《阿彌陀經》就可以了，兩種都念也行，其他的實在沒有必要了！為了要講經，要利益別人，可以念《無量壽經》的注解，念《彌陀經》的注解——《阿彌陀經疏鈔》、《阿彌陀經要解》。《疏鈔》尚有《演義》，非常圓滿，正是蕅益大師所讚歎的——博大精深。念《彌陀經疏鈔演義》就等於念了一部《大藏經》，因為蓮池大師引經據典，遍及世出世法，實在是非常豐富。蕅益大師的《要解》有圓瑛法師的《講義》、寶靜法師的《親聞記》。弘揚淨宗，依這四本注解就夠了，《無量壽經注解》是黃念祖老居士寫的。這四種你把它念通了，不但所有淨土經論全通，連這一部《大藏經》也通達了，無論哪一宗、哪一派沒有一樣不通。不能搞多，搞多了心決定雜，心雜亂自然不生智慧。所以諸位發心弘揚淨宗，這四本書就夠了，多一樣都不要看。不要說我看得少，我沒有材料講，沒有材料少講一點！何必一定要充數呢？愈少愈精，愈精愈妙，不浪費聽眾的時間；若搜集好多材料，湊起來像大拼盤，吃了什麼味道也不是，浪費自己的精神，也耽誤別人的時間，這是過失！

【原文】

　　苟未能然，須明理以遣之；又未能然，須隨事以禁之。以上事而兼行下功，未為失策，執下而昧上，則拙矣。

【譯文】

　　如果做不到這種境界，就必須明瞭其中的道理，以便將壞念頭打發。若再辦不到，那就只好在惡事將犯時，以強制的方式來禁止自己犯過。如果能以上乘的治心功夫，並且兼用明理與禁止兩種較下乘的方式，來約束自己的念頭，這也不失是個好方法；若只是執著於下乘方式，而不知道用上乘方法，那實在是太愚笨了。

【淺釋】

　　假使我們做不到最上的治心，那就不得已而求其次——「須明理以遣之」，遇事時冷靜地想它的理；通情達理以後，人心自然就平息了，妄念就會減少，憤怒可以化除。

　　「又未能然」，這是對初學的人講。初學的人對理也搞不通，怎麼辦？就要在事上加以禁止，尋枝摘葉，一條一條來對治；不對治會出麻煩，會造成更重的罪業，招來更苦的果報。所以對初學的人，要求他嚴守戒律，因為他還不能明理；戒律的精神就是「防非止過」。

　　「以上事而兼行下功，未為失策」，已經很清淨心，已經明理的人，他在事相上，都能受持，這是最好的。確實自行化他——自己心地清淨了，又做了一個榜樣給初學的人看，所以說是「未為失策」。

　　「執下而昧上，則拙矣」，有一些人死在戒律條文裡，執著在事上修學，不能把自己的境界向上提升，這是愚昧笨拙之人。其實戒律是活的；持戒清淨要明理，更要求的是清淨心。持戒的目的在得定，定就是清淨心。要是執著在事上修，則不能得定——天天分別事相、執著事相，怎能得定？離開分別、執著才能得定。定還是手段，所以執著在定還是不行，還是開不了智慧。

　　二乘人執著在「定」。佛在《楞嚴經》裡講阿羅漢的境界，阿羅漢所證的是「九次第定」——偏真涅槃的境界「內守幽閒」。「守」就是執著、放不下，守著幽閒的境界——「猶為法塵分別影事」，他還是分別執著「滅法塵」。譬如講斷煩惱，小乘人完全從「事」上斷，有時亦兼「理」，而非從「心」上斷。所以斷見思煩惱，需要天上人間七次往來，經上講「其難如斷四十里瀑流」——四十里瀑布，一下擋住叫它不流，你看多麼難！從「事」上去修就這麼難，此是前面講的尋枝摘葉。

　　要把樹砍掉，怎麼砍法呢？先把葉子一片一片摘下來，再把枝條一條一條砍掉，慢慢再去挖根，這種事情多麻煩；樹是除掉了沒錯，費的工夫太大了！聰明人只要把樹根挖掉，樹葉自然就枯掉了，何必枝枝葉葉去斷？所以聰明人是從根本上拔除，愚人是從枝葉上去折伐，這是比喻改過應從心上改。

【原文】

　　顧發願改過，明須良朋提醒；幽須鬼神證明。一心懺悔，晝夜不懈，經一七、二七，以至一月、二月、三月，必有效驗。

【譯文】

　　但是發願改過，明中需要好朋友監督提醒，暗中則要鬼神來做證明。心念精誠地去懺悔，晝夜都不懈怠，經七天、十四天乃至一個月、兩個月、三個月，一定會有效果和證驗。

【淺釋】

　　我們要發恥心（知恥）、畏心、勇猛精進心，這三心是改過的「親因緣」；還得加上「增上緣」。就是要有好的同參道友提醒我們，在外面幫助一把，這是明的「增上緣」。因為已有一念善心、一念真心想改過自新，諸佛菩薩歡喜，一切善神恭敬讚歎；所以冥冥當中會有佛菩薩保佑，龍天善神擁護。可見得一念善心確實有不可思議的感應；因緣俱

足，就要真正在事上去修改。

「一心懺悔，晝夜不懈」，如果一懈怠又造罪惡了，決定不能懈怠！所以念佛堂最好的是佛號晝夜都不斷。古德祖師的念佛道場，分四個人為一班，四個人在佛門稱「一眾」，輪班念佛，所以佛號晝夜不間斷；晚上輪班，白天大眾依儀規一起念。

現前我們雖然沒有殊勝的因緣，可是可以利用錄音帶，跟著錄音帶念，也跟大眾一樣。佛號聲音不要太大，太大會吵到別人，自己能清楚聽到就好，晚上睡覺都開著。有時做夢也聽到，夢中也念佛了，就是古人講的，你在睡覺時聽到打鼓，做夢時在打雷，就是這個道理。睡覺時聽到念佛，好像在佛堂跟大眾打佛七念佛一樣，這樣子好！

「經一七」，打佛七，不如找幾位志同道合的蓮友，找個清淨地方打佛七，在自己家裡好好地念七天七夜。佛七是連晚上都不能中斷的，不是說白天念，晚上不念，這不叫佛七。實在講，一開始念不要念七天，七天一般人受不了；先念一天一夜，二十四小時，念個幾次，覺得很受用，再念兩天兩夜、三天三夜，漸漸地把時間延長。所以真正修行，能在一個星期念三天三夜，每一個星期念一次；或者做不到的話，則每星期念一次，一天一夜，功德都很殊勝，非常受用。書上主要講的就是改造命運，有求必應。我們想求一個道場，求一個修學環境，應該也是求得到的。這樣的功夫能堅持到一月、二月、三月，就有了效驗。

【原文】

　　或覺心神恬曠，或覺智慧頓開，或處冗遝而觸念皆通。或遇怨仇而回嗔作喜。

【譯文】

　　到了這個階段，或者會感覺到精神舒適，心境開闊；或者感覺到智慧突然大開，一聞千悟；或者處在煩瑣忙碌之中，卻能夠觸類旁通，順利完成。或者遇到以前的怨家仇人，卻能將嗔恨轉化，心生歡喜。

【淺釋】

以下舉幾則明顯效驗的例子。如過去總是悶悶不樂，現在心開意解，快樂了，這就是有效驗。

「或覺智慧頓開」，過去好像糊裡糊塗的，現在覺得聰明了，不糊塗了。

「或處冗遝而觸念皆通」，「冗遝」是很繁雜不容易解決的事務。現在遇到了事情，很容易就把它解決了；別人覺得很麻煩，他很容易就解決了。我們現前同修當中就有——把事情接過去，人家覺得很麻煩，他也沒操什麼心就擺平了。

以往跟你過不去，對你很不滿意的人——冤家對頭，現在對你印象好了，態度轉變了。這都是自己修學的功德，潛移默化而使其有感動。「仁者無敵」，這是福德、智慧之相。

●步行過宮門

蘧伯玉深夜獨自路過宮門，要下車步行，遵守禮節。他二十歲就能時時反省自己的過失，到五十歲時，還能察知自己過去四十九年尚存的過失，這使他聲望極高，成為古代有名的聖賢之人。

169

【原文】

　　或夢吐黑物；或夢往聖先賢，提攜接引；或夢飛步太虛；或夢幢幡寶蓋，種種勝事，皆過消罪滅之象也。然不得執此自高，畫而不進。

【譯文】

　　或者夢到吐出因過去造作的惡業形成的污穢黑物，頓生清涼；或者夢見古聖先賢來幫助接引，前程光明；或者夢到在太空中飛行漫步，自在逍遙；或者夢見各類莊嚴的旗幟，以及用珍貴的珠寶所裝飾的傘蓋。像這些殊勝的情況，都是過失消除、罪業滅去的象徵！但不可以因此執著在這些境界中，自以為程度很高而不再努力求進步。

【淺釋】

　　「黑物」是染污、業障。從前噩夢很多，而且夢得亂七八糟，現在這些現象沒有了。縱然有夢，也是清清楚楚，就像白天遇事一樣，這是好事。「或夢往聖先賢，提攜接引」，學佛的人，夢見佛菩薩講經說法，教導修行，是好事情。「或夢飛步太虛，或夢幢幡寶蓋，種種勝事，皆過消罪滅之象也」，這些無論是在現實的生活中，或是在夢中的感應，都是業障漸漸消除，福祉漸漸顯現出來的象徵。

　　「高」就是傲慢。業障才消，若生驕慢則又墮落，決定不可貢高我慢。「畫而不進」，「畫」是畫界限，到此為止就滿足，那你以後永遠不再進步了。應當要不斷再用功，更求進步，永遠沒有止境——生到了西方極樂世界還是天天求進步。怎麼可以知足？在物質、精神生活上，我們應知足；進德修業、斷煩惱求智慧，永遠不能知足，要勇猛精進。

【原文】

　　昔蘧伯玉當二十歲時，已覺前日之非，而盡改之矣，至

二十一歲，乃知前之所改未盡也。及二十二歲，回視二十一歲，猶在夢中；歲復一歲，遞遞改之。行年五十，而猶知四十九年之非，古人改過之學如此。

【譯文】

從前春秋時代，衛國的賢大夫蘧伯玉，在二十歲的時候，就已經能夠時時反省、覺察以往的過失，完全地改正過來。到了二十一歲，知道以前的過失尚未完全改掉；及至二十二歲，回頭檢點二十一歲時的自己，就如同身處夢中一般，還會糊裡糊塗地犯過。這樣一年又一年地逐步改正過失，直到五十歲那年，還察知過去四十九年尚存的過失。古人對於改過之學的學習態度，就是這麼認真、嚴格。

【淺釋】

衛國大夫蘧伯玉，是春秋時的一位大賢人，才二十歲時就覺悟了，就知道自己的過失，發願改過自新。

「至二十一歲，乃知前之所改未盡也」，這就證明前面一句話，「不得執此自高，畫而不進」──蘧伯玉做到了。他年年月月不斷地在反省，不斷地在改過，二十一歲時覺得二十歲時的毛病雖然已改，但還有太多的過失。

「及二十二歲，回視二十一歲，猶在夢中；歲復一歲，遞遞改之」，這是年年改、月月改、天天改。

「行年五十，而猶知四十九年之非，古人改過之學如此」。蘧伯玉這段故事，是講古人改過這樣的認真，有這樣的恒心、毅力，證實他的忍辱、精進功夫，足為後人效法。

【原文】

吾輩身為凡流，過惡蝟集；而回思往事，常若不見其有過者

，心粗而眼翳也。

【譯文】

　　像我們這種庸碌的凡夫所犯的過失，就像是刺蝟身上的毛一般，聚集於一身，但回想以前所做過的事情，卻常會像是看不到有什麼過失一樣；這實在是由於太過粗心大意，不曉得要仔細省察，眼睛像是生了翳病一般，看不清楚自己的過失呀！

【淺釋】

　　了凡告訴他的兒子，看看古人，再回過頭來想想自己。我們是凡夫，凡夫的過惡太多了。「蝟」是刺蝟，是一種動物，全身都長著刺，若遇野獸侵害時，它的刺完全豎起來──保衛自己。「蝟集」，比喻我們過惡之多。

　　「而回思往事，常若不見其有過者」，想想今天、想想昨天、想想去年、想想過去，好像沒有什麼大錯。沒有做過什麼錯事，這是什麼原因呢？

　　「心粗而眼翳也」，我們的心太粗，我們的眼睛有翳，看不到自己的過失。看不到自己的過失，就不會改過，就永遠不會有自拔出頭的日子。所以蓮池大師教初學的人，用「功過格」來檢點自己的過失；發現自己的過失很多，才真正害怕了。但是改的方法，必定要從心上改。以心上改為主，事上改為輔；正助雙修，理事兼修。

【原文】

　　然人之過惡深重者，亦有效驗：或心神昏塞，轉頭即忘；或無事而常煩惱。

【譯文】

但是，一個人如果過失、罪惡較為深重，也會出現一些徵兆，以作效驗：有的心思封閉、精神昏沉，對所交付的事情轉身就忘記；有的雖然沒有什麼可以煩惱的事，卻常現出一副煩惱相。

【淺釋】

我們學佛，實在得到一點利益，不但業障重看得出來，小小業障也能看得出來。不僅是對別人，自己小小業障也能覺察到。

「或心神昏塞，轉頭即忘」，「心」是心思，「神」是精神。就是精神提不起來，做事情或者讀書，記憶力喪失了，很容易忘事。尤其是年輕人，忘事居然跟老年人一樣，這是業障！老年人真正有修行的，到了八九十歲還是一樣不會忘事。

「或無事而常煩惱」，沒有事就想事，這是業障。過去已經過去了，你想它做什麼？明天還沒到，想也是妄想。有的人很會想，想過去、想未來，一天到晚在想——叫無事生事，這個是業障。

【原文】

或見君子而赧然消沮；或聞正論而不樂；或施惠而人反怨；或夜夢顛倒，甚則妄言失志；皆作孽之相也。苟一類此，即須奮發，捨舊圖新，幸勿自誤。

【譯文】

有的遇到品德高尚的人，卻顯出難為情、見不得人的樣子，提不起精神；有的聽到聖賢之道，心裡卻不歡喜；有的在佈施恩惠給別人時，反而招致對方的埋怨；有的夜裡夢見一些顛顛倒倒的靈夢，甚至經常語無倫次，失去了正常的模樣；這些都是因為過去造作罪孽，所應現出來的表徵。如果一出現與此類似的情況，就應該振作精神，捨棄過去不好的思想行為，力圖開闢嶄新而正確的人生大道，希望你不要耽誤自己的前程。

【淺釋】

「赧然」，是不好意思；見到正人君子不好意思，心裡有愧疚。心地正大光明，見什麼人也不會有這種態度！「消沮」，是精神頹喪，就是精神提不起來，萎靡而不能夠振作。

「或聞正論而不樂」，不喜歡佛法的道理和孔孟的教誨。清朝在早期，宮廷裡面都念《無量壽經》，後來慈禧太后聽了就不舒服，把念《無量壽經》廢除了。大概聽取五惡、五痛、五燒不是味道，這就是業障現前！

「或施惠而人反怨」，你好心對待別人，送別人禮物，人家不但不感謝，還怨恨你。

「或夜夢顛倒，甚則妄言失志」，「妄言」這是大的業障；「妄言失志」就是精神分裂，胡言亂語，辭不達意，業障相當嚴重了。「皆作孽之相也」，都是造作惡孽的象徵。

有這些現象，就要認真懺悔，要奮發把舊習氣革除，不能再因循苟且。如果不改過、不自新，前途就沒有了！所以一發現有這些現象，立刻就要回頭，回頭是岸，不可自己誤了自己的一生。

真正把自己的毛病習氣革除了，才可以接受教誨，修善積德。如果不是真正的法器，教他是沒有用的；特別是在教學、傳法上，一定要傳給有條件的人──佛門稱為「法器」──過失少、心地清淨、勇於改過、有智慧的人，才是法器。若是一身毛病，如果你傳授法給他，將來造惡業更重！他要不得法，則害人少，造業也小；他要是多學了一些，本事大了，能力強了，壞事做得更多、做得更重──那老師就看錯人了！所以傳法要認識人，非其人不傳，這不叫「吝法」；如果是個法器，你不肯傳，叫做「失人」。不是法器，不能傳；是法器，一定要傳給他。

下面講「積善之方」。積善之前先改過，使自己有能力具備接受大法的條件。先培養資格，然後才接受大法。

｜第三訓 積善之方｜

【原文】

易曰：「積善之家，必有餘慶。」昔顏氏將以女妻叔梁紇，而歷敘其祖宗積德之長，逆知其子孫必有興者。

【譯文】

《易經》上說：「積善的家庭，一定會有很多福分喜慶的事。」例如，從前有個姓顏的人家，要把他的女兒，許配給孔子的父親，他們將孔家所做的事情，一件一件都提出來，覺得孔家祖先所積的德多而且長久，所以預知孔家的子孫，將來必定會大發。後來果然生出了孔子。

【淺釋】

開端引用《易經》來作為積善理論的依據。積善的人家一定有餘慶，他一生享受不盡，留給子子孫孫享之，其中有很深的道理。

「昔」是過去。古人跟今人真的不一樣，中國自古以來，婚嫁是父母之命、婚妁之言，這比現代自由戀愛，說老實話，有好處！好處是什麼？真正有學問、有道德的父母，不會把你配錯；壞處是若父母沒有受過教育，無知無識，可以把女兒賣掉，所以兒女不甘心、不情願的勉強湊合，這是缺點，但是不可以不知道，它有絕對的好處。

「叔梁紇」是孔子的父親，孔子的母親姓顏，這裡的「顏氏」就是孔子的外公。他把女兒嫁給孔子的父親——你看！不是隨便嫁的。他看出孔氏一家人代代都積德、代代修善，這家庭裡子孫一定有發達的，將女兒嫁給孔家是有道理的。

「歷敘其祖宗積德之長」，他們一家人的長處就是修善積德。「逆

175

知」，就是預知，就是根據他們祖宗積德，曉得他們家裡將來一定有好子孫，會興旺的，這才把女兒嫁給叔梁紇，生了孔子。所以「父母之命、媒妁之言」，在中國自古以來成就的幸福家庭很多。

古代的執政者，只要掌握政權，大的是帝王，統治國家；小的縣市長、鄉鎮長——我們一般講的政務官，在他們的職責範圍裡有三句話——作之君、作之親、作之師。「作之君」，君是領導人，你是這個地區的領導人；「作之親」，你是這個地區百姓的父母，你要把百姓當做子弟來看待，要照顧他、要愛護他、要養育他；「作之師」，師是模範，他們不懂，你要教導他。現代民主制度，沒有這三條。所以「君、親、師」三個人的責任集中在執政者身上——如能盡職，功德不可思量。

【原文】

孔子稱舜之大孝，曰：「宗廟饗之，子孫保之，皆至論也。」試以往事徵之。

【譯文】

還有，孔子稱讚舜的孝，是不平凡的孝順，孔子說：「在宗廟祭祀他，子孫一定興盛不衰，都是正確的結論。」試舉一些往事來證明。

【淺釋】

前面依據《易經》敘述孔夫子的家世，再說到孔夫子對於舜王的讚歎。舜是中國歷史上第一個大孝之人——只見自己過，不見別人過。在佛法來說，他是地地道道的修行人。《壇經》上說：「若真修道人，不見他人過。」舜確實做到了，所以他積的德「子孫保之」。這些話「皆至論也」，也就是我們今天講的真理。

我們從歷史事實上看到，以下了凡先生所舉的人、所舉的事，都是當朝的——就是明朝——距離他只幾十年的事情，說出來大家都知道；善有善報，勉勵人要修善，要積善。

【原文】

　　楊少師榮，建寧人。世以濟渡為生。久雨溪漲，橫流沖毀民居，溺死者順流而下，他舟皆撈取貨物，獨少師曾祖及祖，惟救人，而貨物一無所取，鄉人嗤其愚。逮少師父生，家漸裕，有神人化為道者，語之曰：「汝祖父有陰功，子孫當貴顯，宜葬某地。」遂依其所指而窆之，即今白兔墳也。後生少師，弱冠登第，位至三公，加曾祖、祖、父，如其官，子孫貴盛，至今尚多賢者。

【譯文】

　　有一位做過少師的人，姓楊名榮，是福建省建寧人。他家世代是以擺渡為生。有一次，雨下得太久，溪水滿漲，水勢洶湧橫衝直撞，把民房都衝垮了，被淹死的人順著水勢一直漂下來。別的船都去撈取水中漂來的各種財貨，只有少師的曾祖父和祖父，專門去救水裡漂來的災民，而財物一件都不撈，鄉人都偷笑他們是傻瓜。等到少師的父親出生後，家道也漸漸地寬裕了。有一位神仙化做道士的模樣，向少師的父親說：「你的祖父和父親，都積了許多陰功，所生的子孫應該發達做大官。可以將你的父親葬在某一個地方。」少師的父親聽了，就照道士所指定的地方，把他的祖父和父親葬下。這座墳，就是現在大家所知道的白兔墳。後來少師出生了，到了二十歲就中了進士。一直做官，做到三公裡面的少師。皇帝還追封他的曾祖父、祖父、父親，與少師一樣的官位。而且少師的後代子孫，都非常興旺，一直到現在還有許多賢能之士。

【淺釋】

　　我童年時在建甌住過六年，常和同學們到楊榮他家去玩。他們的房子古色古香，門口有兩個石獅子，掛著燈籠，像廟堂一樣。明朝時的「建寧府」就是現在的建甌縣，在延平北面，建陽南面，屬於閩北，距離

浙江很近，從建甌到金華大約有三百里。

「世以濟渡為生」，他家裡的先人是划渡船謀生的。

「久雨溪漲」，建甌有一條河，就是閩江，一直經過南平，從福州出海。雨下多了，河川就氾濫，成為水災。

「橫流沖毀民居，溺死者順流而下」，這是講水災相當的嚴重。

「他舟皆撈取貨物」，別人在大水災中，就撈取東西，趁機會發一筆橫財。

「獨少師曾祖及祖」，只有他的曾祖父及祖父。「惟救人，而貨物一無所取」，父子兩個划了船專門救人，對於漂流的貨物，看都不看一眼，只顧救人。「鄉人嗤其愚」，鄉人們都譏笑他：這樣好的發財機會，不多撈一點而去救人，真是愚癡。

「逮少師父生」，到楊榮的父親出生。「家漸裕」，家庭生活環境慢慢好轉了。諸位想想：划渡船一天能收入幾文錢？還有坐渡船的身上實在沒有帶錢，也不能不渡。所以渡錢多半是隨意給——船旁邊擺一個小的盤子，並沒有刻意規定渡船要收多少錢，學生過渡都不要付錢。這是從前福建常見的情形。這就是善因定有善報。

後來，「有神人化為道者，語之曰：『汝祖父有陰功，子孫當貴顯，宜葬某地。』遂依其所指而窆之，即今白兔墳也。」風水不是假的，但是沒有善福也得不到。而且風水好壞，一定是按照個人的福德因緣，自自然然的，縱然有人指點，那只是一個增上緣；如果沒有這個福分，指點你得到風水不但沒有福，禍害反而來了，這是沒有福分享受。所以看到了福報來了不要歡喜，為什麼呢？想想自己能不能消受得了？

《了凡四訓》中的道理，真的一點也不錯，確實一個普通的凡夫「一飲一啄，莫非前定」。你不懂得這個道理，不曉得改過，不曉得修善，你的命運裡有沒有變數，只是常數。唯有真正懂得積善改過，那就有變數了；真正改造了命運、創造了命運。我們在這一生，看到許多的事，儒、佛所講的道理完全證實了。

「後生少師，弱冠登第」，「弱冠」是二十歲，「冠」是男子二十歲行冠禮，二十一、二十二、二十三歲都叫弱冠。也就是他年紀很輕，

二十一二歲即中得進士——進士及第。這是過去最高的學位，等於現代的博士，拿到博士學位了。

「位至三公」，他以後做官，做到了少師。「三公」就是太師，太傅、太保。少師、少傅、少保，也是三公，位置比太師、太傅、太保稍微低一點。以現代的地位相比，大概是國策顧問的地位，也就是皇帝的顧問，皇帝有什麼困難的事情要向他們請教，所以地位很高。

「加曾祖祖父如其官」，古時候做官的確是榮宗耀祖。他的父親、祖父、曾祖父雖然是一介平民，他現在做到這樣高的官位，皇帝要追封他的祖父、曾祖父，也跟他的官爵一樣。他的曾祖父、祖父，朝廷也封為少師——這是古代的榮宗耀祖。

政府表揚好人好事，是我們今天獎勵行善常用的方法。實在講，古時候這種表揚比我們現在的表揚有力量，教育的意義更深。因為子孫對國家有貢獻，國家對他的恩惠可以追加到他的遠祖。今天表揚好事是對你個人而不及尊長，古代的追封加到曾祖三代如其官。在我們凡夫肉眼看來，好像人已死了多少年了，這有什麼意義？其實不然。這裡含有教育的深意，使其知自己成就，亦必賴祖宗之積德修善，報在子孫之事實。明乎此，焉有不肯修善之理？此事若就佛法中講六道，帝王的追封，不管他在哪一道，榮耀實際上他也能得到。他如果是在鬼道，一切鬼王都尊敬他；他是大善人，必定受天帝鬼神的尊敬。所以這種教育的意義，實際的功德是不可思議的。

「子孫貴盛，至今尚多賢者。」因為世代積德積得厚，楊榮以後楊家就變成世家。一直到了凡這個時候，他們家裡還有賢人，既貴且盛。

【原文】

鄞人楊自懲，初為縣吏，存心仁厚，守法公平。時縣宰嚴肅，偶撻一囚，血流滿前，而怒猶未息，楊跪而寬解之。宰曰：「怎奈此人越法悖理，不由人不怒。」自懲叩首曰：「上失其道，民散久矣，如得其情，哀矜勿喜；喜且不可，而況怒乎

？」宰為之霽顏。家甚貧，饋遺一無所取，遇囚人乏糧，常多方以濟之。一日，有新囚數人待哺，家又缺米，給囚則家人無食；自顧則囚人堪憫。與其婦商之，婦曰：「囚從何來？」曰：「自杭而來，沿路忍饑，菜色可掬。」因撤己之米，煮粥以食囚。後生二子，長曰守陳，次曰守址，為南北吏部侍郎；長孫為刑部侍郎，次孫為四川廉憲，又俱為名臣。今楚亭、德政，亦其裔也。

【譯文】

　　浙江寧波人楊自懲，起初在縣衙做書辦，心地非常厚道，而且守法公平，做事公正。當時的縣官，為人嚴厲方正，有一次偶然打了一個囚犯，一直打到血流到地上，縣官還是不息怒，楊自懲見了就跪下，替囚犯向縣官求情，請縣官寬諒那個囚犯。縣官說：「你求情本來沒有什麼不能放寬的，但是這個囚犯，不守法律，違背道理，不能教人不生氣啊！」楊自懲一邊叩頭一邊說：「在朝廷中已經沒有是非可言了，政治一片黑暗、貪污、腐敗，人心散失很久了，審問案件若是審出實情，尚且應該替他們傷心，可憐他們不明事理，誤蹈法網，不可以因為審出了案情，就歡喜。若是存心歡喜，恐怕會把案件忽略弄錯。若是生氣，又恐怕犯人受不住打，勉強招認，容易冤枉人。既然歡喜尚且不可，又怎麼可以發火呢？」那縣官聽了楊自懲的話，非常感動，面容立即和緩下來，不再發怒了！講到楊自懲的家裡，是很窮的；但是他雖然窮，別人送他東西，他一概不肯接受。碰到囚犯缺糧，他卻常用各種方法去弄一些米來，救濟他們。有一天來了幾個新的囚犯，沒有東西吃，非常地餓，他自己家裡剛巧也欠米。若是拿來給囚犯吃，那麼自己家人就沒得吃了；如果只是自家吃，那麼囚犯又餓得很可憐。沒有辦法，便同他的妻子商量。他的妻子問他說：「犯人從什麼地方來的？」「從杭州來的。沿途上熬餓，臉上餓得沒有一點血色；就像一種又青又黃的菜色，幾乎可以用手捧起來。」妻子聽了也很可憐他們，於是夫婦倆就把自己所存的一些米，煮了稀飯給新來的囚犯吃。後來他

們生了兩個兒子，大的叫做守陳，小的叫做守址，做官一直做到南北吏部侍郎，大孫子做到刑部侍郎，小孫子也做到四川按察使。兩個兒子，兩個孫子，都是名臣。而當今有兩個名人楚亭和德政，都是楊自懲的後代。

●福祿壽三星度世

人們都希望獲得福、祿、壽，但是用什麼方法才能得到呢？了凡先生認為，想得到好的果報最重要的方法就是積善。正如《周易》中所說的：「積善之家，必有餘慶。」

【淺釋】

「鄞」是浙江寧波，在明朝稱「鄞縣」。楊自懲先生，「初為縣吏」，在縣政府裡當差——相當現在科長、科員這樣的職位。他「存心仁厚，守法公平」，這個人心地厚道，正直清明。

「時縣宰嚴肅，偶撻一囚，血流滿前，而怒猶未息」，從前縣長兼理司法（現在是政務跟司法分開了，司法由法院、法官負責），縣長就是法官，他要兼理司法。有一個罪犯，問口供不說實話，狡辯。縣長就發脾氣生氣了，給他用刑，打得很重，血流滿地，可是縣長的怒氣還是沒息。

「楊跪而寬解之」，楊自懲看到這情形，就替囚犯求情。「宰曰：『怎奈此人越法悖理，不由人不怒。』」這個囚犯犯的罪很重，讓人很是生氣，不得不怒。

「自懲叩首曰：『上失其道，民散久矣，如得其情，哀矜勿喜；喜且不可，而況怒乎？』宰為之霽顏。」其實說這樣的話要有相當的膽識，這是直諫！如果長官不接受，怪罪下來，很是麻煩。假如這個長官相當賢明、明理，他不會怪罪；這是提醒他。「上失其道」，「上」是指政務官，不敢指皇帝，也就是指省市縣長。國家的政治教育沒有辦好，這叫「失道」。「道」是什麼？道就是君、親、師。我們做地方官員主持政務，沒有做到親、師的本分，沒有真正愛護老百姓，百姓犯過了，是我沒有教得好，這就是「上失其道」。「民散久矣」，「散」是無所適從，無有依靠。政教要上軌道了，老百姓皆有一個原則可以依靠。

中國從劉邦建立政權之後，罷黜百家，獨尊孔孟，制定教育政策，用孔孟的思想教導百姓。在這以前，春秋戰國諸子百家，學說之多教人無所適從。諸子百家留下來的典籍，每人都有自己的主張，每人有一套說法，看看都很有道理。這麼多的主張，這麼多的講法，我們到底依哪一個？所以一定要在諸子百家裡選擇一家。大家都覺得他的主張可以接受，各種不同的民族也能夠適應，於是就取儒家這一家為主，以諸子百家來輔助，就這樣確立了國民教育的宗旨。

我們的傳統主流是孔孟，從漢高祖制定一直到清朝都沒有變更，自

然成了中華民族的道統。孔孟教給我們五倫十義，這是我們要遵守的原則，這就是道。五倫講人與人的關係——最小的指居住在同一個房間的夫婦。丈夫要怎樣做好丈夫的本分，妻子要怎樣做好妻子的本分；分就是義務，你要盡到你的義務——夫妻和合是家庭興旺的基礎。室的外面就是家——家中上有父母，下有兒女，中有兄弟。每個人的身份不相同，義務責任就不一樣。每個人應盡自己的義務職責，這叫「天職」——不是別人派給你的，這就是「道義」，天然的叫「道」。家之外是社會、國家——上有領導人是國君；下有被領導的人，那就是臣，平輩的有朋友。「五倫」是夫婦、父子、兄弟、君臣（領導與被領導）、朋友；從內向外擴展，則「四海之內皆兄弟」，所以五倫是一個民族國家的大團結。我們這一個國家，就是一個大家族——「中華民族」，這是道。

古聖先賢心目中從政者即是偉大人物，稱為「大人」——負有對人民教育、養育、領導之天職。教導人民、教他一舉一動，使他的見解、他的思想、他的思考有個範圍（倫理道德），不能超越這個範圍，人怎麼會作亂！怎麼會做壞事！然後再加以道德（忠孝仁愛信義和平）的薰陶。儒家基本教育的目標是「格物、致知、誠意、正心、修身、齊家、治國、平天下」，現代學校已經不教這些課目，疏忽人文而重科技，老百姓的思想、見解、所作所為沒有一個準則了。這就是教我們看到別人犯罪，回頭想想是自己為官做得不夠好。

「如得其情，哀矜勿喜」，對於他犯罪的動機、犯罪的行為，我們真正知道了，要同情他，要哀憫他，不能因破案而歡喜。為什麼不能歡喜？因為我們自己的責任沒有盡到。

「喜且不可，而況怒乎？」破案尚且不可歡喜，又怎麼可以發脾氣！從前做官、做縣市長，至少要是個舉人（其實大多數縣市長都是進士及第的），所以一提醒，他馬上就覺悟了。

「宰為之霽顏」，這是很有膽識的勸諫，而縣官一經提醒就覺悟了，就息怒了。從這個地方我們能見到楊先生的智慧、德性、見地，都很了不起。所以他在公門好修行，多行善事。

楊先生「家甚貧」，在從前做官若只靠俸祿，是不會發財的，所以退休後真是兩袖清風——一生清貧的人非常之多。如果做官告老還鄉而

富有的，大多是貪官污吏。否則錢從哪裡來？因為以前念書人不會去做生意。如果官做大了，對國家有大的貢獻，那麼國家有獎勵，如送你多少田宅，這能相當的富有。如果是平常一個官吏告老還鄉，都是相當清寒，何況楊先生只是縣政府裡的一個小職員。

「家甚貧，餽遺一無所取」，他從不接受人家送禮。有人要拜託他，尤其是犯了案子的人（犯法的囚犯），總想說一點人情，能夠得到好一點的照顧，或者刑罰判得輕一點——可能他的職位掌管這些事，於是人情就免不了。但他總是秉公處理，不接受別人送的禮，十分清廉，很難得！

「遇囚人乏糧，常多方以濟之」，從前囚犯的糧食很少，有時在遞解的路上常常缺乏糧食，沒東西吃。楊先生總是盡心盡力，設法救濟他們。

「一日，有新囚數人待哺，家又缺米，給囚則家人無食；自顧則囚人堪憫。與其婦商之，婦曰：『囚從何來？』曰：『自杭而來，……』」「杭」是現在的杭州，杭州到寧波有相當長的一段距離。囚犯戴著手鐐腳銬等刑具，都是步行，這樣一天能走多遠？一天能走五六十里已是相當辛苦了；而從杭州走到寧波，要好多天才能走得到。

「……沿路忍饑，菜色可掬」，沿途沒東西吃，餓了好多天，很可憐！夫妻商量一下，家裡米少，都送給他們，自己就沒得吃；自己吃了，他們就沒得吃了，怎麼辦？煮粥！分一半給他們。

「後生二子，長曰守陳，次曰守址，為南北吏部侍郎」，以後他生兩個兒子，這是夫妻積德，報在兒孫。「吏部」相當於現在的內政部。從前的中央政府只有六個部，現在則有十幾個；以前部的職權比現在部的職權要大（像前面講的禮部，就兼現在教育部和考選部的職權）。「吏部」是管行政的，職權也比現在大。「侍郎」就是我們現在講的政務次長——副部長。部長在那時候叫「尚書」；侍郎是次長，就是副部長。通常副部長有兩位——「左右侍郎」，像我們現在部裡也是兩位次長——「政務次長」與「常務次長」。

「長孫為刑部侍郎」，「刑部」就是現在的法務部、司法行政部。這兩個部的職權，都在從前的刑部。

「次孫為四川廉憲」，「廉憲」相當於行政專員，比省長小一級，比縣市長高；大概管七八個縣到十幾個縣的地方行政首長。

「又俱為名臣」，治理地方非常有成績，很有聲望地位。

「今楚亭、德政，亦其裔也。」「今」就是現在。楚亭先生也是做官的，也是非常之清廉，是他們家的後人。這是夫妻兩個積德，子子孫孫都好！

【原文】

昔正統間，鄧茂七倡亂於福建，士民從賊者甚眾。朝廷起鄞縣張都憲楷南征，以計擒賊，後委布政司謝都事，搜殺東路賊黨。

【譯文】

從前明朝英宗正統年間，有一個土匪首領叫做鄧茂七，在福建一帶造反。福建的讀書人和老百姓，跟隨他一起造反的很多。皇帝就起用曾經擔任都御使的鄞縣人張楷，去搜剿他們。張都憲用計策把鄧茂七捉住了。後來張都憲又派了福建布政司的一位謝都事，去搜查捉拿剩下來的土匪，捉到就殺。

【淺釋】

「正統」（1436～1449年），是明朝英宗的年號。「鄧茂七倡亂於福建」就是造反、叛變。「士民從賊者甚眾，朝廷起鄞縣張都憲楷南征，以計擒賊，後委布政司……」「都憲」是官名；「楷」是他的名字；「布政司」相當於現在的民政、財政廳長，主管一省的行政和財政。

【原文】

　　謝求賊中黨附冊籍，凡不附賊者，密授以白布小旗，約兵至日，插旗門首，戒軍兵無妄殺，全活萬人。後謝之子遷，中狀元，為宰輔；孫丕，復中探花。

【譯文】

　　但是謝都事不肯亂殺，怕殺錯人。便向各處尋找依附賊黨的名冊，查出來凡是沒有依附賊黨，名冊裡還沒有他們姓名的人。就暗中給他們一面白布小旗，約定他們，搜查賊黨的官兵到的那天，把這面白布小旗插在自己家門口，表示是清白的民家，並且禁止官兵亂殺。因為有這種措施而避免被冤殺的人，大約有一萬人之多。後來謝都事的兒子謝遷，就中了狀元，官做到宰相。而且他的孫子謝丕，也中了探花，就是第三名的進士。

【淺釋】

　　這一段是講不妄殺所得的果報。我們看看世界的歷史，凡是統軍的大將，後代有好果報的人很少。為什麼呢？殺業太重了、結的冤仇太多了。做將軍有好後代的，在古代歷史上恐怕很少見到，他是其中一個得善報的。因果報應最明顯的是唐朝的大將郭子儀，他的後代能保全，是做將軍時積善德所致。宋朝的時候，曹彬、曹翰都是趙匡胤手下的大將。曹翰的後代就很差，沒有傳到第三代，女兒淪落為娼妓，家敗人亡；曹彬是很仁慈的將軍，不妄殺，後代都很好。所以做將軍的人如果軍紀不嚴，士兵騷擾百姓，都是他的罪過。張楷這個人很聰明，只要不是擁護叛黨的，都教他們示以區別，在剿叛的時候就可以不誤傷人命；其子孫的功名富貴，證明了善因善果，絲毫不差。

●仁心慈政

不論個人善行能否蔭及子孫，心地善良的人，一定能夠得到人們的尊重和愛戴。南北朝時北魏廣平人宋世良，他仁心慈政深得民心，任職期間政通人和、百姓安康、境內土匪逃到別處。

187

【原文】

　　莆田林氏，先世有老母好善，常作粉團施人，求取即與之，無倦色。一仙化為道人，每旦索食六七團，母日日與之，終三年如一日，乃知其誠也。

【譯文】

　　在福建省莆田縣的林家，他們的上輩中，有一位老太太喜歡做善事，時常用米粉做粉團給窮人吃。只要有人向她要，她就立刻給，臉上沒有表現出一點厭煩的樣子。有一位仙人，變作道士，每天早晨向她討六、七個粉團。老太太每天給他，一連三年，每天都是這樣的佈施，沒有厭倦過，仙人就曉得她作善事的誠心了。

【淺釋】

　　「莆田」屬於福建的一個縣，在福州的北面。這也是先人積善的事例。她每天做一點吃的東西——粉團，佈施給窮人。她並沒有什麼希求，每天做，誰要吃都給，很難得！此事偶爾為之容易，長久心願難發。她就能樂此不疲地佈施給別人。有個仙人化成老道，每天早晨都到她那裡去要六、七個粉團，老太太待他三年如一日，才曉得老太太確實是誠心誠意做好事、做善事。真誠是積德，佈施是積善。她也沒什麼希求，只是幫助一些貧困之人。

【原文】

　　因謂之曰：「吾食汝三年粉團，何以報汝？府後有一地，葬之，子孫官爵，有一升麻子之數。」其子依所點葬之。初世即有九人登第，累代簪纓甚盛，福建有無林不開榜之謠。

【譯文】

就向她說：「我吃了你三年的粉團，要怎樣報答你呢？這樣吧，你家後面有一塊地，若是你死後葬在這塊地上，將來子孫有官爵的，就會像一升芝麻那樣的多。」後來老太太去世了，她的兒子依照仙人的指示，把老太太安葬下去。林家的子孫第一代發科甲的，就有九人。後來世世代代，做大官的人非常多。因此，福建省竟有一句：「如果沒有姓林的人去赴考，就不能放榜。」意思是講：林家考試的人多，並且都能考中，所以到放榜，榜上就不會沒有姓林的人。表示林家有功名的人很多。

【淺釋】

老道就告訴她：「我每天都跟你要粉團，吃了三年，怎麼報答你呢？」

道士會看風水，他說：「你家裡有一塊地，風水很好。葬在那兒，你的後代，做官的人數有一升芝麻那麼多。」麻粒很小，一升芝麻你想有多少！

「其子依所點葬之。」以後老太太死了，她的兒子就依照老道所指點的墓穴，把她葬在這個地方。

第一代家裡就有九個人做官，可見老太太好善積德，子孫很多。「累代簪纓甚盛」，「簪纓」就是指古時候的貴人，他的帽子裡插著花。「福建有無林不開榜之謠」，這一句話是真的，福建的林家可以說是全省第一個大家族，非常興旺。這是講誠心施食的果報。

【原文】

馮琢庵太史之父，為邑庠生。隆冬早起赴學，路遇一人，倒臥雪中，捫之半僵矣，遂解己綿裘衣之，且扶歸救蘇。

【譯文】

　　馮琢庵太史的父親，在縣學裡做秀才的時候，有一個非常寒冷的冬天清早，在要去縣學的路上，碰到一個人倒在雪地裡，用手摸摸，已經幾乎快要凍死了。馮老先生馬上就把自己穿的皮袍，脫下來替他穿上；並且還扶他到家裡，把他救醒。

【淺釋】

　　這是說救人一命的善報。「太史」一職任職在翰林院，就是院內的「翰林」，相當於現在中央研究院的院士。這是馮琢庵的父親過去做秀才的時候（「庠生」就是秀才），一天早起上學，在路上遇到一個人，在大雪之中凍傷倒了。我們可以想像，這個人必定已是貧病交加。他看到以後用手去摸他，幾乎快要凍死了。趕緊把他救起來，又把自己身上的衣服脫下來給他穿，帶回家去救活了。

　　救凍一定要有常識，北方人都知道，南方人不曉得。救凍是要用涼水──用涼的毛巾給他摩擦，使他體內的寒氣能散發出來。

【原文】

　　夢神告之曰：「汝救人一命，出至誠心，吾遣韓琦為汝子。」及生琢庵，遂名琦。台州應尚書，壯年習業於山中。

【譯文】

　　馮老先生救人後，就做了一個夢，夢中見到一位天神告訴他說：「你救人一命，是完全出自一片至誠的心來救的，所以我要派韓琦投生到你家，做你的兒子。」等到後來琢庵生了，就命名叫作馮琦。因為他是宋朝一個文武全才的賢能宰相，叫做韓琦的人來投胎轉世的。浙江台州有一個應大猷尚書，壯年的時候在山中讀書。

【淺釋】

　　看到可憐人，不管是什麼人，出於誠心來救人一命，是為大善。「

吾遣韓琦為汝子」，「韓琦」是宋朝的大將，也是名臣——韓魏公，在中國歷史上有名的。這位神人就把韓琦介紹到他家裡投胎，到人道來了。「及生琢庵，遂名琦」，這是救人一命得到好兒子。這裡也說明了六道輪迴轉世投胎的事實，古人皆深信不疑。

「習業」就是讀書。從前讀書人多半都在寺院裡讀書，只有寺院才有多餘的房間，才有圖書室。藏經樓裡不但收藏佛經很完備，世間的四書五經、諸子百家，寺院裡也大都有典藏，藏經樓就是圖書館。從前地方上社會沒有圖書館的設置，所以寺院就是學校，藏經樓就是地方上的圖書館。念書的人多半選擇在寺院，寺院環境幽靜，都在山林之中，是讀書修學的好場所。

【原文】

夜鬼嘯集，往往驚人，公不懼也。一夕聞鬼云：「某婦以夫久客不歸，翁姑逼其嫁人，明夜當縊死於此，吾得代矣。」

【譯文】

夜裡頭，鬼常聚在一起做鬼叫，來嚇唬人，只有應公不怕鬼叫。有一夜，應公聽到一個鬼說：「有一個婦人，因為丈夫出遠門，好久沒回來，她的公婆判斷兒子可能已經死了，所以就逼這個婦人改嫁，但是這個婦人卻是要守節，不肯改嫁。所以明天夜裡，她要在這裡上吊，我可以找到一個替身了。」凡是上吊或者是淹死的人，如果沒有替身，便無法投生，所以叫替死鬼。

【淺釋】

古人認為人鬼雜居。如果人煙稀少，或者氣不旺盛的時候，往往就有很多鬼出現。「公不懼也」，應先生心地清淨、正大光明，他對於這些妖魔鬼怪毫不在乎，也不害怕。「一夕聞鬼云：『某婦以夫久客不歸，翁姑逼其嫁人，明夜當縊死於此，吾得代矣。』」凡是自殺的都要有

替身，才能再去投胎；如果沒有替身，他也相當苦。他吊死的地方，還得另有一個人吊死他才能得自由。現在有些車禍也是如此，他不是自殺的，是偶發事件，是橫死的，也都要有替身。橫死是很不吉利的，所以我們要留意一下，某個地方常常容易出車禍，那是那個地方有冤鬼，他在那裡等待找替身。

這是一個吊死鬼找替身，他預先就曉得了。他說某個人家，先生在外面做生意，很久沒有回來，家人不知道他死活，逼著他太太改嫁。太太不甘心，想尋短見，明天要在這裡上吊。這個吊死鬼說：「我有機會了！她明天可以來代替我了。」這話被應先生聽見了。

【原文】

公潛賣田，得銀四兩，即偽作其夫之書，寄銀還家。其父母見書，以手跡不類疑之，既而曰：「書可假，銀不可假；想兒無恙。」婦遂不嫁。其子後歸，夫婦相保如初。

【譯文】

應公聽到這些話，動了救人的心，偷偷地把自己的田賣了四兩銀子，還馬上寫了一封假託她丈夫的信，並把銀子寄回家的事寫在信上說明。這位外出人的父母看了信以後，因為筆跡不像，所以懷疑信是假的。但是後來他們又說：「信是可以假的，但是銀子不能假呀！一定是兒子很平安，才會把銀子寄回來。」他們這樣想以後，就不再逼媳婦去改嫁了。後來他們的兒子果然回來了，這對夫婦得以保全，像從前新婚時一樣，好好地過日子了。

【淺釋】

這是人命關天的大事，但他只是個窮秀才，哪裡有錢呢？迫不得已趕緊回去賣田，得到四兩銀子，又趕緊造了一封假的書信，送到婦人家裡去。

「其父母見書，以手跡不類疑之」，這封信不是他兒子親筆寫的，一看就曉得。既而曰：「書可假，銀不可假。」哪會有人送錢來呢？這個錢不是假的，所以說「想兒無恙」。「婦遂不嫁。其子後歸，夫婦相

● 涅槃境界

佛教三法印包括諸行無常、諸法無我、涅槃寂靜。涅槃是佛教的中心思想之一。在涅槃境界中清涼寂靜、眾苦永寂，具有不生不滅、不垢不淨、不增不減、不一不異等中道的意義，是修行佛法所能證得的最高結果。

保如初。」此後沒過多久，他兒子果然回來了。這是保全了一個家庭的完整，功德很大。應先生當時做這個事情，也不是想去做功德，只是同情、憐憫人家。他是發自真心地去幫助她，救她一命，保全這個家庭，沒有想到什麼功德不功德，仍繼續到寺裡去念書。

【原文】

公又聞鬼語曰：「我當得代，奈此秀才壞吾事。」旁一鬼曰：「爾何不禍之？」曰：「上帝以此人心好，命作陰德尚書矣，吾何得而禍之？」

【譯文】

某天晚上，應公又聽到那個鬼說：「我本來可以找到替身了，哪知道這個秀才壞了我的事啊。」旁邊一個鬼說：「喂！你為什麼不去害死他呢？」那個鬼說：「天帝因為這個人心好，有陰德，已經派他去做陰德尚書了，我怎麼還能害他呢？」

【淺釋】

好不容易等到一個替死鬼，可以有人來代我了，卻被這個秀才把事情搞壞了。「傍一鬼曰：『爾何不禍之？』」旁邊有一個鬼就說了，你為什麼不去報復他？「曰：『上帝以此人心好，命作陰德尚書矣，吾何得而禍之？』」從這裡我們就知道，鬼神所以作祟、能害人，也是他罪有應得。他要沒有罪業，鬼神想害他也害不了，對他無可奈何！俗話說：「人有三分怕鬼，鬼有七分怕人。」我們怕鬼，那是很冤枉的，鬼怕人比我們怕他還要厲害！所以只有自己做了虧心事，才怕鬼，鬼才會欺負你。如果你心地光明磊落，這些妖魔鬼怪絕對不會作祟的。這些事情像紀曉嵐的《閱微草堂筆記》、蒲松齡的《聊齋志異》，還有中國正史《二十五史》裡面也記載得很多。在民國初年出版的《歷史感應統紀》，都是講二十五史所記載的因果報應之事。

「上帝以此人心好，命作陰德尚書矣」，「上帝」是指天帝；「以此人心好」，看到這個人心好；「命作陰德尚書矣」，已經委派給他作陰德尚書；「尚書」就是現在的部長，他以後果然做到尚書。他聽到鬼神的對話，已經自己預知前途。

【原文】

應公因此益自努勵，善日加修，德日加厚。遇歲饑，輒捐穀以賑之；遇親戚有急，輒委曲維持；遇有橫逆，輒反躬自責，怡然順受。子孫登科第者，今累累也。

【譯文】

應公聽了這兩個鬼所講的話以後，就更加努力，更加發心，善事一天一天去做，功德也一天一天地增加。碰到荒年的時候，每次都捐米穀救人；碰到親戚有急難，他一定想盡辦法幫助人家渡過難關；碰到蠻不講理的人，或不如意的事，總會反省，責備自己有過失，就心平氣和地接受事實。因為應公能夠這樣做人，所以他的子孫得到功名、官位的，一直到現在還是很多哩！

【淺釋】

「橫逆」就是別人非禮他、侵犯他、侮辱他，他都能反省。「怡然順受」，「怡然」是心平氣和，沒有一點浮躁，不與人計較，決定沒有報復的心理，能夠容忍。「子孫登科第者，今累累也」，不但自己做到部長這麼高的地位，子子孫孫得到功名做官的也有很多，而且也非常之賢善。這是救急全節——保護一個家庭的完美，所獲得的果報。

【原文】

　　常熟徐鳳竹栻，其父素富，偶遇年荒，先捐租以為同邑之倡，又分穀以賑貧乏。

【譯文】

　　江蘇省常熟縣有一位徐鳳竹先生，他的父親本來就很富有，偶然碰到了荒年，就先把他應收的田租，完全捐掉，作為全縣有田的人的榜樣，同時又分他自己原有的稻穀，去救濟窮人。

【淺釋】

　　常熟縣在江蘇省。「徐鳳竹栻」，「鳳竹」是他的名字，古人都稱字，「栻」是他的名。（名只有父母老師可以稱，但為寫傳記時，他的名諱寫在字下面，稱「徐鳳竹栻」。）「其父素富」，他的父親相當富有。「偶遇年荒」，地方上有災難，年荒就是收成不好。「先捐租以為同邑之倡」，「倡」就是提倡，希望富有的人家都能跟進。可見他們田地很多，田地給農民種，地主收租；荒年收成不好，他捐租——就是今年的稻租他不要了，使農民的生活能過得下去。地主不要租金，農夫還能勉強維持得下去，這是很難得的一樁善事。「又分穀以賑貧乏」，不少富有的人家，都有倉庫，是蓄存稻米的，他卻能把自己家裡倉庫打開來，把糧食分給貧困的人家，救濟急難。

【原文】

　　夜聞鬼唱於門曰：「千不誆，萬不誆，徐家秀才，做到了舉人郎。」相續而呼，連夜不斷。是歲，鳳竹果舉於鄉。

【譯文】

有一天夜裡，他聽到有一群鬼在門口唱道：「千也不說謊，萬也不說謊，徐家秀才，快要做到了舉人！」那些鬼連續不斷地呼叫，夜夜不停。這一年，徐鳳竹去參加鄉試，果然考中了舉人。

【淺釋】

住在鄉村裡，這些鬼怪的事情時有所聞，有的時候還可以見到，鬼說的話有時也聽得很清楚。「千不誆，萬不誆，徐家秀才做到了舉人郎。」鬼在外面唱。「相續而呼，連夜不斷。是歲，鳳竹果舉於鄉。」這一年鳳竹果然中了舉人，果然應驗了。

【原文】

其父因而益積德，孳孳不怠。修橋修路，齋僧接眾，凡有利益，無不盡心。後又聞鬼唱於門曰：「千不誆，萬不誆，徐家舉人，直做到都堂。」鳳竹官終兩浙巡撫。

【譯文】

他的父親因此更加高興，努力不倦地做善事，積功德；同時又修橋鋪路，施齋飯供養出家人；碰到缺米缺衣的人，也接濟他們；凡是對別人有好處的事情，無不盡心地去做。後來他又聽到鬼在門前唱道：「千也不說謊，萬也不說謊，徐家舉人，做官直做到都堂！」結果徐鳳竹，官做到了兩浙的巡撫。

【淺釋】

善有善報，確有效驗，明白人更努力去修善。「後又聞鬼唱於門曰：『千不誆，萬不誆，徐家舉人，直做到都堂。』鳳竹官終兩浙巡撫。」「都堂」是掌理刑事的，好比現在的高等法院大法官這樣的地位。「鳳竹官終兩浙巡撫」，最後他的官階做到「兩浙巡撫」，「巡撫」就是現在的省主席。這是災難中真心賑濟貧困的果報。

●郭宅賑濟積善

郭伯英因數赴京趕考音訊全無，期間妻子也因病亡故，他思量要廣積陰德才能消災獲福，於是便開自家糧倉來賑濟貧民。郭伯英立身行善，積善獲報，終於獲得大團圓的結局。證明「積善之家，必有餘慶」的道理。

【原文】

　　嘉興屠康僖公，初為刑部主事。宿獄中，細詢諸囚情狀，得無辜者若干人，公不自以為功，密疏其事，以白堂官。後朝審，堂官摘其語，以訊諸囚，無不服者，釋冤抑十餘人。一時輦下咸頌尚書之明。

【譯文】

浙江省嘉興縣有一位姓屠，名叫康僖的人，起初在刑部裡做主事的官，夜裡就住在監獄裡。並且仔細地盤問囚犯，結果發現沒罪而被冤枉的，有不少人；但是屠公並不覺得自己有功勞，他秘密地把這件事，上公文告訴了刑部堂官。後來到了秋審的時候，刑部堂官，把屠公所提供的話，揀些要點，來審問那些囚犯。囚犯們都老老實實地向堂官供認，沒有一個不心服的。因此，堂官就把原來冤枉的，因為受刑被逼招認的，釋放了十多人。那個時候京裡的百姓，都稱讚刑部尚書明察秋毫。

【淺釋】

幫助別人平反冤獄，這是很難得的。審判案子，再小心、再謹慎，冤枉人是難免的。由此可知，做法官、做律師很難很難；冤枉人縱然不是有意的，仍是有很大的過失。

屠康僖先生為人非常難得——他要使囚犯裡減少冤獄，為此他自己跑到監獄裡面，跟囚犯混在一起，瞭解他們真實的情況。有些人在大堂審訊之下真是喪魂失魄，真實的情況不敢說出來（從前大堂裡的威嚴跟現在比起來，那真是不一樣）。從前審案多半在清晨天沒有亮的時候，法堂裡面陰森森的，真有閻羅王審案一樣的味道，氣氛看了叫人害怕；所以把囚犯在那時候拉到大堂裡，像拉他們去見閻羅王一樣；跟現在完全不相同。

「刑部」就像現在的法務部、高等法院。「主事」相當於現在的科長，地位並不很高。他到監獄裡面去打聽囚犯的真實狀況；並且自己不居功，把情況寫出來給「堂官」（堂官就是刑部的尚書），功勞都歸他的長官，長官當然很歡喜！長官在早晨審案時，就預先知道實際情況，再一樁一樁的審問，果然平反了十幾個人。

皇帝乘坐的轎子叫「輦」；「輦下」就是京師，從前叫做京城，現在稱作首都。「咸頌尚書之明」，沒有一個不讚歎刑部尚書公正廉明。

【原文】

公復稟曰：「輦轂（ㄍㄨ）之下，尚多冤民，四海之廣，兆民之眾，豈無枉者？宜五年差一減刑官，核實而平反之。」尚書為奏，允其議。時公亦差減刑之列。

【譯文】

後來屠公又向堂官上了一份公文說：「在天子腳下，尚且有那麼多被冤枉的人，那麼全國這樣大的地方，千千萬萬的百姓，哪會沒有被冤枉的人呢？」所以應該每五年再派一位減刑官，到各省去細查囚犯犯罪的實情，確實有罪的，定罪也要公平；若是冤枉的，應該翻案重審，減刑或者釋放。尚書就代為上奏皇帝，皇帝也准了他所建議的辦法；就派減刑官，到各省去查察，剛巧屠公也被派在內。

【淺釋】

京師是皇帝所在之處，首善之區；這個地方政治清明，應該是全國的模範，所以叫「京師」。「師」就是師範的意思，做其他地方的模範。「四海之廣，兆民之眾，豈無枉者？」京城還有這麼多冤枉的人，何況其他的地方呢？京師以外其他的城市，冤枉的人一定不少。「宜五年差一減刑官，核實而平反之。」這是他的建議——以為至少每隔五年，朝廷應委派一位官員，重新把老案子審查一下。「核實平反」，平反冤獄。這個建議非常之好。「尚書為奏，允其議」，刑部尚書就把這個意見稟告皇帝，皇帝就批准了。「時公亦差減刑之列」，刑部尚書對他非常之好，知道他是廉明公正、存心仁厚之人；這個制度建立之後，國家就有了減刑官，刑部也派屠康僖為減刑官的一員——每個人分配幾個縣市去審理案件。

【原文】

夢一神告之曰：「汝命無子，今減刑之議，深合天心，上帝賜汝三子，皆衣紫腰金。」是夕夫人有娠，後生應塤、應坤、應垓，皆顯官。

【譯文】

有一天晚上屠公夢見天神告訴他說：「你命裡本來沒有兒子，但是因為你提出減刑的建議，正與天心相合；所以上帝賜給你三個兒子，將來都可以做大官，穿紫色的袍，束金鑲的帶。」這天晚上，屠公的夫人就有了身孕，後來生下了應塤、應坤、應垓三個兒子，果然他們都做了高官。

【淺釋】

他命裡沒有兒子，像袁了凡先生一樣，他是求子得子的，屠先生是積功累德得子的。

【原文】

嘉興包憑，字信之，其父為池陽太守，生七子，憑最少，贅平湖袁氏，與吾父往來甚厚，博學高才，累舉不第，留心二氏之學。

【譯文】

有一位嘉興人，姓包，名憑，字信之。他的父親做過安徽池州府的太守。生了七個兒子，包憑是最小的。他被平湖縣姓袁的人家，招贅做女婿。他和我父親常常來往，交情很深。他的學問廣博，才氣很高，但是每次考試都考不中。於是他對佛教、道教的學問，很注意研究。

【淺釋】

「池陽」就是現在安徽池州。「太守」是地方行政首長。「生七子，憑最少，贅平湖袁氏」，「平湖」也是地名，包憑入贅在平湖的袁家。「與吾父往來甚厚，博學高才，累舉不第，留心二氏之學」，「二氏」就是佛教、道教。包憑去考舉人，每次都沒有考取，就顯得消極──學佛、學道，天天跟出家人、道士一塊交遊；跟袁了凡算是世交，他們平時都有往來。

【原文】

一日東遊泖湖，偶至一村寺中，見觀音像，淋漓露立，即解囊中得十金，授主僧，令修屋宇，僧告以功大銀少，不能竣事。復取松布四匹，檢篋中衣七件與之，內紵褶，係新置，其僕請已之，憑曰：「但得聖像無恙，吾雖裸裎何傷？」

【譯文】

有一天，他向東去泖湖遊玩，偶然到了一處鄉村的佛寺裡，因為寺內房屋壞了，看見觀世音菩薩的聖像，露天而立，被雨淋得很濕。當時就打開他的袋子，有十兩銀子，就拿給這寺裡的住持和尚，叫他修理寺院房屋。和尚告訴他說：修寺的工程大，銀子少，不夠用，沒法完工。他聽後，又拿了松江出產的布四匹，再揀竹箱裡的七件衣服給和尚。這七件衣服裡，有用麻織的料做的夾衣，是新做的；他的傭人要他不要再送了，但是包憑說：「只要觀世音菩薩的聖像，能夠安好，不被雨淋，我就是赤身露體又有什麼關係呢？」

【淺釋】

這是真誠施金修建佛寺的事。他屢次參加考試都沒有考取，對於仕途心灰意冷，由於家境很不錯，能過得去，所以就學佛、學道去了。他

偶然在一個鄉下村莊見到一座佛寺，看到觀音像被雨淋。由此可知，這座佛寺年久失修，下雨才會漏，觀音像才會被雨淋到。他看到這情形，想要修寺，把自己的錢袋打開（「橐」就是錢袋），裡面還有十兩銀子，全都送給「主僧」（就是寺裡的住持），請他把觀音殿修一修。主僧告訴他：「修殿十兩銀子不夠。」十兩銀子，在從前是相當大的數字了。由此可知，大概是古寺，有相當的規模。他聽了這個話，再把身上所帶的四匹布捐出來，還有行李裡面（「篋」，就是竹子編的藤箱子），有幾件好的衣服也叫和尚拿去賣，賣了錢拿來修佛寺。衣服裡面有一件袷衣（「紵褶」，就是新的袷衣），料子非常好，當然價錢也相當高。他的僕人就跟他講：「這一件還是留下來吧！」他說：「只要佛寺能修好，觀音聖像不被雨淋，我自己就是裸露、赤膊也無所謂。」

【原文】

僧垂淚曰：「捨銀及衣布，猶非難事。只此一點心，如何易得！」後功完，拉老父同遊，宿寺中，公夢伽藍來謝。

【譯文】

和尚聽後流著眼淚說：「施送銀兩和衣服布匹，還不是件難事。只是這一點誠心，怎麼容易得到呀！」後來房屋修好了，包憑就拉著他父親同遊這座佛寺，並且住在寺中。那天晚上，包憑做了一個夢，夢到寺裡的護法神來謝他。

【淺釋】

捨財施濟，在有錢的人家，不是難事。

他的真誠心——只顧到佛像，沒有想到自己，這點心意太難得了！

佛寺修好以後，他是功德主，寺裡邀請他去；他就請父親一道去。「宿寺中」，晚上就住在寺裡面。「公夢伽藍來謝」，「伽藍」是護法神，護法神在晚上托夢向他道謝。

【原文】

曰：「汝子當享世祿矣。」後子汴，孫樏芳，皆登第，做顯官。嘉善支立之父，為刑房吏，有囚無辜陷重闢。意哀之，欲求其生。

【譯文】

說：「你做了這些功德，你的兒子可以世世代代享受官祿了。」後來他的兒子包汴，孫子包樏芳，都中了進士，做了高官。浙江省嘉善縣有一個叫做支立的人，他的父親，在縣衙中的刑房當書辦。有一個囚犯，因為被人冤枉陷害，判了死罪。支書辦很可憐他，想要替他向上面的長官求情，寬免他不死。

【淺釋】

這是一念真誠心修補佛寺感得的善報——也是報在子孫，足見善惡行業是同體的。

「嘉善」是地名，在現在的浙江。「支立之父，為刑房吏，有囚無辜陷重闢。」有一個囚犯，被判了重刑，但是支立的父親知道他是冤枉的。

刑房吏（支立的父親）看到他非常可憐，想方法去開脫他的罪責。

【原文】

囚語其妻曰：「支公嘉意，愧無以報。明日延之下鄉，汝以身事之，彼或肯用意，則我可生也。」

【譯文】

那個囚犯曉得支書辦的好意之後，告訴他的妻子說：「支公的好意，

我覺得很慚愧，沒法子報答。明天請他到鄉下來，你就嫁給他，他或者會感念這份情，那麼我就可能有活命的機會了。」

【淺釋】

　　支立的父親知道這個人冤枉而憐憫他，想方法開脫他的刑罪。這是一樁好事情，不但救得一個人，也救了這個人一家。這個囚犯就在妻子來探監的時候告訴她：「支公嘉意，愧無以報」，支公有這麼好的心意，知道我冤枉，要開脫我的罪，可我沒有法子報答他。他說：「明日延之下鄉，汝以身事之，彼或肯用意，則我可生也。」他判的罪可能是死刑或是無期徒刑，是很重的罪。支立的父親，曉得這個事情，有意替他辦，所以囚犯囑咐他的妻子：「你去好好侍奉他，他能夠多幫點忙。」

【原文】

　　其妻泣而聽命。及至，妻自出勸酒，具告以夫意。支不聽，卒為盡力平反之。囚出獄，夫妻登門叩謝曰：「公如此厚德，晚世所稀，今無子。」

【譯文】

　　他的妻子聽了之後，沒別的辦法，就邊哭邊答應了。到了明天，支書辦到了鄉下，囚犯的妻子就自己出來勸支書辦喝酒，並且把他丈夫的意思，完全告訴了支書辦。但是支書辦沒有這樣做，不過還是盡了全力，替這個囚犯把案子平反了。後來，囚犯出獄，夫妻兩個人一起到支書辦家裡叩頭拜謝說：「您這樣厚德的人，在近代實在是少有，現在您沒有兒子。」

【淺釋】

　　把支先生請到他家裡去。「妻自出勸酒，具告以夫意。支不聽，卒為盡力平反之。」這是出於道義，他從事這個職務，是他應盡的責任。支公沒有兒子，家境也並不怎麼好——在公家做事，真正拿薪水、不貪

污，生活的確是相當清苦。囚犯出獄後，夫妻就一同前來拜謝支先生。

【原文】

「吾有弱女，送為箕帚妾，此則禮之可通者。」支為備禮而納之，生立，弱冠中魁，官至翰林孔目。

【譯文】

「我有一個女兒，願意送給您做掃地的小妾。這在情理上是可以說得通的。」支書辦聽了他的話，就預備了禮物，把這個囚犯的女兒迎娶為妾，後來生了一個兒子叫支立，才二十歲就中了舉人的前茅，官做到翰林院的書記。

【淺釋】

他說你們夫妻結婚這麼多年，沒有兒子，我有一個女兒成年了，願意送給你做妾，希望能夠給你綿延後代。這在禮法上是可以講得通的。

支立的父親娶囚之女為妾，果然生了兒子——也就是支立。「弱冠中魁，官至翰林孔目」，「弱冠」是二十幾歲；「中魁」就是考試高中。以後官做到「翰林孔目」，「孔目」是官名，相當於現在的主任秘書；「翰林院孔目」就好像現在中央研究院的主任秘書，地位也相當高。

【原文】

立生高，高生祿，皆貢為學博。祿生大綸，登第。凡此十條，所行不同，同歸於善而已。

【譯文】

後來支立的兒子叫做支高，支高的兒子叫支祿，都是貢生。而支祿的

兒子叫支大綸，也考中了進士。以上這十條故事，雖然每人所做的各不相同，不過行的都是一個善字罷了。

【淺釋】

這皆是救護無辜，而感應得的善報。

在這一章裡面，了凡先生舉了十個「積善得善報」的例子。這麼多人，可見得不是偶然的，而且這些人年代距離都很近，其中還有一兩個，跟了凡先生家裡有關係、有往來。可見得，「善有善報，惡有惡報」，絕對真實，一點都不假。

【原文】

若復精而言之，則善有真有假，有端有曲，有陰有陽，有是有非，有偏有正，有半有滿，有大有小，有難有易，皆當深辨。為善而不窮理，則自謂行持，豈知造孽，枉費苦心，無益也。

【譯文】

若是要再精細地加以分類來說，那麼做善事，有真的，有假的；有直的，有曲的；有陰的，有陽的；有是的，有不是的；有偏的，有正的；有一半的，有圓滿的；有大的，有小的；有難的，有易的。這種種都各有各的道理，都應該仔細地辨別。若是做善事，而不知道考究做善事的道理，就自誇自己做善事，做得怎樣有功德，哪裡知道這不是在做善事，而是在造孽。這樣做豈不是冤枉，白費苦心，得不到一些益處啊！

【淺釋】

修善最重要的是出於真誠而無所求，這是真善。有條件的善，不但不是善，而且是造惡。譬如我們這個時代不少人——尤其是佛教徒，不

●天目山

天目山位於浙江省臨安市，是一座將儒釋道三教文化溶於一體的名山。自東晉佛教傳入，天目山即有「天目靈山」之稱，歷代高僧輩出，相傳這裡是韋馱菩薩的道場。

明白佛陀教化眾生破除妄想執著的道理，他們來佛寺燒香拜佛，都是有所求而來的；他要沒有所求，就「無事不登三寶殿」。他在佛菩薩面前許願燒香拜佛，求佛菩薩保佑，目的達到之後再來還願供養奉獻──談條件，把佛菩薩當做什麼了！不但心不誠，且把佛菩薩當做惡勢力包庇者，豈非罪過！

　　支立的父親，是正人君子，囚犯那種做法，就等於把他當做小人看待。支立的父親不生氣，仍舊幫他忙，真是難中之難！所以他得的果報是應當的。前面舉十個例子，現在再講道理；也就是積善的事和理不可以不知道。

【原文】

　　何謂真假？昔有儒生數輩，謁中峰和尚。問曰：「佛氏論善惡報應，如影隨形。今某人善，而子孫不興；某人惡，而家門隆盛，佛說無稽矣。」

【譯文】

　　怎麼叫做真假呢？從前在元朝的時候有幾個讀書人，去拜見天目山的高僧中峰和尚。問說：「佛家講善惡的報應，像影子跟著身體一樣，人到哪裡，影子也到哪裡，永遠不分離。這是說行善，定有好報，造惡定有苦報，絕不會不報的。為什麼現在某一個人是行善的，他的子孫反而不興旺？有某一個人是作惡的，他的家反倒發達得很？那麼佛說的報應，倒是沒有憑據了。」

【淺釋】

　　先說真假。什麼是真善？什麼是假善？「中峰和尚」是元朝人，我們對他應該相當熟悉，因為常常拜讀的《三時繫念》就是中峰和尚編輯的，這是專修淨土的一個方法。那時有一些讀書人去拜訪中峰禪師。

　　佛家常講，道家也講：「因果報應，絲毫不爽。」他們說「今某人善，而子孫不興」，這是講現世，現前的善人子孫不好；「某人惡，而家門隆盛」，惡人反而「家門隆盛」。他們就說：「佛說無稽矣！」佛法說的果報與事實不符。拿這個問題來向中峰禪師請教。

【原文】

　　中峰云：「凡情未滌，正眼未開，認善為惡，指惡為善，往往有之。不憾己之是非顛倒，而反怨天之報應有差乎？」眾曰：「善惡何致相反？」

【譯文】

　　中峰和尚回答說：「平常人被世俗的見解所蒙蔽，這顆靈明的心，沒有洗滌乾淨，因此，法眼未開，所以把真的善行反認為是惡的，真的惡行反認為它是善的，這是常有的事情。並且看錯了，還不恨自己顛顛倒倒，怎麼反而抱怨天的報應錯了呢？」大家又說：「善就是善，惡就是惡，善惡哪裡會弄得相反呢？」

【淺釋】

　　一般人是肉眼凡夫——你的俗情，你的心地不乾淨；就是妄想執著還很多，沒有慧眼，看不到事實真相。「認善為惡，指惡為善」，善惡顛倒了，這就叫迷惑顛倒。「往往有之」，不但這樣的人在世間確實有，而且還很多。禪師客氣，不說很多，說有這種人就是了。

　　他不曉得自己反省，自己不辨是非，反而怨天尤人，說老天報應不公平。眾曰：「善惡何致相反？」世間迷人，為什麼把善看成惡，惡看成善？

【原文】

　　中峰令試言其狀。一人謂詈人毆人是惡，敬人禮人是善。中峰云：「未必然也。」一人謂貪財妄取是惡，廉潔有守是善。中峰云：「未必然也。」眾人歷言其狀，中峰皆謂不然，因請問。

【譯文】

　　中峰和尚聽了之後，便叫他們把所認為是善的、惡的事情都說出來。其中有一個人說：罵人、打人是惡；恭敬人、用禮貌待人是善。中峰和尚回答說：「你說的不一定對啊！」另外一個讀書人說：貪財、亂要錢是惡；不貪財、清清白白守正道是善。中峰和尚說：「你說的也不一定是對啊

！」那些讀書人，把各人平時所看到的種種善惡的行為都講出來，但是中峰和尚都說：「不一定全對啊！」那幾個讀書人，因為他們所說的善惡，中峰和尚都說他們說得不對，所以就請問和尚，究竟怎樣才是善？怎樣才是惡？

【淺釋】

中峰禪師就叫他們自己說說。一個人就講，「罵人毆人是惡」；「敬人禮人是善」。這是那些學生自己說的，他們善惡標準在此地──罵人、打人是惡；恭敬人、對人有禮是善。

中峰禪師說：「你的標準不可靠。」一個人又說：貪贓枉法是惡，廉潔有守有為的是好。中峰禪師又說：「未必然也。」「眾人歷言其狀，中峰皆謂不然」，這些標準禪師皆不同意。「因請問」，於是大家就請問老和尚，我們的標準你不同意，你的標準講給我們聽聽。

【原文】

中峰告之曰：「有益於人，是善，有益於己，是惡。」有益於人，則毆人、罵人皆善也；有益於己，則敬人、禮人皆惡也。

【譯文】

中峰和尚告訴他們說：「做對別人有益的事情，是善；做對自己有益的事情，是惡。」若是做的事情，可以使別人得到益處，哪怕是罵人、打人，也都是善；而有益於自己的事情，那麼就是恭敬人，用禮貌待人，也都是惡。

【淺釋】

這是佛法講的標準。「有益於人，則毆人罵人皆善也」，打他、罵他都是善。「有益於己，則敬人禮人皆惡也」，所謂有意討好、巴結、

諂媚之類是也。

【原文】

是故人之行善，利人者公，公則為真；利己者私，私則為假。

【譯文】

所以一個人做的善事，使旁人得到利益的就是公，公就是真了；只想自己要得到利益，就是私，私就是假了。

【淺釋】

這就找到一個真正的標準，這個標準就是存心利益社會大眾，為一切眾生造福，這是善。為大家造福，自己還要得相當的報酬，這是善裡夾雜著惡——善不純。先講真善、假善，後面還講圓滿的善、不圓滿的善摻雜在一起；有半滿、有圓滿，有純、有雜，都要搞清楚。

所以諸佛菩薩、世間聖賢沒有想到自己，完全是利益眾人，那是真善，那是圓滿的善。世間的人，不說別人，我們說范仲淹。范仲淹的行善、積善就是真實，就是圓滿，是我們的好榜樣。他從來沒有替自己著想，也沒有替兒女打算一下，一心一意只知為國家、為社會造福，連自己的身家都忘掉了。我們讀他的傳記，可知他自己積善，一家積善，子孫皆知行善。自己做到宰相，五個兒子中，有兩個做過宰相，一個做過御史大夫。可是他死後卻買不起棺材。錢到哪裡去了？全都拿來做社會福利事業了。所以印光大師讚歎他，說他的德行僅次於孔夫子。他的家庭一直到民國初年——八百年不衰，子子孫孫都好，這是積德積得厚。

我們今天行善，拿出自己百分之一二的力量來行善，已經覺得我是善人了！而且還要捨一得萬報！大家到佛寺來燒香佈施，為什麼？這個利潤最大——一本萬利。所以到佛門裡來燒香拜佛，心想這是一本萬利的生意（今天佈施一塊錢，明天得一個彩票中一萬塊），是這種心態到

佛門裡佈施修善的，冤不冤枉？把佛菩薩看得真連小人都不如了。所以有很多人到佛門時，你看他很虔誠拜佛念佛──但是他自己不好，他的家庭後世都不好，真正原因在此。好像不是有心把佛菩薩看成一個壞人，看成一個接受賄賂的人，可是有意無意地，他就是這種心態；雖然不明顯，還是有這個心態。這是絕大的錯誤！我們在公家辦事，要去拜託人，要送紅包；所以跟佛菩薩打交道也送紅包──接受拜託的都不是好人，那佛菩薩也接受紅包，收受賄賂，也就不是好人，這個罪就重了！

【原文】

又根心者真，襲跡者假；又無為而為者真；有為而為者假；皆當自考。何謂端曲？今人見謹愿之士，類稱為善而取之。

【譯文】

並且從良心上所發出來的善行是真，只不過是照例做做就算了的是假；還有，為善不求報答，不露痕跡，那麼所做的善事，是真；但是為了某一種目的，企圖有所得，才去做的善事，是假；像這樣的種種，自己都要仔細地考察。怎樣叫做端曲呢？現在的人，看見謹慎不倔強的人，大都稱他是善人，而且很看重他。

【淺釋】

「根心」，是從真誠裡發心的，這是「真善」；我們跟人家去做，不是發自於真心，這是「假善」。「無為」就是沒有希求，沒有希求的善是真善；行善而有所求就不是真善，就是「有為」了。「皆當自考」，自己要考量。

什麼是真善？什麼是假善？我們一定要從心地裡面去區別，才知道自己是不是在行善。貪財、妄取是惡，而中峰禪師說「未必然也」；如果取得是為了做好事、利益眾生，這也是善，不能算是惡。

常常有一些經商的來找我說：「五戒裡的不妄語他們不能持；因為

做生意天天打妄語，希望把別人荷包裡的錢，騙到自己的荷包裡來，不打妄語怎麼做生意？」我說：「真正行菩薩道，未嘗不可以。」現代的人，你勸他行善，他不肯；騙他，他肯。問題在哪裡？在我們自己不是菩薩心。如果用這種手段（當然這是一種非常手段），把他的錢財騙來了，替他做好事，你是行菩薩道；如果把他的錢騙來自己貪圖享受，就是惡了。凡夫不知道做好事，不知道行善，我們替他修善、替他修福，這是好事。所以單單看表面，確實善惡難分。善惡在心地——積大善、建大功都要從心地上去修。尤其是大菩薩，外表上不露痕跡，不注重小節，純粹是利人濟世，所以他的觀點，確實跟普通人不一樣。

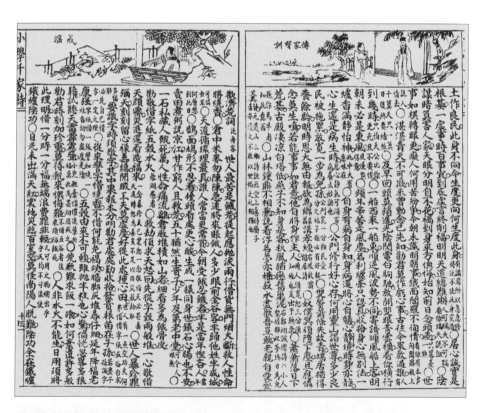

●傳家寶訓　戒謠

　　在宗教中，戒律指禁止教徒某些不當行為的法規。佛教中有五戒、十戒、八關齋戒、二百五十戒等，道教有五戒、十戒、一百八十戒等，均為防止身體、語言、思想上的過失而制定的。

「端」，是端莊正直，「曲」，是委曲婉轉。「今人見謹愿之士，類稱為善而取之」，見到唯命是從的、恭恭敬敬順從的人就認為這個人是好人。現在一般在位有權的人，想用人，都喜歡用這種人。為什麼？他聽話，叫他怎樣，他就怎樣；認為這是好人，喜歡用這種人。所謂願意用「奴才」，奴才聽話，一天到晚對你很恭敬，侍候你舒舒服服的。

【原文】

聖人則寧取狂狷。至於謹愿之士，雖一鄉皆好，而必以為德之賊；是世人之善惡，分明與聖人相反。

【譯文】

然而古時的聖賢，卻是寧願欣賞志氣高，只向前進的人，因為這種人才有擔當、有作為，可以教導他，使他上進。至於那些看起來謹慎小心卻是無用的好人，雖然在鄉里，大家都喜歡他；但是因為這種人的個性軟弱，隨波逐流，沒有志氣，所以聖人一定要說這種人，是傷害道德的賊。這樣看來，世俗人所說的善惡觀念，分明是和聖人相反。

【淺釋】

大聖大賢用人，不用鄉愿、謹愿。鄉愿之士，是一般人講的好人。聖賢所用的人才，往往倔強、傲慢，有時候還很無禮。為什麼？他有一技之長，值得驕傲，有時候不一定能順你的意思。可是這樣的人能幹、能辦事。那個老好人（人是好人），不能辦事，墨守成規，不能自動自發地做事情。所以聖賢人「寧取狂狷」，狷之人勇於進取，不拘小節。

「至於謹愿之士，雖一鄉皆好，而必以為德之賊」，這種好人往往不明事理、不辨是非，所以是「德之賊」。「德」是風俗道德，往往都被他們不知不覺當中破壞了。

「是世人之善惡，分明與聖人相反。」大聖大賢的善惡標準跟世人的善惡標準不一樣；即使在佛門中，大乘的善惡標準跟小乘的就不一樣

。小乘著重在事相上，所以小乘人守戒守得很嚴格，一點都不敢犯；大乘人你看他好像是不拘小節（小乘人看不起大乘人），大乘戒在心地，小乘戒在事相。

前面講的三種改過之法，小乘從事上改，大乘從心上改，不一樣。所以小乘就是「謹願之士」，大乘是「狂狷之人」，成就也不相同。譬如說大乘好像是不持戒，其實不然──他心地清淨平等，人家往生的瑞相，站著走、坐著走、不生病；小乘之人往往還是手忙腳亂。這就能看到結果。中國歷代大乘修學，明心見性、了生死、出三界確實不少！諸位在《高僧傳》、《神僧傳》、《居士傳》、《善女人傳》都能看到。《善女人傳》是專記在家女居士修行成就的。所以小乘不瞭解大乘，就是因為是、非、善、惡的標準不相同。

【原文】

推此一端，種種取捨，無有不謬。天地鬼神之福善禍淫，皆與聖人同是非，而不與世俗同取捨。

【譯文】

俗人說是善的，聖人反而說是惡；俗人說是惡的，聖人反而說是善。從這一個觀念，推廣到各種不同的事情來說，俗人所喜歡的或者是不喜歡的，完全不同於聖人。那還有不錯的嗎？天地鬼神庇佑善人報應惡人，他們都和聖人的看法是一樣的，聖賢以為是對的，天地鬼神也以為是對的；聖賢以為是錯的，天地鬼神也認為是錯的，而不和世俗人採取相同看法。

【淺釋】

這是真善、假善，聖人能很清楚地辨別。天地鬼神與聖人的標準相同，而不與世俗的標準相同。為什麼？因為天地鬼神與聖人的用心見解是一樣的。

216

【原文】

凡欲積善，絕不可徇耳目，惟從心源隱微處，默默洗滌。純是濟世之心則為端，苟有一毫媚世之心即為曲；純是愛人之心則為端，有一毫憤世之心即為曲；純是敬人之心則為端，有一毫玩世之心即為曲；皆當細辨。

【譯文】

所以凡要積功德，絕對不可以被耳朵所喜歡的聲音，眼睛所喜歡的景象所利用，而跟著感覺在走；必須要從起心動念隱微的地方，將自己的心，默默地洗滌清淨，不可讓邪惡的念頭，污染了自己的心。所以全是救濟世人的心，是直；如果存有一些討好世俗的心就是曲；全是愛人的心是直，如果有一絲一毫對世人怨恨不平的心就是曲；全是恭敬別人的心就是直，如果有一絲玩弄世人的心，就是曲；這些都應該細細地去分辨。

【淺釋】

我們真正要發心斷一切惡，修一切善。發心度自己，首先不可「徇耳目」，就是決定不可貪戀五欲六塵，一定要看淡。五欲六塵看不淡，你的自私自利斷不了！自私自利的意識是惡業的根源，由惡根所做的一切善，善也變成惡了。這就是為什麼世間人講的那些善，中峰和尚都不同意；不同意的根源就是你還有私心。有私心所做的一切善事，都希望獲得自私的利益，這個善就不真、不純。所以先要把五欲六塵看淡，然後逐漸捨掉，不受五欲六塵干擾，這樣才從「心源隱微處」——沒有人見到的地方、念頭才動的地方，就要覺察。

「洗滌」就是洗心。也是《無量壽經》講的「洗心易行」，「易」是換、改變——改變我們從前不善的行為，心地乾淨、光明，才充滿智慧！

「純是濟世之心」，只有一個念、一個心，利益一切眾生，幫助一切眾生，幫助他明理，幫助他破迷開悟。他只要明理，破迷開悟了，他

自然就會知道要斷惡、要修善。所以佛法在世間的第一大功德，就是說明人認識宇宙人生的真相。都認清了，十法界你願意去哪個法界，隨心所欲，佛不干涉，佛也不勉強；佛不是說「佛」好，你們都成佛，佛沒有這樣要求！佛希望你們成佛，但是絕不勉強你們。願意來生做人，佛就教你做人的道理；願意到三惡道，就搞貪、瞋、癡，到三惡道。佛不會去阻擾我們，也不會幫助我們，佛只教人破迷開悟。這是純真，所以這個叫「端」。

「苟有一毫媚世之心即為曲」，「媚」，簡單的說，就是巴結討好群眾之心，取得世間名聞利養；就是以不正當的手段，求取名聞利養為目的。他所做的一切善事、善行都是「曲」，不是端。

「純是敬人之心則為端；有一毫玩世之心即為曲，皆當細辨」，處世的態度應當謹慎，慎就是慎重。待人、接物、處事都要用謹慎恭敬的態度，玩世不恭是錯誤的，不可以不辨別清楚。

【原文】

何謂陰陽？凡為善而人知之，則為陽善；為善而人不知，則為陰德。陰德天報之，陽善享世名。名，亦福也。名者，造物所忌，世之享盛名而實不副者，多有奇禍。人之無過咎而橫被惡名者，子孫往往驟發，陰陽之際微矣哉！

【譯文】

什麼叫做陰陽呢？凡是一個人做善事被人知道，叫做陽善；做善事而別人不知道，叫做陰德。有陰德的人，上天自然會知道並且會報酬他的。有陽善的人，大家都曉得他，稱讚他，他便享受世上的美名。享受好名聲，雖然也是福，但是名這個東西，為天地所忌，天地是不喜歡愛名之人的。在世界上享受極大名聲的人，而他實際上沒有功德，常會遭遇到料想不到的橫禍；並沒有過失差錯，反倒被冤枉，無緣無故被人栽上惡名的人，他的子孫，常常會忽然間發達起來。這樣看來，陰德和陽善的分別，真是

細微得很，不可以不加以分辨啊！

【淺釋】

「何謂陰陽？」這一條也很重要。古聖先賢都叫我們要積陰德，什麼是陰德？

「凡為善而人知之，則為陽善；」你所做的善事、善行，大家都知道，人人看到都讚歎你——讚歎就是福報。政府表揚，送個匾額給你掛著（你是好人，你做了很多好事），果報都報掉了！

「為善而人不知，則為陰德。」所以諸位要曉得，無論做多少善事，不必要讓人知道，則善果永遠就積在那裡，而不求現報，叫「積善」。別人知道了，善就積不住，隨修隨報，到後來一點善果都沒有了，反而造了很多惡。惡慢慢積，愈積愈多，後果就不堪設想。

● 發善心軫念流民

神宗時王安石變法，擾害百姓，又逢大旱，年歲饑荒，東北一帶的百姓都流移轉徙，死亡離散。光州司法參軍鄭俠作流民圖進在御前。神宗遂將新法為民害者罷革不行。鄭俠之行，乃心懷天下之大善也。

「陽善享世名。名，亦福也。」現在我們講知名度，知名度就是「名」。人貪名、好名！名也是福報之一，為善以此報掉了。而且「名者，造物所忌」，造物，是講天地鬼神。上天容易忌諱聲名。

「世之享盛名而實不副者，多有奇禍。」「奇禍」，就是有非常的災難。你的名跟你的德行不相符，實禍隨之而來。

「人之無過咎」，這個人沒有什麼過失。

「而橫被惡名者」，別人都嫌棄他、冤枉他、侮辱他，但他並沒有什麼過惡。

「子孫不往往驟發，陰陽之際微矣哉！」所以積功累德，自己默默地去做，知道的人愈少愈好；也不必要人家讚歎恭敬。人家愈是不滿意，愈是忌妒、譭謗愈好。為什麼呢？因為這些譭謗、障礙，是來消自己罪業的。罪業都報掉了，你的善德愈積愈厚，後來果報就大。所以「子孫往往驟發」，「驟發」就是突然發達。細觀今日許多發達者，其先人多類此。明白這個道理，我們才真正曉得陰德之可貴。

【原文】

何謂是非？魯國之法。魯人有贖人臣妾於諸侯，皆受金於府，子貢贖人而不受金。

【譯文】

怎樣叫做是非呢？從前春秋時代的魯國定有一種法律，凡是魯國人被別的國家抓去做奴隸，若有人肯出錢，把這些人贖回來，就可以向官府領取賞金。但是孔子的學生子貢，他很有錢，雖然也替人贖回被抓去的人，子貢卻不肯接受魯國的賞金。他不肯接受賞金，純粹是幫助他人，本意是很好。

【淺釋】

「是非」很難辨別，因為我們世間人的標準，跟聖賢人的標準也不

相同。

「魯國之法」，春秋時候魯國的法律。

「魯人有贖人臣妾於諸侯，皆受金於府」，「府」是官府。這些人為什麼會到諸侯家裡面去做臣妾呢？（「臣妾」就是傭人）他們都是有罪、犯法的人，分發在達官顯要家中服勞役。只要有人肯拿錢把他贖回來，就等於替他繳罰金，他就可以恢復自由，這是好事情！政府獎勵社會上有錢的人多做一些好事，能幫助這些人恢復自由，讓他改過自新，重新做人。

「子貢贖人而不受金。」子貢在諸侯家裡，把傭人贖回來，但政府的獎勵他不接受。

【原文】

孔子聞而惡之，曰：「賜失之矣！」夫聖人舉事，可以移風易俗，而教道可施於百姓，非獨適己之行也。今魯國富者寡而貧者眾，受金則為不廉，何以相贖乎？自今以後，不復贖人於諸侯矣。

【譯文】

但是孔子聽到之後，很不高興地說：「這件事子貢做錯了。」凡是聖賢無論做什麼事情，都是要做了以後，能把風俗變好，可以教訓，引導百姓做好人，這種事才可以做；不是單單為了自己覺得爽快稱心，就去做的。現在魯國富有的人少，窮苦的人多；若是受了賞金就算是貪財；那麼不肯受貪財之名的人，和錢不多的人，就不肯去贖人了。一定要很有錢的人，才會去贖人。如果這樣的話，恐怕從此以後，就不會再有人向諸侯贖人了。

【淺釋】

　　子貢不接受政府的獎勵，孔子聽了很不高興，說：「賜失之矣！」「賜」是子貢的名字，老師叫學生是稱名字。說：「賜，你做錯了！」

　　「夫聖人舉事，可以移風易俗，而教道可施於百姓」，這就是聖人的是非觀念，跟世人不一樣。他看的是整個社會，希望建立良好的風俗習慣、道德標準；聖人的教導是為普通老百姓建立的，不是為個人。如果單就個人來講，子貢這種做法是難能可貴、值得讚歎的；但是他把習俗、習慣破壞了，他的過失在此。

　　「非獨適己之行也」，不是為某個人。

　　「今魯國富者寡而貧者眾」，在當時，魯國社會上貧窮的人多，富有的人少。

　　「受金則為不廉，何以相贖乎？自今以後，不復贖人於諸侯矣」，政府的獎勵對一般百姓有鼓舞的作用，今天子貢不接受獎勵，大家稱你是好人；以後有人做這件事情，政府的獎勵，他們也就不敢接受了。一接受，人家就說是為圖獎勵而做的，於是大家都不願做了，那麼政府這個好的制度就被破壞了。如果要鼓勵一般人都行善事，子貢應當要接受政府獎勵，不是為了個人，而是為社會大眾。這是聖人與常人見解不同處。

【原文】

　　子路拯人於溺，其人謝之以牛，子路受之。孔子喜曰：「自今魯國，多拯人於溺矣！」

【譯文】

　　子路看見一個人，跌在水裡，把他救了上來。那個人送一隻牛來答謝子路，子路就接受了。孔子知道後，很欣慰地說：「從今以後，魯國就會有很多人，自動到深水大河中去救人了。」

【淺釋】

子路在路上，看到一個人掉在水裡，快要淹死了，就下去把他救上來。這個人牽一頭牛給子路，感謝他的救命之恩，子路就接受了。孔夫子知道了很歡喜，讚歎子路說：「從今以後，魯國人多拯人於溺矣！」人有急難的時候，勇於救人的人就多了。為什麼？被救的人一定感謝，救人的人他也會接受感謝，這是鼓勵大家救助災難。

【原文】

自俗眼觀之，子貢不受金為優，子路之受牛為劣。孔子則取由而黜賜焉。乃知人之為善，不論現行，而論流弊；不論一時，而論久遠；不論一身，而論天下。

【譯文】

這兩件事，用世俗的眼光來看，子貢不接受賞金是好的，子路接受牛，是不好的。不料孔子反而稱讚子路，責備子貢。照這樣看來，要知道一個人做善事，不能只看眼前的效果，而要講究是不是會產生流傳下去的弊端；不能只論一時的影響，而是要講究長遠的是非；不能只論個人的得失，而是要講究它關係天下大眾的影響。

【淺釋】

這是孔子的真實教誨，應當切記，深思篤行。

「孔子則取由而黜賜焉」，孔子的看法跟世間人剛好相反，他讚歎子路，而不贊成子貢的做法，這是有很深的道理的。

「乃知人之為善，不論現行，而論流弊；不論一時，而論久遠；不論一身，而論天下。」大聖大賢，眼光看得遠大、看得深微；凡夫眼光淺近，只看眼前，不知道人的行為對於後世的影響。我們要為整個社會、國家乃至於整個世界來設想，於後世的歷史來觀察，這樣你的看法就完全不相同了，你就會知道孔夫子的看法是正確的。所以善惡不能只看眼前現行，還要曉得它對歷史、對後世久遠的影響，是正面的，還是負

面的。

【原文】

現行雖善，而其流足以害人，則似善而實非也。現行雖不善，而其流足以濟人，則非善而實是也。然此就一節論之耳。他如非義之義，非禮之禮，非信之信，非慈之慈，皆當抉擇。

【譯文】

現在所為，雖然是善，但是如果流傳下去，對人有害，那就雖然像善，實際還不是善。現在所行，雖然不是善，但是如果流傳下去，能夠幫助人，那就雖然像不善，實際卻是善！這只不過是拿一件事情來講講罷了。說到其他種種，還有很多。例如：一個人應該做的事情，叫做義，但是有的時候，做該做的事，也會做錯，做了反而壞事。譬如壞人，可以不必寬放他，有人寬放他，這事情不能說不是義；但是寬放了這個壞人，反而使他的膽子更大，壞事做得更多；結果旁人受害，自己也犯罪；倒不如不要寬放他，給他懲戒，使他不再犯罪的好。不寬放他，是非義，使這個人不再犯罪，是義，這就叫做非義之義。禮貌是人人應該有的，但是要有分寸，用禮貌對待人，是禮；但若是過分，反而使人驕傲起來，就成為非禮了，這就叫做非禮之禮。信用雖要緊，但是也要看狀況，譬如：顧全小的信用，是信；要顧全小信，卻誤了大事；反而使得大信，不能顧全，此變成非信了，這就叫做非信之信。愛人本來是慈，但是因為過分的慈愛，反而使人膽子變大，闖出大禍，那就變成不慈了，這就叫做非慈之慈。這些問題，都應該細細地加以判斷，分別清楚。

【淺釋】

從現行表面上看是善，實際上不善；在一個人是善，在一時是善，在一個社會是不善，在後世是不善。所以佛法裡面講善惡就不講「現行」。今世善不是真善；後世善、生生世世都善，佛說這是善。現在是善

，來世不善，後世不善，要到三途地獄去，這不是善；這一世善，來世善，後世更善，這才叫做真善。

像子路接受人家的牛，好像是不善；「而其流足以濟人，則非善而實是也」。「然此就一節論之耳」，這是就一樁事情來說明，什麼叫「是」，什麼是「非」。

「他如非義之義，非禮之禮，非信之信，非慈之慈，皆當抉擇。」什麼叫「道義」？什麼是「禮敬」？什麼是「信用」？什麼是「慈愛」？這裡都有「是」有「非」，如果不能辨別，往往自以為行善，其實造了大惡。講修福，沒有智慧的人怎麼修福？想修福就要有福、要有慧；沒有福慧，想修福也修不到福。

●子路為親負米

孔子的弟子子路早年家貧，自己常常靠野菜充饑，但是他卻從百里之外背米回家侍奉雙親。後來，他做了大官。了凡認為，以孝為先，這樣的人必將會種下陰德，得到好的結果。

【原文】

何謂偏正？昔呂文懿公初辭相位，歸故里，海內仰之，如泰山北斗。有一鄉人，醉而詈之，呂公不動，謂其僕曰：「醉者勿與較也。」閉門謝之。逾年，其人犯死刑入獄。呂公始悔之曰：「使當時稍與計較，送公家責治，可以小懲而大戒；吾當時只欲存心於厚，不謂養成其惡，以至於此。」此以善心而行惡事者也。

【譯文】

什麼叫做偏正呢？從前明朝的宰相呂文懿公剛剛辭掉宰相的官位，回到家鄉來，因為他做官清廉、公正，全國的人都敬佩他，就像是群山拱衛著泰山，眾星環繞著北斗星一樣。獨獨有一個鄉下人，喝醉酒後，謾罵呂公。但是呂公並沒有因為被他罵而生氣，並向自己的僕人說：「這個人喝酒醉了，不要和他計較。」呂公就關了門，不理睬他。過了一年，這個人犯了死罪入獄，呂公方才懊悔地講：「若是當時同他計較，將他送到官府治罪，可以藉小懲罰而收到大儆戒的效果，他就不至於犯下死罪了。我當時只想心存厚道，所以就輕易放過他；哪知道，反而養成他天不怕地不怕的亡命之徒的惡性。他以為就算是罵宰相，也沒什麼大不了，一直到犯下死罪，送了性命。」這就是存善心，反倒做了惡事的一個例子。

【淺釋】

呂文懿公告老返鄉，就是現在講的退休。古代的制度，宰相就相當於現在的行政院長。雖然退休，他的德望功勳為世人所敬仰。「泰山北斗」，比喻高。

「有一鄉人，醉而詈之，呂公不動，謂其僕曰：『醉者勿與較也。』閉門謝之。」同鄉有一個人，喝醉了酒，牢騷滿腹，遇到呂先生就罵。呂先生做過宰相，度量大，有涵養，不跟他計較，對自己的傭人說：

「他喝醉了，不要跟他計較。」關上家門不再理睬他。

「逾年，其人犯死刑入獄」，過了一年，聽說這個人犯了重罪，判死刑入獄了。

「呂公始悔之」，呂老先生才後悔，上次遭遇的事情處置錯了！說：「使當時稍與計較，送公家責治，可以小懲而大戒。」當時如果跟他計較，捉他去監牢關幾天，使他收斂一點，可能不致於犯今日之死罪。

「此以善心而行惡事者也。」這種例子太多了──善心造了大惡。尤其是現在一些年輕的父母，溺愛兒女；到兒女長大了，不孝順父母、為非作歹，才曉得自己大錯特錯了！小孩就是要從小教起──少成若天性。小時候如果不嚴加管教，長大了就沒法子教了；必然是背叛父母，父母對他稍微有點不好，他就不滿意。這還得了！

從前中國古老的刑罰裡有一條叫「親權處分」──是父母說我這兒子不孝，你把我的兒子判死刑，殺了他！法官馬上判，什麼都不要審了！「親權」是第一等處分，所以從前兒女怕父母。父母若告狀，法官不審就定案了。父母說給他坐三年牢，馬上就批准。為什麼？那是「父母之命」，沒話講的，不必審，大家認為這是絕對正確的。哪個做父母的不愛兒女呢？父母不愛你，你在社會上就不能做人了，社會自然也不要你了。「親權處分」好像在民國二十幾年還有，以後廢除掉了。有這一條法律，的確兒子不敢不孝。不孝，國家法律要治罪的；而且還沒有辦法請律師，都不能請的──親權沒有辯護的。這是真正值得我們去反省深思的。

【原文】

又有以噁心而行善事者。如某家大富，值歲荒，窮民白晝搶粟於市；告之縣，縣不理，窮民愈肆；遂私執而困辱之，眾始定，不然幾亂矣。

【譯文】

也有存了噁心，反倒做了善事的例子。如有一個大富人家，碰到荒年，窮人們大白天在市場上搶他家的米；這個大富人家，便告到縣官那裡，縣官偏偏又不受理這個案子，窮人因此膽子更大，愈加放肆橫行了。於是這個大富人家就私底下把搶米的人捉起來關押，還出他的醜，那些搶米的人，怕這大富人家捉人，反倒安定下來，不再搶了。若不是因為這樣，市面上幾乎大亂了。

【淺釋】

遇到荒年收成不好，「窮民白晝搶粟於市」，「粟」就是糧食，貧民到處去搶糧。

「告之縣，縣不理」，到縣政府告狀，縣政府怕群眾暴亂，不敢阻攔。

「窮民愈肆」，搶劫的風氣愈來愈盛，縣官也管不了。怎麼辦呢？

「遂私執而困辱之，眾始定」，他自己把這些搶劫的人抓來，私自用刑，把事情平定了。如果事情不平定，「幾亂矣」，幾乎地方就要發生動亂，不能收拾了。這是以噁心、惡行，對社會做了一樁好事。

【原文】

故善者為正，惡者為偏，人皆知之。其以善心而行惡事者，正中偏也；以噁心而行善事者，偏中正也。不可不知也。

【譯文】

所以善是正，惡是偏，這是大家都知道的。但是也有存善心，反倒做了惡事的例子，這是存心雖正，結果正成偏，只可稱作正中的偏；不過也有存噁心，反倒做了善事的例子，這是存心雖偏，結果反成正，只可稱作偏中的正。這種道理大家不可不知道。

【淺釋】

什麼叫「正」？什麼叫「偏」？善心是「正」，惡事是「偏」，「人皆知之」。「其以善心而行惡事者，正中偏也。」像前面所說的呂老先生，就是以善心做了一件惡事；這就是「正中偏」。

「以噁心而行善事者，偏中正也。不可不知也。」但是善惡的標準都要從對社會、對世道人心之影響而論斷。如果說他們來搶我家的糧食，縣官也不管；我家裡傭人多，我們組織起來反抗，把暴民制止，用刑罰加之於他們──這是私刑，不是一件好事；但是為了保護自己的生命財產，他做了一樁什麼善事呢？這對社會安定幫助很大──使暴民不至於為害地方，引起整個社會的動盪不安。這是為了私心替大眾做了一樁好的事情，這個是「偏中正」。

【原文】

何謂半滿？易曰：「善不積，不足以成名；惡不積，不足以滅身。」書曰：「商罪貫盈，如貯物於器。」勤而積之，則滿；懈而不積，則不滿。此一說也。

【譯文】

怎樣叫做半滿的善呢？《易經》上說：「一個人不積善，不會成就好的名譽；不積惡，則不會有殺身的大禍。」《書經》上說：「商朝的罪孽已經盈滿了，如同器皿中盛滿了東西。」如果你很勤奮的，天天去儲積，那麼終有一天就會積滿。如果懶惰些，不去收藏積存，那就不會滿。所說的積善、積惡，也像儲存東西一樣。這是講半善滿善的一種說法。

【淺釋】

這是古聖先賢的教訓，後人尊稱為經。這個教訓是真理──超越時間、超越空間。「積善成名，積惡滅身」，絕對真實、正確。

比如有一個器皿，我們要想在裡面存東西，存久就滿了；如果不存，它不會滿的。這就是要知道積善的重要，而不可積惡以自取滅亡！

●經輪緣起

　　梁朝東陽的傅弘認為求佛重在內心。於是建經輪，發下誓願：誠心轉輪一周，功效與誦經相同。可見，要修福，其實不在乎施錢多少、事大事小，只要心真切，盡心盡力。

【原文】

　　昔有某氏女入寺，欲施而無財，止有錢二文，捐而與之，主席者親為懺悔；及後入宮富貴，攜數千金入寺捨之，主僧惟令其徒迴向而已。因問曰：「吾前施錢二文，師親為懺悔，今施數千金，而師不迴向，何也？」曰：「前者物雖薄，而施心甚真，非老僧親懺，不足報德。今物雖厚，而施心不若前日之切，令人代懺足矣。」此千金為半，而二文為滿也。

【譯文】

　　從前有一戶人家的女子，到佛寺裡去，想要送些錢給寺裡，可惜身上沒有多少的錢，只有兩文錢，就拿來佈施給和尚。而寺裡的首席和尚，竟然親自替她在佛前迴向，求懺悔滅罪。後來這位女子進了皇宮做了貴妃，富貴之後，便帶了幾千兩的銀子來寺裡佈施。但是這位主僧，卻只是叫他的徒弟，替那個女子迴向罷了。那個女子不懂前後兩次的佈施，為什麼待遇差別如此之大，就問主僧說：「我從前不過佈施兩文錢，師父就親自替我懺悔。現在我佈施了幾千兩銀子，而師父不替我迴向，不知是什麼道理？」主僧回答她說：「從前佈施的銀子雖然少，但是你佈施的心，很真切虔誠，所以非我老和尚親自替你懺悔，便不足以報答你佈施的功德。現在佈施的錢雖然多，但是你佈施的心，不像從前真切，所以叫人代你懺悔，也就夠了。」這就是幾千兩銀子的佈施，只算是半善；而兩文錢的佈施，卻算是滿善，道理在此。

【淺釋】

　　這是佛家的公案。從前有一位女居士到佛寺裡想佈施，但沒有錢。「止有錢二文，捐而與之」，只有兩文錢（從前兩文錢是很少很少的），她拿去捐在佛寺裡做功德。「主席者親為懺悔」，「主席」就是佛寺的方丈，因她心誠，親自給她懺悔，給她祝福。「及後入宮富貴」，沒想到這個女子的命還不錯，以後進入到宮廷裡面，做了皇帝的妃子——

變富貴了。

「攜數千金入寺捨之」，帶了幾千兩的銀子到寺院來做佛事。

「主僧惟令其徒迴向而已」，主持老和尚沒有親自給她迴向，只叫他的徒弟給她拜懺消災迴向。

「因問曰：『吾前施錢二文，師親為懺悔，今施數千金，而師不迴向，何也？』」老和尚很有道德；不像現在，有許多不如法的事情。從前有道德的人不論施財多少，但看修福的人心是否真誠。如果是真心修福，再少的錢都要親自給他主持；如果心地不是很虔誠，則用不著老和尚親自去操心。這老和尚就告訴她，曰：「前者物雖薄，而施心甚真」，從前你雖只施兩文錢，但是你的心真誠，「非老僧親懺，不足報德」；今日你得到富貴，施金雖多，而施心不切。這是她從前心真，真誠地在三寶裡修福，老和尚親自給她修懺悔；她這是捨一得萬報，她真的得到了。

現在她已經富貴了，但對於佛法上那種虔誠的心，被富貴榮華淹沒了，退轉了。「今物雖厚，而施心不若前日之切，令人代懺足矣！」我派徒弟代表我替你懺悔就夠了！其實老和尚這個舉止就是喚醒她，真正是大慈大悲──機會教育，教她真正回頭。這個人是個可救之人，不是不可救。

「此千金為半，而二文為滿也。」從前施二文，她的福報是圓滿的；現在佈施千金，得到的福報是一半──不圓滿。所以諸位同修要知道，我們修福，念念圓滿，確實不在乎施錢多少，不在乎做得多少；心真切，盡心盡力就是念念圓滿。

【原文】

鐘離授丹於呂祖，點鐵為金，可以濟世。呂問曰：「終變否？」曰：「五百年後，當復本質。」呂曰：「如此，則害五百年後人矣，吾不願為也。」曰：「修仙要積三千功行，汝此一言，三千功行已滿矣。」此又一說也。

【譯文】

　　漢朝人鐘離把他煉丹的方法，傳給呂洞賓，用丹點在鐵上，鐵就能變成黃金，可拿來救濟世上的窮人。呂洞賓問鐘離說：「變了金，到底會不會再變回鐵呢？」鐘離回答說：「五百年以後，仍舊要變回原來的鐵。」呂洞賓聽了說：「像這樣就會害了五百年以後的人，我不願意做這樣的事情。」鐘離教呂洞賓點鐵成金，不過是試試他的心而已。現在知道呂洞賓存心善良，所以對他說：「修仙要積滿三千件功德，聽你這句話，你的三千件功德，已經做圓滿了。」這是半善滿善的又一種講法。

【淺釋】

　　中國人很尊敬「八仙」，呂洞賓是其中一位，唐朝鐘離權也是一位。呂洞賓當年跟鐘離權學點鐵成金術，鐘離權告訴他：「點鐵為金，可以濟世。」你「點鐵成金」可以幫助一些貧困人，幫助他發財，幫助他富有，解決他的貧困問題。

　　「呂問曰：『終變否？』」呂洞賓問：「此金以後會不會再變為鐵？」鐘離權告訴他：「五百年後，當復本質。」五百年後金才會變成鐵。呂祖說：「如此，則害五百年後人矣！吾不願為也。」雖然利益現在的人，但害了後人，這個事情做不得！我們看看現代人，現前只要能得到便宜，他怎會想到後來會害人？由此可知，世道人心發生了怎樣的變化。

　　道教講：「修行要積三千功德。」就是說要做三千樁好事，就有資格修道。道教的條件比佛法的條件寬得多了！佛法的條件比這個要嚴，佛法是清淨心才能入道，才能成為一個法器；道家的條件是修三千善，他不是講清淨心，是講善心，是真正的善心，才有資格傳道給你。所以他的條件是善心、善人；佛法的條件是清淨心──比善還要難修。

　　他這樣的存心，三千功德圓滿了。他不害一切眾生，實在講超越了三千善行，一念就圓滿了。像了凡先生做的減租一事，他這一念，一萬條善事就圓滿了。這是在心地上修。

【原文】

又為善而心不著善，則隨所成就，皆得圓滿；心著於善，雖終身勤勵，止於半善而已。譬如以財濟人，內不見己，外不見人，中不見所施之物，是謂三輪體空，是謂一心清淨，則斗粟可以種無涯之福，一文可以消千劫之罪。

【譯文】

一個人做善事，而內心不可叨念，彷彿自己做了一件不得了的善事；能夠這樣，那麼就隨便你所做的任何善事，都能夠成功而且圓滿。若是做了件善事，這個心就牢記在這件善事上；雖然一生都很勤勉地做善事，也只不過是半善而已。譬如拿錢去救濟人，要內不見佈施的我，外不見受佈施的人，中不見佈施的錢，這才叫做三輪體空，也叫做一心清淨。如果能夠這樣的佈施，縱使佈施不過一斗米，也可以種下無邊無涯的福了；即使佈施一文錢，也可以消除一千劫所造的罪了。

【淺釋】

盡心盡力就是「圓滿」，心與力都沒有盡，還留一部分，這個善是「半善」。所以積功累德一定要盡心盡力。世間人不瞭解事實真相，對於聖教懷疑，就是煩惱裡「貪、瞋、癡、慢、疑」的「疑」。你說的，我們聽了也信；叫我們修善、佈施，總是要留一點，總是不能全心全力地佈施。想到若是全都佈施了，明天生活怎麼辦？這是心裡面有「疑」，不能果斷，無有智慧，所修的善都是半善，都不是滿分的善。所以往往修善得不到好的果報，也不能立刻得到果報。你要曉得原因在哪裡。

如果你真正肯修，對於聖教完全明瞭、信從，一點也不懷疑。（但是世間人講你傻！你迷信！我們有時想想，講的也似有道理，因而善心不敢發、善事不敢為，你的善心已為邪見所轉了。）果然相信，果然肯做，果報是顯著的，不只像《了凡四訓》所說的，是真實不可思議！讀了這本書，你決定要深信，你要有膽量承當。只要真心去做，捨一何只

●成等正覺

《普曜經》說，菩薩自知已經棄惡本，斷除生死煩惱，無所欠缺。他在明星出現時，廓然大悟，廣菩提樹下證得無上正真之道，為最正覺。這是佛教認為的真正自在。

得萬報？這一點都不錯。如果貪著「捨一得萬報」才發心，那不是真心；雖然捨盡了，當然還是可以得到——得到的是「半」，不是「滿」。

捨財決定得財富，捨法決定得智慧，無畏佈施決定得健康長壽。因緣果報是真理——天經地義。真心去做，不求富貴，不求財富，也不求聰明智慧，也不求健康長壽——什麼都不求，你得到的必定是樣樣都圓滿。這多自在！有求的心還是能得到，但得到的不圓滿。為什麼呢？因為你一無所求，你的心純真，你行的善稱性；性德流露，果報不可思議，其受用就是西方極樂世界、華藏世界。諸佛淨土，皆從性德流露出來；有一念希求，不稱性了，你所得的功名富貴、健康長壽是修來的——修來的會失掉，是有限的、有範圍的、有大小的、有長短的，是享受得盡的。

唯有性德，它跟真如本性一樣——不生不滅、無有窮盡，這才叫真正自在。要不是一個大福大智的人，誰肯把自己的利益捨得乾乾淨淨？沒有人願意這樣做的。所以真正的大福，唯有諸佛菩薩在修；二乘人都不能修，二乘人怕麻煩。譬如度眾生，我好心去幫助他，他不接受，還

要譭謗侮辱，算了，不度他！這就不行了，這就不圓滿了。菩薩則不然，他知道眾生的煩惱習氣，種種忤逆，菩薩也不在意，還是很耐心、很慈悲地去度他。所以菩薩用心跟阿羅漢、闢支佛不一樣。阿羅漢、闢支佛還是用意識心；佛菩薩是用真心。你要求真正的富貴，其實富貴不是求來的，本性裡本來俱足。諸佛教人無非是開發自性真實富貴，就是明心見性。

　　所以佛弟子的修學目標，其中一個就是迴向實際，開發自性。自性裡什麼都俱足，我不向外求，只求開發自性。自性裡有無量的智慧、無量的寶藏，取之不盡，用之不竭。每個人都有自己的寶庫，都是世出世間最富有的，可惜自己不曉得；唯有最聰明的、最富有的佛陀，教我們開發自性。因此佛的恩德就無比了，佛的恩德第一大！這些真實的道理、事實的真相，我們一定要知道。

　　用真心，確實「斗粟可以種無涯之福」，「粟」是糧食，「斗粟」是一斗糧食，可以造沒有邊際的福。因為它稱性。

　　「一文可以消千劫之罪」，以一文錢供養三寶，能消千劫之罪。《楞嚴經》上說得很好，末法時期「邪師說法，如恒河沙」。表面很像佛教，實際裡面所作所為是妖魔鬼怪。我們今天要想種福、修德，到哪裡去種？萬一這寺院是妖魔鬼怪，我們不但福沒種上，可能還要作惡！諸位要曉得，佛法講的是「心地法門」。如果你是真心來拜佛，這個佛就是阿彌陀佛，就是釋迦牟尼佛，是自己真誠心的感應。我的心正，縱然是邪魔外道的廟我去拜，也正──也是佛菩薩，也是正神；我心不正，雖然是正法道場，我去拜，所感應的也是妖邪。

　　若說末法時期沒有地方好修行，那就錯了！真正道場是在心地。《維摩詰經》上講「真心是道場」、「清淨心是道場」、「慈悲心是道場」；道場在心裡。我心有道，我到哪裡都有道場；我的心正，到什麼地方都是正法；這才叫「境隨心轉」，外面境界都隨我心轉變。諸位同修果能明白這個道理，認真修學，大家都修，則社會有福，國家有福了。

【原文】

　　倘此心未忘，雖黃金萬鎰，福不滿也。此又一說也。何謂大小？昔衛仲達為館職，被攝至冥司，主者命吏呈善惡二錄，比至，則惡錄盈庭，其善錄一軸，僅如箸而已。索秤稱之，則盈庭者反輕，而如箸者反重。仲達曰：「某年未四十，安得過惡如是多乎？」曰：「一念不正即是，不待犯也。」

【譯文】

　　如果這個心，不能夠忘掉所做的善事；雖然用了二十萬兩黃金去救濟別人，還是不能夠得到圓滿的福。這又是一種說法。怎麼叫做大善小善呢？從前有一個人，叫做衛仲達，在翰林院裡做官，有一次被鬼卒把他的魂引到了陰間。陰間的主審判官，吩咐手下的書辦，把他在陽間所做的善事、惡事兩種冊子送上來。等冊子送到一看，他的惡事冊子，多得竟攤滿了一院子；而善事的冊子，只不過像一支筷子那樣小罷了。主審官又吩咐拿秤來稱稱看，那攤滿院子的惡冊子反而比較輕，而像一支筷子那樣小卷的善冊子反而比較重。衛仲達就問說：「我年紀還不到四十歲，哪會犯這麼多的過失罪惡呢？」主審官說：「只要一個念頭不正，就是罪惡，不必等到你去犯，譬如看見女色，動了壞念頭，那就是犯過。」

【淺釋】

　　「未忘」，就是沒有把這些妄想雜念除掉；縱然是「黃金萬鎰」拿來佈施，所得的福都不是圓滿的。這是講「半滿」。

　　福善有大有小。古人有個故事，從前「衛仲達為館職」，「館職」——一種是教書的先生，一種是服務於政府機關，如翰林院類者。「被攝至冥司」，有一天他被小鬼抓去見閻羅王，閻羅王就審判他，叫判官把他的檔案拿出來。

　　每一個人一生都有善、有惡，就有善、惡兩本記錄；在閻羅王、鬼王那裡都有檔案，故了凡先生教我們要發「敬畏之心。」檔案拿來之後

237

漢文帝

● 漢文帝露臺惜費

　　為天下百姓做善事，那麼事雖少功德卻大；只是為了個人利益，那麼善事雖多功德卻小，這就是善事大小之別。漢文帝想建露頂高臺，但一想到大興土木的錢足以使十戶中等水準人家辦置產業，便停止了建露頂高臺的想法，為百姓謀福，是很大的善行。

，看到記錄惡的不只一本，搬了一大堆出來，都是他造惡的記錄。而作善的記錄卻「如箸」。他一生做的善就只有一卷；所造的惡有幾十本之多。把他造的惡和善稱稱，看哪個重？結果所造的惡還不重；惡是很多，可能是沒有大惡。就好像記過一樣，小過記了很多，沒什麼大過失；所以一個大善就抵「盈庭」之小惡。這一稱，閻羅王也歡喜了，這個人畢竟還是一個善人。

所以仲達就問了，他說：「我年未四十，這一生怎麼會造這麼多的惡業過失？」閻羅王就告訴他，「一念不正」就是惡，不是說做了惡事，那才叫惡。一個念頭惡，鬼神就給你記一筆。雖然這一生作的惡不多，但惡念很多，還好他有造一大善業。

【原文】

因問軸中所書何事？曰：「朝廷嘗興大工，修三山石橋，君上疏諫之，此疏稿也。」仲達曰：「某雖言，朝廷不從，於事無補，而能有如是之力。」曰：「朝廷雖不從，君之一念，已在萬民；向使聽從，善力更大矣。」故志在天下國家，則善雖少而大；苟在一身，雖多亦小。

【譯文】

因此，衛仲達就問這善冊子裡記的是什麼。主審官說：「皇帝有一次曾想要興建大工程，修三山地方的石橋。你上奏勸皇帝不要修，免得勞民傷財，這就是你的奏章底稿。」衛仲達說：「我雖然講過，但是皇帝不聽，還是動工了，對那件事情的進行，並沒有發生作用，這份疏表怎麼還能有這樣大的力量呢？」主審官說：「皇帝雖然沒有聽你的建議，但是你這個念頭，目的是要使千萬百姓免去勞役；倘使皇帝聽你的，那善的力量就更大了哩！」所以立志做善事，目的在利益天下國家百姓，那麼善事縱然小，功德卻很大。假使只為了利益自己一個人，那麼善事雖然多，功德卻很小。

【淺釋】

這一卷善的內容是「朝廷嘗興大工，修三山石橋，君上疏諫之，此疏稿也」。皇帝想大興土木，他看這是沒有必要的，就建議皇帝不要做勞民傷財的事。皇帝沒理會他，還是照做。這一卷就是他上疏的文稿。

「仲達曰：『某雖言，朝廷不從，於事無補，而能有如是之力。』」我雖然建議了，但沒有用處，於事無補，朝廷還是照做了。鬼王說：「朝廷雖不從，君之一念，已在萬民」，可見善惡是在念頭。你當時這一念不是為自己，是真正愛護老百姓，你發的這一念在萬民，多少老百姓得利益！何況興這麼大的工程，是用老百姓所納的稅，能夠節省不必要的開支，對老百姓都有利。所以這一念，你想想看，影響力有多大！雖然沒做，他的心是真實的，是圓滿的。

所以「向使聽從，善力更大矣」，如果朝廷照你的建議去做，那你的善就更大了！雖然沒做，你的善還是很大。

「故志在天下國家，則善雖少而大；苟在一身，雖多亦小」，「大、小」差別是在這裡，就看發心是不是真實；是為天下國家，還是為自己家庭。我們明白道理之後，就知念經、念佛迴向，常常為某一個人迴向修福，希望三寶加持，讓他能得利益——這是小善，利益很小。他是不是真正能得到？還不一定。如果遇到這樣情形，家親眷屬有困難，或者有病痛，我們念經、念佛迴向十方法界；希望一切眾生沒有病痛、沒有苦難，都能得到平安利益，你家裡的人就得真實利益。為什麼？你心太大了！讀《地藏經》光目女、婆羅門女為母發願事便知。

世人常說：「我修的功德都給別人，我自己得不到，修這個做什麼？」這是心量太小。在佛菩薩面前禱告，禱告了半天都不靈，原因就是心量太小了！完全是自私自利，不曉得把自己修行的功德，大到十方法界。功德的迴向眾生，猶如傳燈一樣；以我的燈火，點燃別人的燈火，如是光光互照，光明增盛，實無損於自己，而有大利於自己。故佛教人必應將自己修證功德迴向法界眾生、菩提、實際，才能顯證圓滿佛性。

我們中國文化的命脈，大根大本是「祠堂」、「文言文」。中國之所以成為一個文明古國，幾千年來都不衰，不被滅亡，倫常才是根本。

文言文不能斷，文言文斷了以後，中國人將會有很大的苦難，真正是陷於萬劫不復。另外還有「大乘佛法」。這三樣能保住，不但國家民族有前途，世界也有大光明。

【原文】

　　何謂難易？先儒謂克己須從難克處克將去，夫子論為仁，亦曰先難。必如江西舒翁，捨二年僅得之束修，代償官銀，而全人夫婦。

【譯文】

　　怎麼叫做難行易行的善呢？從前有學問的讀書人，都說：克制自己的私欲，要從難除去的地方先除起。孔子的弟子樊遲，問孔子怎樣叫做仁？孔子也說，先要從難的地方下工夫。孔子所說的難，也就是除掉私心；並應該先從最難做，最難克除的地方做起。一定要像江西的一位舒老先生，他在別人家教書，把兩年所僅得的薪水，幫助一戶窮人，還了他們所欠公家的錢，從而免除他們夫婦被拆散的悲劇。

【淺釋】

　　首先引古聖先賢的教訓告訴我們。我們的煩惱習氣很重，哪一種最重就先把它斷除；最難斷的能斷，小的毛病就不難克服了。斷惡修善要知道下手處。孔夫子論「仁」──就是仁愛，說到「先難」，下面舉幾個例子來說明。

　　「必」，是必定。這是一個很好的榜樣──難行能行、難捨能捨。「脩」，原來是乾肉；「束」，是一束，一把沒有幾條。古代做學生的每逢過年過節都要送給老師一點微薄禮物；禮不能缺。以後凡是學生對老師的供養通稱「束脩」，不一定都是乾肉。古代教書的所在都稱「私塾」，學生的人數不定，有二三十個人就相當多了，少的只有十幾個人，所以老師得到的供養相當微薄。兩年的積蓄，他能拿出來，「代償官

銀，而全人夫婦」，這是很不容易做到的，江西舒老先生做到了。

【原文】

與邯鄲張翁，捨十年所積之錢，代完贖銀，而活人妻子。皆所謂難捨處能捨也。

【譯文】

又像河北邯鄲縣的張老先生，看到一個窮人，把妻兒抵押了，錢也用了；若是沒有錢去贖回，恐怕妻兒都要活不成了。於是就捨棄他十年的積蓄，替這個窮人贖回他的妻兒。像舒老先生、張老先生，都是在最難處，旁人不容易捨的，他們竟然能夠捨得啊！

【淺釋】

一個是捨兩年的待遇，一個是捨十年的積蓄——都是贖官銀。這就是欠了公款，或者是判了刑罰坐牢，拿這個錢去贖，救濟陷於苦難的一家人。

因為人在世間，必須依賴財物生活，所以捨財是一樁很難的事情；尤其是把全部的財物都捨盡了，這很不容易！這就是向「先難」處去做，就是克己。

【原文】

如鎮江靳翁，雖年老無子，不忍以幼女為妾，而還之鄰，此難忍處能忍也。故天降之福亦厚。

【譯文】

又像江蘇省鎮江的一位靳老先生，年老沒有兒子，雖然他的窮鄰居，

願意把一個年輕的女兒給他做妾，願能為他生一個兒子。但是這位靳老先生不忍心誤了她的青春，還是拒絕了，就把這女子送還鄰居。這又是很難忍處，而能夠忍得住的事呀！所以上天賜給他們這幾位老先生的福，也特別的豐厚。

【淺釋】

「鎮江」，過去是江蘇省會。靳老先生年老無子；在過去有置妾的習俗，再娶一個，來傳宗接代，這是人倫之大事。鄰居家裡有一個女孩子年齡很小，送來給他做妾。因為年齡相差太懸殊了，他不忍心，就送她回家。雖然沒有兒子，他也覺得無所謂，總不能耽誤人家一生的幸福。這也是「難忍處能忍」。

有這樣的善行，必然有善報，一定是有善果的。

【原文】

凡有財有勢者，其立德皆易。易而不為，是為自暴。貧賤作福皆難，難而能為，斯可貴耳。

【譯文】

凡是有財有勢的人要立些功德，比平常人來得容易。但是容易做，卻不肯做，那就叫做自暴自棄了。而沒錢沒勢的窮人，要做些福，都會有很大的困難，難做到而能做到，這才真是可貴啊！

【淺釋】

這就是「難、易」。明白這個道理，我們要把握修善積德的機會；機會失掉了，以後想做也沒有緣分去做了。財富不能常保；人的運五年一轉，一生當中有最好的五年，也有最壞的五年。好運如果是在晚年，才是真正的好運；如果五年最壞的運在晚年，此時體力衰退，再加上困苦艱難就很可怕了。所以少壯時有福最好能捨，奉獻給社會大眾共同享

女英

娥皇

帝舜

●帝舜圖

　　何謂與人為善？就是教會別人做善事。了凡先生舉舜誘導人們為善的例子說明自己為善畢竟有限，如果能勸別人來為善，範圍大了，意義也是更加深遠的。

受，捨了以後命裡還有。明白這個道理，年輕體力還夠，福報來時我不去享受，就把享受福報延後了；不好的我先受了，好的留在後面，後福就好了。所以一定要知道修晚年的福報。

「有勢」，就是有地位、有權勢。有權積德就很容易，幫助別人往往是輕而易舉的事。所以有權勢的時候，不可以拿著權勢去欺壓別人，應當以權勢多做善事，多積陰德。「易」而不肯做是自暴自棄；貧賤修福就「難」，沒有財、沒有力量，修福就難，難而能做，那是非常之可貴。

【原文】

隨緣濟眾，其類至繁，約言其綱，大約有十：第一、與人為善，第二、愛敬存心，第三、成人之美，第四、勸人為善，第五、救人危急，第六、興建大利，第七、捨財作福，第八、護持正法，第九、敬重尊長，第十、愛惜物命。

【譯文】

這就是佛門裡常講的「隨喜功德」——隨緣隨力地幫助社會大眾。「其類至繁」，隨緣的功德太多太多了，略舉十大類。第一與人為善，第二愛敬存心，第三成人之美，第四勸人為善，第五救人危急，第六興建大利，第七捨財作福，第八護持正法，第九敬重尊長，第十愛惜物命。

【淺釋】

我們為人處事，應該遇到機緣，就去做救濟眾人的事。不過救濟眾人，也不是容易的事，救濟眾人的種類很多，簡單地說，它的重要項目，大約有十種：第一，與人為善。看到別人有一點善心，我就幫他，使他善心增長。別人做善事，力量不夠，做不成功，我就幫他，使他做成功，這都是與人為善。第二，愛敬存心。就是對比我學問好，年紀大，輩分高的人，都應該心存敬重。而對比我年紀小，輩分低，景況窮的人

，都該要心存愛護。第三，成人之美。譬如一個人，要做件好事，尚未決定，則應該勸他盡心盡力去做。別人做善事時，遇到了阻礙，不能成功，應想方法，指引他、勸導他使得他成功；而不可生忌妒心去破壞他。第四，勸人為善。碰到做惡的人，要勸他做惡絕對有苦報，惡事萬萬做不得。碰到不肯為善，或只肯做些小善的人，就要勸他行善絕對有好報，善事不但要做，而且還要做得多、做得大。第五，救人危急。一般人大多喜歡錦上添花，而缺乏雪中送炭的精神；而當他人遇到最危險、最困難、最緊急的關頭，能及時向他伸出援手，拉他一把，出錢出力幫他解決危急困境，可以說是功德無量，但是不可以引以為傲！第六，興建大利。有大利益的事情，自然要有大力量的人，才能做到，一個人既然有大力量，自然應該做些大利益的事情，以利益大眾。例如，修築水利系統、救濟大災害等等。但是沒有大力量的人，也可以做到的。譬如，發現河堤上有個小洞，水從洞裡冒出，只要用些泥土、小石，將小洞塞住，這堤防就可以保住，而防止了水災的發生。事情雖然小，但這種功效也是不可忽視的。第七，捨財作福。俗語說：「人為財死」，世人的心總愛錢財，求財都來不及，還願意去捨財濟助他人嗎？因此，能捨財去消除別人的災難，解決他人的危急；對一個常人而言，已不簡單，對窮人來說，則更加了不起。如按因果來講，「捨得，捨得，有捨才有得」，「捨不得，捨不得，不捨就不得」。做一分善事就會有一分福報，所以不必憂愁我們會因為捨財救人，而使自己的生活陷於絕路。第八，護持正法。這種法，就是指各種宗教的法。宗教有正，有邪，法也有正，有邪，邪教的邪法最害人心，自然應該禁止。而具有正知正見的佛法，是最容易勸導人心，挽回良善風俗的。若是有人破壞，一定要用全力保護維持，不可讓他破壞。第九，敬重尊長。凡是學問深、見識好、職位高、輩份大、年紀老的人，都稱為尊長。自己都應該敬重，不可看輕他們。第十，愛惜物命。凡是有性命的東西，雖然像螞蟻那樣小，也是有知覺的，曉得痛苦，並且也會貪生怕死。應該要哀憐它們，怎可以亂殺亂吃呢？有人常說：這些東西，本來就是要給人吃的。這話是最不通的，而且都是貪吃的人所造出來的話。以上所講的十種，只是大概的說明，下面是分別舉例比喻。

【原文】

何謂與人為善？昔舜在雷澤，見漁者，皆取深潭厚澤，而老弱則漁於急流淺灘之中。

【譯文】

什麼叫做與人為善呢？從前虞朝的舜，在他還沒有做君主之前，在雷澤湖邊看見年輕力壯的漁夫，都揀湖水深處去抓魚；而那些年老體弱的漁夫，都在水流得急而且水較淺的地方抓。

【淺釋】

「何謂與人為善？」了凡先生舉了一個例子，教導我們怎樣跟大眾在一起，在一個團體裡面帶頭誘導人人修善。

「雷澤」是地名，在現在山東省。漁獵在古時候是生活裡一個重要的部分。「深潭厚澤」，就是魚多的地方。年老的人因為好的捕魚地區被年輕人霸佔了，沒有辦法跟他們爭，所以就在淺水和急流處捕魚。水流急，魚停不住，淺灘水少，魚也比較少，不比水深的地方，魚都在那裡游來遊去，較容易抓。那些年輕力壯的漁夫，把好的地方都占去了。

【原文】

惻然哀之。往而漁焉，見爭者，皆匿其過而不談；見有讓者，則揄揚而取法之。期年，皆以深潭厚澤相讓矣。

【譯文】

舜看見這種情形，心裡面悲傷哀憐他們。就想了一個方法，他自己也去參加捉魚，看見那些喜歡搶奪的人，就把他們的過失，掩蓋起來，而且也不對外講；看見那些比較謙讓的漁夫，便到處稱讚他們，拿他們作榜樣

，並且學習他們謙讓的模樣。像這樣，舜抓了一年的魚，大家都把水深魚多的地方讓出來了。

【淺釋】

舜看到這樣的情形心裡很難過。「往而漁焉，見爭者，皆匿其過而不談」，他用的方法很巧妙，「見有讓者，則揄揚而取法之」。他有智慧、有耐心、善巧方便，和他們一起捕魚；實際上的目的並不是去打魚，而是想感化這一批人。見到大家相爭，他不說一句話；如果當中有一兩個相讓的，他就很讚歎。他用這個方法——「隱惡揚善」。「期年」，就是一年之後，「皆以深潭厚澤相讓矣」。一年之後就沒有相爭的，只有相讓的，果然真的被他感化了。

我們看古聖先賢——作惡，不要說他，讓他自己慢慢去反省、去覺悟，這才是正確的。人都有天良，只是一時為利欲蒙蔽而已；只要有善巧方便去幫助，沒有不覺悟的。舜用這種方法，把這一群捕魚的人感化了。看下文就知道舜的用心。

【原文】

夫以舜之明哲，豈不能出一言教眾人哉？乃不以言教，而以身轉之，此良工苦心也。

【譯文】

舜的故事，不過是用來勸化人，不可誤解是勸人抓魚。要知道抓魚是犯殺生的罪孽，千萬不可以做啊！那麼像舜那樣明白聰明的聖人，為什麼不說幾句中肯的話，來教化眾人，而一定要親自參與呢？要曉得舜不用言語來教化眾人，而是拿自己做榜樣，使人見了，感覺慚愧而改變自己的自私心理，這真是一個用心良苦的人，所費的苦心啊！

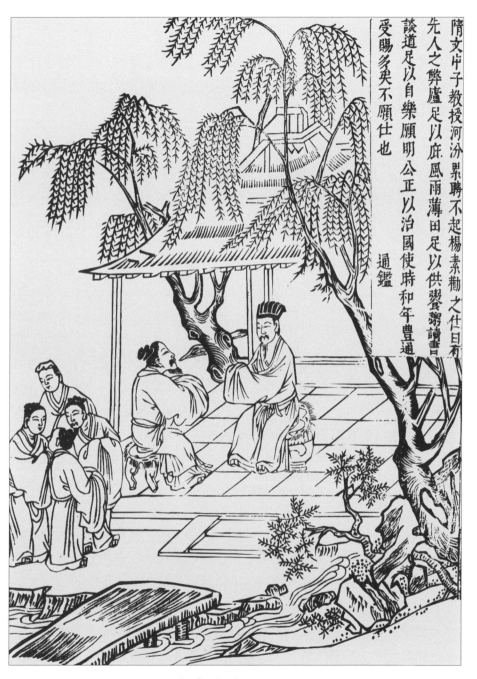

隋文中子教授河汾累聘不起楊素勸之仕曰有
先人之弊廬足以庇風雨薄田足以供饘粥讀書
談道足以自樂願明公正以治國使時和年豐通
受賜多矣不願仕也

通鑑

●高尚古風

天下為公，以百姓疾苦為己任，無論在古代
還是現代都是受人尊崇的一種高風亮節。

【淺釋】

舜不是說一篇大道理，勸導這些人；他用的是身教，自己作榜樣來勸別人。雖然時間長一點，但是效果會相當的深遠，因為言教不如身教！此正是他明哲處。

【原文】

吾輩處末世，勿以己之長而蓋人，勿以己之善而形人，勿以己之多能而困人。收斂才智，若無若虛；見人過失，且涵容而掩覆之。

【譯文】

我們生在這個人心風俗敗壞的末世時代，做人很不容易。因此，旁人有不如我的地方，不可以把自己的長處，去蓋過旁人；旁人有不善的事情，不可以把自己的善，來和別人比較。別人能力不及我，不可以用自己有的能力，來為難別人。自己縱然有才幹聰明，也要收斂起來，不可以外露炫耀，應該像沒有聰明才幹一樣，看到別人有過失，姑且替他包含掩蓋。

【淺釋】

「末世」，就是佛法的末法時期。「勿以己之長而蓋人，勿以己之善而形人，勿以己之多能而困人」，這是要痛戒的。自己有長處，用長處去欺壓別人，就是世間人講的「值得驕傲」這句話。能夠「收斂才智，若無若虛；見人過失，且涵容而掩覆之」，才是真正的修養。自己有才智要藏一點、收斂一點，不要太露鋒芒。古德常說：「大智若愚。」凡是露鋒芒的，縱有才智，也沒有多大作為。一個真正有大作為的人，他絕對不像一般人顯示的那樣淺薄，必然是渾厚老成。我們用包涵的態度對人——隱人之惡，揚人之善，才是真實持戒修福之人。

【原文】

　一則令其可改，一則令其有所顧忌而不敢縱。見人有微長可取，小善可錄，翻然捨己而從之，且為豔稱而廣述之。

【譯文】

　像這樣，一方面可以使他有改過自新的機會，另一方面可以使他有所顧忌而不敢放肆。若是扯破面皮，他就沒有顧忌了。看到旁人有些小的長處，可以學的，或有小的善心善事，可以記的；都應該立刻翻轉過來，放下自己的主見，學他的長處；並且稱讚他，替他廣為傳揚。

【淺釋】

　「縱」，是放縱。能夠收到這樣好的效果（人人不敢放縱），大舜的所作所為就是很好的證明。「見人有微長可取」，「微長」就是小善。「小善可錄，翻然捨己而從之，且為豔稱而廣述之。」人家有善行，我們高興而且加以讚揚。

　過去我初見李老師時，他曾教導我：「不要說人家的過失。」隱惡，這句話我懂。他又說：「不要讚歎別人。」我不明白，心裡就很疑惑。說人家的短處，這是不好的事情；讚歎別人是好事，為什麼不可以讚歎別人呢？後來李老師解釋說：「讚歎別人比說人家的過失，害處還要大。」怎麼會有害？他說：「讚歎別人要有智慧，沒有智慧的讚歎反而會害人的。人家有一點小小的能力，你就拼命去讚歎他，過分的讚歎，使那個人聽到之後得意忘形，認為自己很了不起，就不會再有進步了。不進則退，豈不是你害了人家？」我想想，的確有道理。所以我們要小心謹慎，不能夠以善心做了壞事。從這一段來看，我們才真正體會到舜王用心之苦；他用一年的時間，把這地方壞的習俗移轉過來。

【原文】

　　凡日用間，發一言，行一事，全不為自己起念，全是為物立則，此大人天下為公之度也。

【譯文】

　　一個人在平常生活中，不論講句話或是做件事，全不可為自己，發起一種自私自利的念頭；而要全為了社會大眾設想，立出一種規則來，使大眾可以通行遵守，這才是一位偉大的人物，這才是把天下所有的一切，都看做是公而不是私的度量呢！

【淺釋】

　　「則」，就是榜樣，就是原則。都是為社會、為地方、為大眾作一個榜樣。

　　「此大人天下為公之度也。」什麼人才叫「大人」？以天下為公的才叫「大人」；念念都是為自己的叫做「小人」。所以小人為私，大人為公。佛菩薩稱之為「大人」，你看看《八大人覺經》——菩薩八種大覺；「大人」就是佛菩薩。這一節說的就是菩薩道、菩薩行。

【原文】

　　何謂愛敬存心？君子與小人，就形跡觀，常易相混。惟一點存心處，則善惡懸絕，判然如黑白之相反。故曰：「君子所以異於人者，以其存心也。」

【譯文】

　　什麼叫做愛敬存心呢？君子與小人，從外貌來看，常常容易混淆，分不出真假。只有這一點存心，君子是善，小人是惡，彼此相去很遠，他們

的分別，就像黑白兩種顏色，絕對相反不同。所以孟子說：「君子與常人不同的地方，就是他們的存心啊！」

【淺釋】

「形跡」，就是外表。君子和小人，如果只從外表上來看——常常會搞錯、常常會相混，實在不容易分辨。

若從心地上來看，小人和君子就截然不同了。

儒家講「君子賢聖」，佛門裡講「諸佛菩薩」，他們與一切凡夫所不同的，就是「存心」，形跡很難區別，所以我們往往把聖人看錯了！在佛門裡，像過去浙江天臺山曾出現寒山、拾得、豐干三個和尚。《天臺山志》上記載，在當時一般人看這三個人是瘋瘋癲癲的，認為他們有神經病，不正常，沒人理會他們！所以形跡上怎麼看得出來呢？豐干是在水碓房裡舂米的，就是禪宗六祖惠能大師在黃梅的那一份工作。豐干是阿彌陀佛的化身，阿彌陀佛在廚房舂米來供養大家；寒山、拾得是等覺菩薩——文殊、普賢化身的，在廚房裡燒火；都是在廚房裡打雜的，做這種苦事。打赤腳，穿得破破爛爛，瘋瘋癲癲的，所以沒人瞧得起他們。在形跡上，肉眼凡夫確實很難判別，實際上他們三個人是聖人應化——這是豐干說出來的。

當時有一位地方官吏閭太守，在上任的路上，母親生了病，他很著急，請了很多醫生都沒能治好。後來豐干去找他說：「你家裡有個病人，我有方法把她治好。」治好之後，太守對他非常感激。看他是出家人，便問他在哪一個寶剎？

他說：「我在天臺山。」

閭太守就向豐干請教：「你們的寶剎，有沒有聖賢人住在那裡？」

豐干說：「有文殊、普賢兩位菩薩在。」

太守說：「我怎樣親近？」

豐干說：「一個叫寒山，一個叫拾得。」

太守上任沒幾天就去朝山，參拜這兩位大菩薩。結果見他們是在廚房打雜的，瘋瘋癲癲的；可是太守一見到就頂禮膜拜。兩個人根本不理

，轉頭就跑。太守派人去追，看看他們到哪去了？結果看到他們跑到山邊，兩座山就打開了，兩個人一直退到裡面，山就合起來，兩個人都不見了。最後他們還說：「彌陀饒舌。」於是太守等人才曉得豐干原來是阿彌陀佛！阿彌陀佛多事，把他們兩個身份說出來了──三位是聖人。寺院裡面每半月誦戒，是很重要的法事，先前寒山、拾得卻時常在門口譏笑，所以寺院裡的人都不喜歡他們。到最後才曉得是佛菩薩化身應現在此地，這個時候大眾才生愧心，原來阿彌陀佛、文殊、普賢每天都來侍候他們的飲食。這是佛菩薩跟常人「存心」不相同處。

●普賢真人

普賢十大願王：一者禮敬諸佛，二者稱讚如來，三者廣修供養，四者懺悔業障，五者隨喜功德，六者請轉法輪，七者請佛住世，八者常隨佛學，九者恒順眾生，十者普皆迴向。

【原文】

　　君子所存之心，只是愛人敬人之心。蓋人有親疏貴賤，有智愚賢不肖，萬品不齊，皆吾同胞，皆吾一體，孰非當敬愛者？

【譯文】

　　君子所存的心，只有愛人敬人的心。因為人雖然有親近的、疏遠的、有尊貴的、有低微的、有聰明的、有愚笨的、有講道德的、有下流的，有千千萬萬不同的種類；但是這些都是我們的同胞，都是和我們一樣有生命、有血有肉、有感情，哪一個不該愛他敬他呢？

【淺釋】

　　普賢十大願王，第一願就是禮敬諸佛，「蓋人有親疏貴賤，有智愚賢不肖，萬品不齊，皆吾同胞，皆吾一體，孰非當敬愛者？」這是從「理」上來觀察；「事」上確實有親、疏、貴、賤，有智、愚、賢、不肖，但都是我們的「同胞」。

　　所以明白這個道理，這個事實真相，才曉得真正是「皆吾同胞，皆吾一體」，佛說「盡虛空、遍法界就是一個自己」。所以佛的慈悲是「無緣大慈，同體大悲」，就是這樣建立的。哪一個不應該禮敬，不應該愛護呢？人人都應該敬愛，事事物物我們都應該要敬愛。

【原文】

　　愛敬眾人，即是愛敬聖賢；能通眾人之志，即是通聖賢之志。何者？聖賢之志，本欲斯世斯人，各得其所。吾合愛合敬，而安一世之人，即是為聖賢而安之也。

【譯文】

愛敬眾人，就是愛敬聖賢人；能夠明白眾人的意思，就是明白聖賢人的意思。為什麼呢？因為聖賢人本來都希望世界上的人，大家都能安居樂業，過著幸福美滿的生活。所以，我們能夠處處愛人，處處敬人，使世上的人，個個平安幸福，也就可以說是代替聖賢，使這個世界上人人都能夠平安快樂了。

【淺釋】

從前讀書明理的人「敬聖敬賢」，跟我們現代社會貪、瞋、癡、慢不斷增長的人「敬聖敬賢」，在思想、心態上不一樣。從前人敬聖敬賢，是因為聖賢是我們的模範，取「見賢思齊」的意思；現代人敬佛、敬菩薩、敬鬼神，是希望佛菩薩、鬼神多讓他賺一點錢，其目的在此。「通聖賢之志」，聖賢之志就是為眾生造福。哪一個不希望得到安和樂利？中國人常講的五福——人人都希望自己有福，希望自己長壽、富貴、健康、幸福，這是世間人的希望。但是這些都是善因善果；希望得好的果報，但是忘了好的果報是要好因緣才結得的。若不修好因，不結善緣；希求好的果報，是決定不能得到的。聖賢人希望每一個人都得到殊勝的果報，所以聖人之志就是群眾之心。只是聖人有智慧，群眾迷惑顛倒，所以聖人教導大眾修善積德，才能使人人皆得到好的果報。

修善積德從「愛敬」開始。先學愛人、敬人；愛物、敬物；愛事、敬事，對於人、物、事要真正「愛敬」。所以十大願王裡的菩薩修行原則，第一條就是「禮敬諸佛」。我們讀《禮記》，第一句話「曲禮曰：毋不敬。」就是教「敬」，「毋不敬」就是一切恭敬。要從這裡下手。

聖賢、佛菩薩只有一個想法、一個心願，就是教導一切眾生「各得其所」。聰明傑出的人，誘導他成佛作祖；沒有這個大志，他希望得到什麼，都祝福他、幫助他能夠如願，這是聖賢之志。所以要心存愛敬。

【原文】

何謂成人之美？玉之在石，抵擲則瓦礫，追琢則圭璋。故凡見人行一善事，或其人志可取而資可進，皆須誘掖而成就之

。或為之獎借，或為之維持。

【譯文】

　　什麼叫做成人之美呢？舉例來說，若是把一塊裡面有玉的石頭，隨便丟掉拋棄，那麼這塊裡面有玉的石頭也只不過是和瓦片碎石一樣，一文不值了；若是把它好好地加以雕刻琢磨，那麼這塊石頭，就成了非常珍貴的寶物圭璋了。一個人也是如此，也全是靠勸導提引。所以看到別人做一件善事，或者是這個人立志向上，而且他的資質足以造就的話，就應該好好地引導他，提拔他，使他成為社會上的有用之材；或是誇讚他，激勵他，扶持他。

【淺釋】

　　「成」，是成就。別人有好事，我們在幫他成就，這也是性德。

　　「玉之在石，抵擲則瓦礫，追琢則圭璋。」這是舉一個比喻。「玉」是石頭裡面最精最美的，加以琢磨就變成玉器；「圭璋」，是古時候的信物。在古代——尤其是上古，玉做成「璧」，璧是圓形的，中間有個孔；「圭」是手上拿的。當時的用途，就像我們現在記事用的記事本子，是做備忘之用。「圭」大，「璋」比較小。這些玉器在故宮裡可以看到，有商周的、秦漢的，歷史的價值都非常高。

　　也就是我們今天所講的「培育人才」。看到這個人心地很善良、很忠厚，或者志向純正可取，我們應當要幫助他、成全他。「皆須誘掖而成就之」，就是要誘導他、成就他、教養他、培訓他。《華嚴經五十三參》是很好的榜樣，你看善財童子自己以學生身份去參訪善知識。他是我們的前輩，是我們的長者，縱然他年歲很輕，但他的道理、學問是我們所尊敬的，我們應當跟他學習。他見到善知識先是禮，善知識一定會問他，你從哪裡來的？你到這裡來做什麼？你有什麼需求？五十三位善知識，所問與善財對答完全相同。所以這句話給我們的印象非常之深刻，前後重複了數十遍。第一句是：「我已經發阿耨多羅三藐三菩提心，立志要成就無上菩提（阿耨多羅三藐三菩提就是無上正等正覺），但是

我不曉得怎樣修持？怎樣存心？所以到這裡來請教。」發心就是此地講的「立志」。志可取、又好學的人，我們遇到了一定要盡心盡力地幫助他。所以有志向、有目標的人，不論世間、出世間都是有前途、有成就的；遇到這樣的人，就是俗話常講的「遇英才而育之」。你真正遇到這樣的材料，就要設法去幫助他、成全他！

「或為之獎借」，「獎」，是獎勵。「或為之維持」，「維持」，就是在他有困難的時候幫助他，使他能安心於學業和道業。

●邪魔侵正法

世界萬物都是對立存在的，有惡才顯善。正是在善惡的對立當中，才能凸顯善的寶貴。邪魔雖侵正法，但只要堅定信心，必將戰勝邪惡。

【原文】

　　或為白其誣而分其謗，務使之成立而後已。大抵人各惡其非類。鄉人之善者少，不善者多。善人在俗，亦難自立。

【譯文】

　　若是有人冤枉他，就替他辯解冤屈，來替他分擔無端的譭謗，可以設法代替他，頂替他被譭謗的事實，減輕他所受的譭謗，這樣叫做分謗；務必要使他能夠立身於社會，而後才算是盡了我的心意。大概通常的人，對那些與他不同類型的人，都不免有厭惡感，譬如小人恨君子，惡人恨善人。在同一個鄉里的人，都是善的少，不善的多。正因為不善的人很多，善的人少，所以善人處在世俗裡，常常被惡人欺負，很難立得住腳。

【淺釋】

　　世出世間賢者在修行過程中免不了遭忌妒、譭謗，往往會給他帶來困惑；有時候足以教他退心，那就很可惜了！這時我們要替他分憂，要幫他洗刷冤情，成就他，以「務使之成立而後已」為目標；如此成全人便是大學問、大智慧、大福德之相。這個人將來在社會上建功立業，是幫忙照顧他的人給他的；他將來有多少的功德，照顧他、幫助他的人也是跟他同等的。在中國古代，「薦賢受上賞」——你替國家推薦一位賢人，國家對你的獎賞是最高的，為什麼？因為這位賢人為國家建功，替國家服務，為老百姓造福，都是因你推薦的，等於就是你造的。所以在過去中國社會，確實能舉賢能、舉賢良、舉孝廉；把人才發掘出來，推薦給朝廷、推薦給國家。

　　好人為什麼還有人找麻煩？俗話常說「好事多磨」，多魔障！你作惡——魔就喜歡作惡，他不但不會障礙你，還會幫助你；你做好事，恰恰跟他相反，他看了不順眼，所以來找麻煩。一方面是魔來找麻煩，另一方面是自己生生世世的冤家債主，看到你修行，將來你超越六道輪迴——過去世你欠他的命沒有還，欠他的債也沒有還，怎麼可以跑掉呢？

他不甘心！不甘心就要來障礙你，所以菩提道上魔難重重。

　　無始劫以來自己所造無邊的業障，要怎樣免除呢？我們每天將所做的功課迴向冤親債主，把所修學的功德都分享給他們。諸位要知道，全給他們就是自己圓滿的功德！我們要什麼？什麼也不要。不發這樣的願心，你想在菩提道上沒有障礙，相當不容易！所以發這個願心，最好能依照《金剛經》的理論方法，要真正依教奉行，真實地去做。

　　一般人，跟他同類的就喜歡。學佛的同修彼此見到特別親切，對於不學佛的人就有距離、有界限。尤其是在家庭中，父母沒學佛，兄弟姊妹沒學佛；你吃素，他們不吃素，這一家人就會鬧得雞犬不寧。這是我們的錯，自己要深深反省。最大的錯在哪裡？家裡的人為什麼反對你學佛？因為看到你的同修道友到家中來，親密超過了家人，你喜歡同道比喜歡母親還多了！母親一看，她心裡當然不舒服──嫉妒。你要以愛護同道的心去愛護你的家人，家人就不會有反對的。所以往往學佛搞得家庭不和。自己都不知道反省，不曉得原因出在哪裡；我們在旁邊明眼觀察，看得清清楚楚。問題出在哪裡？實在應當反省，一反省就找出來了。我們的同修到家裡來，對我們的父母尤其要更尊敬、更孝順，那你的家人也更快樂了。不但不反對，還覺得學佛好，學佛很不錯，甚至會鼓勵你的親戚朋友都去學佛了。所以家庭裡面親屬之間，不能用「言教」；要學舜王，要用「身教」，做出來給家人看。他們看到確實是好，自然就會給你宣傳。

　　善人是一類，不善的人是一類。不善的人多，勢大；善人少，勢力孤單。「善人在俗，亦難自立。」善人要做好事不容易，惡的勢力很大，絕對造成了障礙。佛門中自從釋迦牟尼佛示現，代代都不免有這種情形。禪宗六祖惠能大師得法之後，明心見性了，還在獵人隊裡躲藏十五年。為什麼？忌妒、障礙。所以「善人在俗」，有些一生遇不到機緣，只好「獨善其身」。如果要教善人能「兼善天下」，我們有智慧、有福德的人，一定要幫助他。

【原文】

且豪傑錚錚，不甚修形跡，多易指摘；故善事常易敗，而善人常得謗；惟仁人長者，匡直而輔翼之，其功德最宏。

【譯文】

況且豪傑的性情大多數是剛正不屈，並且不注意修飾外表，世俗的眼光，見識不高，只看外表，就說長道短，隨便批評；所以做善事也常常容易失敗，善人也常常被人誹謗。碰到這種情形，只有全靠仁人長者，才能糾正那些邪惡不正的人，教導指引他們改邪歸正，保護、幫助善人，使他成立。像這樣闢邪顯正的功德，實在是最大的。

【淺釋】

「錚錚」，就是響亮的意思。「豪傑」，是指他的聰明、智慧、才幹超過別人。

在地方上大家都知道他，即我們現代人講的「知名度」很高──這些人有專長、有才幹。但他生活馬虎、隨便，不太講究，不拘小節，有時就容易得罪人。我們也要知道，學佛對佛一定要恭敬，對三寶要恭敬；但是有一些小節也不要過分地重視，太重視會影響你的修行。恭敬心應當有，但是看到別人無禮，我們也不要掛在心上，修行要抓到真正的綱領；真正的綱領是「心淨則土淨」，二六時中只有一句阿彌陀佛，其它的都不重要！

年紀大、體力衰，誦經就不一定要跪著，不需要拘執形式；求心裡與阿彌陀佛不相捨離，才是重要！喜歡怎麼念就怎麼念，喜歡跪著念、坐著念、捧著經走著念都可以。可以躺著聽（放錄音帶）──佛力不夠，躺在床上安安靜靜地聽。躺在床上聽念佛、聽念經，功德都是相等的。躺著不可以出聲念，會傷氣、傷身體。

大乘佛法是開放的，的確是自由自在，沒有拘束的。所有一切規矩儀式，是做什麼用的呢？是唱戲表演做給別人看的──身教，啟發別人

的恭敬心，啟發別人的道念，為大眾做一個好樣子，用意在此。

　　小乘著重在形式上，大乘往往就沒有拘束了。大乘佛法論「心」不論事，小乘法是論「事」不論心。英雄豪傑他們不拘小節，往往容易得罪人，容易招惹是非，所以「善事常易敗」，好事多磨。好人容易遭受別人的譭謗，遭受別人的指責，在這時候，仁人長者，有智慧、有福德的人，應當幫助他，排除他的困難，使他將來在社會上有成就，這個功德是最大的。因為不只是替他個人成就，也是替社會、替國家造福，為一切眾生造福，這個功德就大了！

　　由此可知，如果在佛門裡，我們能夠培養一位法師，功德之大，很多人不曉得。以為修個廟，出多錢，多做好事的功德最大。其實那個大是有限的，不見得是真正大，有些是善心卻做了惡事；唯有培養人才，這個功德才是真大！

　　佛法的人才最為困難！他的志一定是上求佛道、下化眾生；他的心清淨平等、大公無私──這是佛門的人才必須具備的條件。如果發現有這樣的人才，我們要盡心盡力地扶助他。他將來成就了，幫助他的人的功德和他一樣大。

【原文】

　　何謂勸人為善？生為人類，孰無良心？世路役役，最易沒溺。凡與人相處，當方便提撕，開其迷惑。譬猶長夜大夢，而令之一覺；譬猶久陷煩惱，而拔之清涼，為惠最溥。

【譯文】

　　什麼叫做勸人為善呢？一個人既然已經生在世上做了人，哪一個沒有良心呢？但是因為汲汲地追逐名利，弄得這世間忙碌不堪，只要有名利可得，就昧著良心，不擇手段地去做，那就最容易墮落了。所以與別人往來相處，時常要留心觀察這個人，若是看他要墮落了，就應該隨時隨地提醒他，警告他，開發他的糊塗昏亂。譬如，看見他在長夜裡做了一個渾渾噩

靈的夢，一定要叫喚他，使他趕快清醒；又譬如看他長久陷落在煩惱裡，一定要提拔他一把，使他頭腦轉為清涼。像這樣以恩待人，功德是最周遍，最廣大的了。

【淺釋】

人沒有不向善的；再惡的人，他口裡也說要修善、要行善。由此可知，善心、善行是人的天性，就是佛法裡所講的「性德」。既然善心、善行是性德自然的流露，為什麼還會作惡？仔細研究，不外乎兩個原因，第一是內裡的煩惱、習氣；第二是外有惡緣，人才會造惡。雖然造惡，不被良心譴責的人很少；作惡，他知道不對，會受良心的責備，可惜他沒有善友提醒他、幫助他回頭，於是愈迷愈深、愈陷愈重，這種情形往往有之。

了凡先生在此，也說得很清楚：「世路役役，最易沒溺。」在世間營生，為了生活、為了家庭、為了事業，都會受環境的影響，尤其是一個不良的社會風氣。像目前各地賭博風氣太盛，絕對不是一個好現象。多少年輕人沉迷於此，對他本身、家庭、社會，皆是非常不利的，有識之士都能覺察。可是時勢所趨，這個不好的風氣，實際上會逐漸遍佈到全世界。尤其是大眾傳播工具發達，所以受影響的面就更大了，時間也就更長了。我們遇到親戚朋友，要能夠善於開導他，尤其是這一部《了凡四訓》，所說的全是真理、真事。

所以「凡與人相處，當方便提撕」，佛法講善巧方便，使對方歡喜、樂於接受，真正達到警覺的目的。「開其迷惑」，用比喻來說，像「長夜大夢」忽然醒覺過來了，佛門裡面叫「開悟」，悟後就是「修」。又好比「久陷煩惱」，我們能把煩惱拔除，得到清涼自在，就是「智慧」；「煩惱」就是迷惑。「惠」，就是對別人最有利益，最大的幫助。

【原文】

韓愈云：「一時勸人以口，百世勸人以書。」較之與人為善，雖有形跡，然對症發藥，時有奇效，不可廢也。

263

【譯文】

從前韓文公曾說：以口來勸人，只在一時，事情過了，也就忘了；並且別處的人，無法聽到。以書來勸人，可以流傳到百世，並且能傳遍世界；所以做善書，有立言的大功德。勸善同與人為善相比，雖然較注重形式的痕跡，但是這種對症下藥的事，時常會有特殊的效果，這種方法是不可以放棄的。

【淺釋】

這是講善巧方便法。「一時」，是當世。我們分析事理，勸導別人，令他覺悟，這是「口說」，只是有利於當世。如果我們要想勸導廣大的群眾，乃至於後世之人，最好的工具就是「書」，能夠保存得久遠。這是勸我們把善言、善行記錄下來，才能流傳久遠。

像了凡先生這四篇文章，原先只不過是給他兒子作警誡而已，並不是要流傳到後世，普遍勸導大眾的。但是他的德澤，今天流傳得這樣廣大、普遍，這是他沒想到的；雖然無心，但做了大善！後世依照他的教訓修學，改造命運、離苦得樂的人非常之多，都是受了凡先生之惠。了凡先生這本小冊子，就是勸人為善的典型；是他一生改過自新的心得，傳給他的子孫，希望他們記住，理解而效法！這是積善裡面最有效、最顯著、最深廣的大善。實在講這樁事我們人人可行；你說我沒有文學基礎，我不能寫作，其實不然。我們每天所見的，耳朵所聽的，能夠一天記一兩條，你能記錄下來，也和這個教訓相差無幾。由此可知，「勸人以口，勸世以書」，不是件難事，只要真正肯發心。

佛教化眾生用四個原則攝受眾生（攝受就是感化誘導），稱為「四攝法」。第一、「佈施」。佈施是與他結緣、與他有恩，彼此先結個善緣，說話、辦事他才能相信，而喜歡參與。第二、「愛語」。愛語若是完全說他喜歡聽的話，那就錯了，愛語一定要善巧方便。前面中峰禪師就說過，真正愛人，打他、罵他也是善。但是在責備他的時候，要顧及他是否能承受；不能承受，過分的責備是得不到效果的。凡是責備人最

●鑑源施捨

　　了凡先生說：「釋門萬行，以佈施為先」。唐代僧人鑑源，品行高潔，齋會期間，他每天供千人粥食，而他的倉庫中只有數百斛的粟米。奇怪的是，他倉庫中的糧食卻一直取之不盡。

好不要有第三者在場，人都顧全面子，面子下不去，他會起反感。這些都是善巧方便。第三、「利行」。我們所作所為必定於他有真正的利益。第四、「同事」。與他共同來做一樁事，以身教去感化。

佛接引一切眾生，不外這四個原則，也可以說是手段。勸人為善是言教，與人為善是身教，不同的地方就在此地。

【原文】

失言失人，當反吾智。何謂救人危急？患難顛沛，人所時有。偶一遇之，當如恫瘝（ㄊㄨㄥ ㄍㄨㄢ）之在身，速為解救。或以一言伸其屈抑；或以多方濟其顛連。崔子曰：「惠不在大，赴人之急可也。」蓋仁人之言哉！

【譯文】

如果出現勸人言語不對機，或者當勸未勸失去忌諱的過失，都應該反省我們的智慧是否足夠。什麼叫做救人危急呢？患難顛沛的事情，在人的一生當中，都是常有的。假使偶而碰到患難危急的人，應該將他的痛苦，當做是發生在自己的身上一樣，趕快設法解救，看他有什麼被人冤屈壓迫的事情，或是用話語幫助他申辯明白，或是用種種的方法來救濟他的困苦。明朝的崔子曾經說：「恩惠不在乎大小，只要在別人危急的時候，趕緊去幫助他就可以了。」這句話真正是仁者的話呀！

【淺釋】

可與之言而不與之言，是「失人」，這個人是可教之材，你不去教導他，這是「失人」；不是這個材料，偏偏去教導他，他不能理解，不能接受，這叫「失言」。迎賓待客，與人相處，要用智慧去觀察，使我們在一生當中「不失人」也「不失言」。六祖大師在《壇經》裡講得很好，可以接受的應當給他說法，不能接受的就合掌令歡喜。

人一生當中往往會遭遇到不幸的事，尤其是在戰亂時，遭受顛沛流離之苦，誰都不能保證明天生活怎麼樣。所以在我十歲開始，家裡就訓練我們有能力照顧自己的生活，以防萬一不幸散失——妻離子散時，還可以生活下去。還有，自己一個人在山林中要有求生的本能。

現在是太平盛世，尤其是現在的兒童，受父母的溺愛，但世界會不會永遠像這樣安定和平下去？如果深入研究世界情勢，前途實在並不樂觀！這種「患難顛沛」，如果在中年或者晚年遇到，就非常不幸。「當如痌瘝之在身」，如果我們見到遇難的人，就像病痛在自己身上一樣，所謂是「切膚之痛」，一定要伸出援手去幫助他，這就是「無畏佈施」。他有苦難、有恐怖時，「速為解救」。

或者是「以一言伸其屈抑」，「抑」就是受壓迫；「屈」是冤枉。這是他的苦難，幫助他伸冤，幫助他平反。

「或以多方濟其顛連。」「顛連」就是連續的顛沛流離。如果災難很大，自己的力量不夠，我們發起大眾的力量來救災。崔子說：「惠不在大，赴人之急可也。」這是仁者，是真正慈悲長者之言。恩惠不在大，要救急；救急不救貧。貧困的人要幫助他有謀生能力，應當幫助他獨立，這是最大的恩惠。

【原文】

何謂興建大利？小而一鄉之內，大而一邑之中，凡有利益，最宜興建。或開渠導水；或築堤防患；或修橋樑以便行旅；或施茶飯以濟饑渴。隨緣勸導，協力興修，勿避嫌疑，勿辭勞怨。

【譯文】

什麼叫做興建大利呢？講小的，在一個鄉中，講大的，在一個縣內，凡是有益公眾的事，最應該發起興建。或是開闢水道來灌溉農田；或是建築堤岸來預防水災；或是修築橋樑，使行旅交通方便；或是施送茶飯，救

濟饑餓口渴的人。隨時遇到機會，都要勸導大家，同心協力，出錢出力來興建；縱然有別人在暗中譭謗你，中傷你，你也不要為了避嫌疑就不去做；也不要怕辛苦，擔心別人忌妒怨恨，就推託不做，這都是不可以的。

【淺釋】

「鄉」是鄉村，「邑」是城鎮。小則為一鄉謀幸福，大則為一縣、一市謀幸福，就是現在所講的社會福利事業。政府應該做，每一個老百姓有力量的都應該做──造福鄉里。

「凡有利益，最宜興建」，只要利益一個地方的，都應該努力去做。諸位要有個觀念──大家有福，自己才有福；若大家沒福，只一個人有福，災難也免不了了。中國俗話說：「一家飽暖千家怨。」如果我們把自己的福分給大家享，這個社會就安定，天下太平，這是真正的福報。真正有福報是要與大眾共用，這是大智慧、大福德之相。今日「興建大利」，無過於盡心盡力宣傳《了凡四訓》。

中國過去以農立國，水利灌溉是最重要的工程建設。「或築堤防患」，低窪的地方，築堤預防水災。「或修橋樑以便行旅；或施茶飯以濟饑渴。隨緣勸導，協力興修，勿避嫌疑，勿辭勞怨。」不為自己，是為公眾、為地方造福，縱然有一些挫折，也不能防礙自己的善行──不為一切阻礙所折挫，善事才能真正圓滿。初做事時不免有反對的意見，做成功之後大家才深受利益，才知道好處，才感激！所以眼光要遠大，有智慧、有愛心、有毅力，善事才能成就。善的標準是利他──利益眾生是善；自利就是不善，中峰禪師所說的善惡標準在此。

【原文】

何謂捨財作福？釋門萬行，以佈施為先。所謂佈施者，只是捨之一字耳，達者內捨六根，外捨六塵。

【譯文】

　　什麼叫做捨財作福呢？佛門裡的萬種善行，以佈施為最重要。講到佈施，就只有一個捨字，什麼都捨得，就合佛的意思了。真正明白道理的人，什麼都肯捨。譬如自己身上的眼睛、耳朵、鼻子、舌頭，身體、念頭，沒有一樣不肯捨掉。譬如，佛陀曾在因地修行的時候，捨身飼虎。在身外的色、聲、香、味、觸、法，也都可以一概捨棄。

【淺釋】

　　這就是修福。「釋門萬行，以佈施為先。」「釋門」就是佛教，佛陀教導人修行的方法很多，所以叫「萬行」──無量無邊的行門。所謂「法門無量」，「法」是方法，「門」是門徑；修行的方法門徑無量無邊。佛陀為了教學方便，將它歸納成六大類，就是「六度」──大乘常講「六度萬行」。這六大類再要歸納，實在講就是一個「佈施」。「佈施」有財佈施、法佈施、無畏佈施三大類。「六度」都不出佈施的範圍，像持戒、忍辱可以歸在「無畏佈施」中；精進、禪定、般若是「法佈施」。所以三種佈施把佛法的修行都包括了，行門再多都不出「佈施」的範圍。佛在《金剛經》中，教人應生無所住心，而行佈施，是最究竟圓滿的修行原則。

　　所以佈施是修福，是菩薩修的──菩薩真正在修福，六度都是修福。福裡面包括智慧──慧也是福。所以「法佈施」得的是聰明、智慧，也屬於福；「無畏佈施」得健康、長壽，這當然是福；「財佈施」得的是財富。中國人說「五福」：第一是福壽，有福有壽。第二是富貴，大富大貴。第三是康寧，健康快樂。第四是好德，其中就包括智慧了。第五是考終，就是好死，好死決定好生。念佛往生──我們在這一生當中，看到的、聽到的，完全是真的。世間法裡一生得到圓滿自在──依照這本書去做，決定不錯；出世間法裡，依《無量壽經》就足夠了。真正依照這兩本書去修行，世出世間你就得大自在。所以這裡勸我們修福，以「佈施」為先。

　　「佈施」，就是放下，就是捨，愈捨愈自在。「達者」，是真正明白通達的人，像那些菩薩們有真正智慧。「內捨六根，外捨六塵」，「六根」是眼、耳、鼻、舌、身、意；「六塵」是外面境界──色、聲、

香、味、觸、法。諸位同修想一想，這些怎麼能捨得掉？所謂「捨」，不是在事上捨，事上的肉身怎麼捨得掉？肉身不要了也不能解決問題。看到這一句，我要學菩薩道——「內捨六根」——是從心意上捨，就是內捨分別、執著，外不為塵境誘惑。《金剛經》云：「不取於相，如如不動。」「如如不動」是內捨六根，「不取於相」是外捨六塵；內外俱捨，則明心見性，見性成佛。

過去生生世世迷惑顛倒有生死，從這一生起不再造生死業了。所以智者當捨娑婆，念佛往生淨土。「往生」是活著去的，不是死後去的——是活著親見阿彌陀佛來接引，我跟他去的。如果死了以後才去，說老實話，超度還真沒效！所以超度的效果是有限的。超度不能超度到西方，只能說使神識減少痛苦。

像「寶志公」是觀世音菩薩化身，超度梁武帝的妃子，也只能超度到忉利天，夜摩天以上都沒辦法了；不可能超度到西方極樂世界。雖然每次超度都希望他「願生西方淨土中」——那只是我們的心願，事實上他去不了，往生須要靠自己的信願行。因此一定要趁著自己身體健康認真修學，要認真去念阿彌陀佛，求生淨土！

「捨」，是從心地上捨，就是心不牽掛五欲六塵，也不牽掛自己的身體，身心都不牽掛。凡夫妄想、執著很重，身心世界都不牽掛確實是難，妄想會常常起來。淨宗修行方法就是轉換觀念，教你牽掛阿彌陀佛！把念頭一轉，身心世界就捨掉了，專門去想阿彌陀佛、念阿彌陀佛，這才是真正的菩薩行。

【原文】

一切所有，無不捨者。苟非能然，先從財上佈施。世人以衣食為命，故財為最重。吾從而捨之，內以破吾之慳，外以濟人之急，始而勉強，終則泰然，最可以蕩滌私情，祛除執吝。

【譯文】

一個人所有的一切，沒有一樣不可以捨掉，能夠如此，那就身心清淨，沒有煩惱，就如同佛菩薩了。若是不能什麼都捨，那就先從錢財上著手佈施。世間人都把穿衣吃飯，看得像生命一樣重要，因此，錢財上的佈施也最為重要。如果我能夠痛痛快快地施捨錢財，對內而言，可以破除我小氣的毛病；對外而言，則可救濟別人的急難。不過錢財不易看破，起初做起來，難免會有一些勉強，只要捨慣了，心中自然安逸，也就沒有什麼捨不得了。這最容易消除自己的貪念私心，也可以除掉自己對錢財的執著與吝嗇。

【淺釋】

「一切所有」，《金剛經》云：「凡所有相，皆是虛妄。」故教人都要捨掉，心裡面都不要掛念。「苟非能然」，如果我們做不到，「先從財上佈施」。捨財不為財物所誘惑，我們的心就不會被財物所控制。

佛陀教人了生死、出三界，超凡證聖，就是用此法。初捨的時候，總是有點勉強，捨了很難過，捨了之後還後悔。須是有智慧、有決心慢慢地養成施捨習慣，就自然了。每一個人修學都會經歷這樣的過程，到最後煩惱決定減輕，貪吝逐漸就淡了。對於一切財物受用，沒有把它放在心上，心就自在了。心得自在，身也自在，性德逐漸逐漸透露出來了，就會得大自在。尤其是「因果定律」，世出世間法都不會變更的；財佈施愈多，你財富也愈多。財從哪裡來的？連你自己都不曉得。法佈施愈多，聰明智慧愈增長。所以不要吝財、不要吝法。吝財，得貧窮的果報；吝法，得愚癡的果報。不肯修無畏佈施得的是病苦、短命的果報。

富貴五福都是從佈施得來的，佈施是因。我們要想得好的果報，就要修因；有因才有果。不肯修因妄想得果報，無有是處。

【原文】

何謂護持正法？法者，萬世生靈之眼目也。不有正法，何以參贊天地？何以裁成萬物？何以脫塵離縛？何以經世出世？

【譯文】

　　什麼叫做護持正法呢？法是千萬年來，有靈性的有情生命的眼目，也是真理的準繩；但是法有正有邪，如果沒有正法，如何能夠參加幫助天地造化之功呢？怎樣會使得各式各樣的人以及種種的東西，都能夠像裁布成衣那樣的成功呢？怎樣可以脫出那種種的迷惑，離開那種種的束縛呢？怎樣可以建設整理世上一切的事情，和逃出這個污穢世界，這個生死輪迴的苦海呢？這都需要靠正法，這才有了光明的大路可走。

【淺釋】

　　「正法」就是大聖大賢以真實智慧親證之法，如儒佛大法。「法者，萬世生靈之眼目也。不有正法，何以參贊天地？何以裁成萬物？何以脫塵離縛？何以經世出世？」這是先把護持正法的重要性說出來。

　　「護持正法」，在中國首先要護持孔、孟、老、莊，若不在這上面打基礎，佛法就沒有根。袁了凡時代沒有問題，那是明朝，念書人沒有不讀孔子書的，「四書」、「五經」、諸子百家，都有相當的基礎。今天佛法衰敗到這個地步，原因在哪裡？這才是根本之根本。儒家教我們做人，人都做不好了，還能做菩薩？還能成佛？佛菩薩是建立在人道的基礎上，因此「四書」縱然不能完全讀，《大學》、《中庸》、《論語》是非讀不可的。《大學》、《中庸》、《論語》只有整個「四書」分量的一半而已，應當要熟讀，才知道怎麼樣做人。這是佛法的基本，根本的根本。古今注解裡面好的，我們把它彙集起來，普遍的來流通。我們過去印的本子是石印的本子，沒有版權的，是朱熹注的《四書集注》。這應當提倡，要從我們自己本身去做。

　　所以學佛的人一定要念「四書」。實在講，能念「四書」，能懂得中國的歷史文化，愛國家、愛民族的心才能真正生得起來。現在有些人把國家民族忘掉了，這是教育的失策，也是教育的失敗。科技再發達，不知道做人的教育，古人說：「人與禽獸相去幾希？」人也是動物之一，如果不知道道德、仁義，那麼人與禽獸差不了好多。人是一切動物裡面最壞的動物，最殘忍的動物；所以要救度一切眾生，先要救人。人要能從惡轉過來向善，一切眾生都幸福了，他們才能真正各得其所，這是

聖賢教化眾生的目標。

「正法」，包含儒、佛的道統，真正是萬世生靈之眼目。「不有正法，何以參贊天地？」天地有養育萬法之功德。天生之，地養之；天地有養育萬物之恩。人如果能明白這個道理，不但不會破壞自然生態，而且會協助自然生態，使它更為圓滿，一切眾生都能夠各得其所，這就是「參贊天地」。「參」是參與，「贊」是贊助。天地功德多大！真正有道德、有學問的人，可以參與贊助天地化育。世間大聖大賢與諸佛菩薩皆是此類。佛門講：「若能轉物，則同如來。」「轉物」是轉變自己的觀念、自己的念頭，捨私欲而能夠與天地日月合其光明，參與化育，這是自行化他的真實功夫。然後全心全力的幫助一切眾生——「裁成萬物」。像諸佛菩薩弘法利生，指導眾生捨妄證真，真正利益眾生，才是「陶鑄群倫」。「群倫」是指九法界的眾生；「陶」是陶冶，「鑄」是鑄造。能跟天地造化一樣，成就一切萬物，這個功德就大了！「脫塵離縛」，這就是斷煩惱、開智慧，轉迷成覺。

「經世出世」，聖賢的行為是眾人的模範，聖賢的言語教訓是經典，他們的言行都是超時間、超空間的；他所說的話，他的行為、思想、言論，無論在什麼時候，無論在什麼地區，都是絕對正確沒有錯誤的，這叫「經世聖賢事業」。佛經超越時空，三千年前釋迦牟尼佛這樣教導當時的人；三千年後的今天我們展開經典，覺得佛所講的句句都有道理，應當依教奉行。尤其是淨宗經典，決定一生得生淨土，超越世間，這叫「出世」。佛當年在印度說法，傳到中國來；中國跟印度不一樣，他的言行適合印度也適合中國。現在我們把它搬到歐洲、美洲也都適合，這叫「經世出世」。

同樣的，孔孟思想就是這一部「四書」，是中國文化的結晶。孔孟是兩千五百年以前的人，他們所講的東西，對於國家、社會、家庭，以及個人有決定的利益。「四書」拿到外國跟外國人講，外國人聽了也都點頭，也都認為是對的，這就是超越時空了。所以孔孟、老莊的思想也是超時間、超空間，是真正的經典之作、經世之學。當然，經世之學古今中外都有，但是我們仔細比較一下，最精彩的無過於孔孟、佛菩薩。

佛教裡的經典，實在講無過於《無量壽經》，這是佛法裡登峰造極

的一部經典。中國固有傳統之精華是「四書」，所以朱子的功德也是不可思議！「四書」的內容很像《華嚴經》。《華嚴經》裡面有理論、有方法也有表演——就是把理論、方法做出來給人看。「四書」就是這個編法。《中庸》是理論，《大學》是方法，《論語》跟《孟子》是孔夫子與孟夫子一生所做的，就是把理論、方法應用在生活上、事業上，在處事、待人、接物上做出來給我們看。所以《論語》跟《孟子》就跟《華嚴經》的五十三參一樣，作一個榜樣給我們看；理論與方法是《大學》、《中庸》兩篇。所以「四書」的框架結構跟《華嚴》完全相同。朱子是一個學佛的人，佛學造詣很深，是不是受《華嚴經》的啟示，編成這個教材就不可得知了！但是它確確實實像《華嚴經》。

前面一段講的「經世」，是為世間作出一個標準，一個典範。再說到「出世」，實際上出世間與世間並沒有界限。世出世間的差別，就在迷、悟，一念迷了就是世間，一念覺就是出世間。

●漢文帝親侍母病

佛教講究報恩。佛教所說的報四重恩就包括報國土恩、父母恩、眾生恩、三寶恩。母親生病，一代帝王能夠親侍於母親窗前，無疑是回報母親哺育之恩的典範。而報答父母的恩德，也就是報答佛、法、僧的恩德。

【原文】

故凡見聖賢廟貌，經書典籍，皆當敬重而修飭之。至於舉揚正法，上報佛恩，尤當勉勵。

【譯文】

所以凡是看到聖賢的寺廟、圖像、經典、遺訓，都要加以敬重，至於有破損不完全的，都應該要修補、整理。而講到佛門正法，尤其應該敬重地加以宣揚，使大家都重視，才可以上報佛的恩德，這些都是應該加以全力去實踐的。

【淺釋】

聖教就是聖人的教化、聖賢人的教育，以於世道人心、風俗習慣、社會的安和樂利、大眾的幸福，有非常重要的關係，自古賢哲們把它比作「人天眼目」。我們應當如何來護持？寺院是佛陀教育的機構，學校是世法教學的場所，必須要維護。

中國教育是發展理性、啟發智慧，使接受教育的人明白倫理、知道道義；使他徹底認清人與人的關係，人與物的關係，人與天地、大自然間之關係，做一個頂天立地之人，我們才有幸福可言，國家、民族才有真正的前途，這才是教育。民國初年廢除了讀經，當時多少賢哲痛心疾首。那時所造的因，我們今天嘗到了惡果；嘗到惡果還不覺悟，怎麼得了！這樣的心態足以亡國滅種。這是我們廢除讀經的後果，是摧毀了正法！所以儒家、道家的道統不能維護，大乘佛法也決定不能建立。佛法在中國兩千年，能發揚光大，就是建立在儒、道的基礎上，今天把根挖掉了，基礎挖掉了，所有一切佛法全是空談。

古時候讀書，書本不是自己的，不可以寫字作記號。書本用後還要流傳給後人去念，自己需要的話可以抄一本。從前印刷術不發達，得到一本書是相當的珍貴，這是教我們要珍惜、要尊重、要愛護。古書如破損，須知修補翻印流通，方不至於失傳——功德最大。

這一句是教我們要弘法利生，把儒、佛的教化發揚光大，普遍利益一切眾生，這是真正的「上報佛恩」。要做到這一點，有兩樁事情要先做：第一，要替佛教培養弘法的人才。第二，要建立弘法的道場，使這些弘法的人才能有良好的修學環境。現在弘法人才少，與其求人，不如求己。請別人發心，人家未必肯發心；你既然請別人發心，為什麼不回頭來請自己發心？這比求人要方便多了。建大道場是希望多數人有機會來接觸佛法、理解佛法；而現在最理想的道場，無過於電視臺，把佛法送到每個家庭裡面去。我們禮請很多的善知識，選擇利益社會的經論，輪流來講。佛法建立在儒、道的基礎上，應該先講「四書」，再講大乘佛法，才得受用，講佛法才不是空談。所以要想提倡佛道，要先提倡中國固有的文化傳統。這也是培養人才、建立道場。

建道場不是希望諸位花那麼多的錢去蓋個廟，廟蓋好了之後，裡面必然又是對抗堅固，錢花得沒有意義。學了佛，有了智慧總要明瞭，錢財是過眼雲煙！再多的錢財，只是給你看看而已。你們想一想，哪一張鈔票你們拿去收在家裡保存？哪裡是自己的？自己的應該保存著，不該給別人；一到手馬上就給別人了，真是過眼雲煙，所以不要把它看重！

有一位同修移民到國外，他做股票，告訴我一千萬才進來，又丟掉了。我就告訴他，為什麼不聽《了凡四訓》呢？命裡沒有的，丟掉再多，心裡也不要煩惱。所以賺了錢也不要歡喜，丟了也不要煩惱；每天浪費光陰，才是真正的可惜。把大好光陰拿來念佛，這是真正聰明有智慧的人。人要明白事理，自己努力修學，弘法利生，功德無量無邊，諸佛菩薩都讚歎。

【原文】

何謂敬重尊長？家之父兄，國之君長，與凡年高、德高、位高、識高者，皆當加意奉事。在家而奉侍父母，使深愛婉容，柔聲下氣，習以成性，便是和氣格天之本。出而事君，行一事，毋謂君不知而自恣也；刑一人，毋謂君不知而作威也。事君如天，古人格論，此等處最關陰德。試看忠孝之家，子孫未

有不綿遠而昌盛者，切須慎之。

【譯文】

　　什麼叫做敬重尊長呢？家裡的父親、兄長，國家的君王、長官，以及凡是年歲高、道德高、職位高、見識高的人，都應該格外虔誠地去敬重他們。在家裡侍奉父母，要有深愛父母的心，與委婉和順的容貌；而且聲要和，氣要平；這樣不斷地薰染成習慣，就變成自然的好性情，這就是和氣可以感動天心的根本辦法。出門在外侍候君王，不論什麼事，都應該依照國法去做；不可以為君王不知道，自己就可以隨意亂做呀！辦一個犯罪的人，不論他的罪輕或重，都要仔細審問，公平地執法；不可以為君王不知道，就可以作威作福冤枉人！服侍君王，像面對上天一樣的恭敬，這是古人所訂的規範，這種地方關係陰德最大。你們試看，凡是忠孝人家，他們的子孫，沒有不發達久遠而且前途興旺的，所以一定要小心謹慎地去做。

【淺釋】

　　古代的小學、著重於基礎教育。教「孝」、教「順」、教「敬」、教「誠」，以這些教學的綱目教育，真所謂「少成若天性」，培養聖賢人的根基。自古以來的社會傳統，是聖賢的教學，治國也是聖賢的政治。「建國君民，教學為先。」若教育本質沒有認識清楚，存有錯誤的觀念，足以毀滅國家民族！過去從政的人，沒有一個不念聖賢書的，縱然自己有私心，還是有範圍、有準則，不敢過分的越軌，多少還受良心的譴責。現在作奸、犯科、造惡，認為理所當然——恥心沒了，也就是天理良心沒有了，的確人跟禽獸沒有差別，這是最可怕的。

　　希望同修們要認識清楚，「誠敬」是學佛做人的根基，是入佛之門。「誠敬」的培養就在家庭。在家能夠孝順父母、尊敬兄長；他到社會上才能忠於國家，服從上級，對職務盡忠職守，為國家、為社會、為老百姓服務。「習以成性」，習性培養成了，便是「和氣格天」——和平、心平氣和就能感動天地鬼神。

　　所以忠孝傳家遠，現在父子有似朋友關係，倫理毀掉了。倫理是性

德——中國儒家、道家所講的。展開佛法仔細觀察，全是性德的流露；捨棄私心（私心是迷惑），性德才會往外流露。這些大聖大賢沒有一絲毫的私心，全是性德的流露。孔夫子的學說是自性的流露，我們如果自信現前時，流露出來的就跟他是一樣的。就像燈光一樣，他的燈光亮了，我的燈光也開了；光光交融，成為一體，是自性的流露。這才是真正的偉大，真正不可思議，是圓滿的性德。

●度捕獵人

　　獵人捕殺動物，靠殺害物命來養活自己，是有罪過的。佛祖度化捕獵人，讓他認識到捕獵的罪過與危害，引導他立地成佛。

開發性德必須要用「孝敬」來作工具，才能明心見性。佛法裡講開發性德最重要的一個條件就是「發菩提心」，儒家亦復如是。「誠意、正心」，就是佛所講的大菩提心。凡事能夠存心真誠，不自欺、不欺人，以孝順心、恭敬心處事、待人、接物。自己只是默默去做，真正積善累德，「此等處，最關陰德」。果報可以從歷史上來看，也可以從現前社會上觀察。可見得這是事實，絕對不是虛妄。所以我們動一個念頭，做一樁事情，決定不要認為別人不知道。人或許不知，天地鬼神、諸佛菩薩沒有一個不曉得的。了凡先生前面給我們講，改過要有三種心——恥心、畏心、勇猛精進心。成聖、成賢、成菩薩、成佛，你只要真正圓發此三心，的確一生足以成辦。

【原文】

何謂愛惜物命？凡人之所以為人者，惟此惻隱之心而已，求仁者求此，積德者積此。周禮，孟春之月，犧牲毋用牝。孟子謂君子遠庖廚，所以全吾惻隱之心也。故前輩有四不食之戒。謂聞殺不食，見殺不食，自養者不食，專為我殺者不食。學者未能斷肉，且當從此戒之。

【譯文】

什麼叫做愛惜物命呢？要知道一個人之所以能夠算是人，就是在他有這一片惻隱的心罷了。所以孟子說：沒有惻隱之心就不是人。求仁的，就是求這一片惻隱之心；積德的，也是積這一片惻隱的心。有惻隱心就是仁；有惻隱心，就是德。沒有惻隱心，就是無仁心，沒道德。《周禮》上曾說：每年正月的時候，正是畜牲最容易懷孕的時間，這時候祭品勿用母的。孟子說：君子不肯住在廚房附近，就是要保全自己的惻隱之心。所以，前輩有四種肉不吃的禁忌。譬如說，聽到動物被殺的聲音，不吃；或者在它被殺的時候看見，不吃；或者是自己養大的，不吃；或專門為我殺的，不吃。後輩的人，若要學習前輩的仁慈心，一下子做不到斷食葷腥，也應

該依照前輩的辦法，禁戒少吃。

【淺釋】

「惻隱之心」就是仁者愛物之心。見到一切動物有苦難，自自然然就生同情心，這就是「惻隱之心」。大家有沒有？相信每個人都有。如果你們看一齣悲劇會流跟淚，這就是惻隱之心。電視、電影的悲劇，那還不是真正的人物在面前遭受苦難，你都有這個心；何況真正見到人、物遭遇到苦難，你一定會伸出援助之手。

不但人有惻隱之心，動物也有，這確實是天性，就是本性的性德。動物的本性跟人的本性不二，不過它比人迷得更深，才變成了畜生。十法界一切眾生同一個真如本性，所以佛在大乘法裡才說：「同體大悲，無緣大慈」。惻隱之心就是憐愛之心、憐憫之心，是從自性裡流露出來的。「求仁」就是求的這個；「積德」，也是積的這個。希望把仁者愛物之心培養擴大，能夠真正的愛一切人、愛一切物，我們盡心盡力地去幫助他們。

「孟春」是初春。古時候祭祀，最大的祭典用三牲──牛、羊、豬；普通民間祭祀只用豬。春天用的「犧牲」（祭祀用），不用母的，因為這段時間是畜牲最易懷孕的時期，若母的懷孕了，殺一個等於害兩條命，不用母牲這是仁慈。

孟子的用心，跟佛法講的「三淨肉」一樣──不見殺、不聞殺、不為我殺。因為僧人在印度當時，生活方式是行托缽的制度，人家施捨什麼就吃什麼，不分別、不執著，沒有選擇的。這是大慈大悲，一切隨緣而不攀緣，人家供養什麼就吃什麼。一直到今天，像泰國、錫蘭這些信小乘國家還是如此。佛法傳到中國時，中國是當時最先進的「禮儀之邦」，且中國人不重視乞食；當時法師是朝廷以禮請到中國來，當然不能叫他出去討飯，所以就在宮廷裡接受供養。托缽的制度在中國從來沒有實行過，但是那時供養出家人還是「三淨肉」。

素食是梁武帝提倡的。所以現在全世界學佛的人，不論出家、在家，只有中國佛教是素食，全世界學佛的人都沒有素食的習慣。我們參加國際會議時，見到外國出家人沒有吃素的。所以諸位要曉得，佛教傳統

是吃「三淨肉」，不是素食，素食是中國人提倡的。

「遠庖廚」，是遠離廚房。不見殺、不聞殺，吃得就會比較安心了———實在講心還是不安；最好是不吃眾生肉，尤其是現代的眾生肉更不能吃。現代的肉品含有許多毒素，導致現代人常常得一些怪病。病從哪裡來的？肉食來的。古人講「病從口入」，現代人是三餐在服毒，哪裡是在吃飯！每天服三次毒，想想看，你的身體怎能不病！當然是百病叢生了。

這是佛法三淨肉外又多加一條——出家人不許飼養畜生，家人自己養的，自己再殺了吃，實在是講不過去。

實在不能斷除肉食，應當要守食「三淨肉」、「四不食戒」，以培養大慈悲心。

【原文】

漸漸增進，慈心愈長，不特殺生當戒。蠢動含靈，皆為物命，求絲煮繭，鋤地殺蟲，念衣食之由來，皆殺彼以自活。故暴殄之孽，當於殺生等。

【譯文】

如此漸漸增進，慈悲心越來越多。不僅要戒除殺生心，只要能活動含有靈氣的，都是生命。為了得到絲而煮蠶繭，鋤地的時候會殺死蟲子，念及衣食的由來，這都是殺害物命而養活自己。所以浪費衣物，與殺生有著相同的罪過。

【淺釋】

我們生活在這個世間，不過短短幾十年，為維繫自己的生命，都是殺它以養己。對於一切眾生，無論是有意無意的，都虧欠得太多！也由此可知自身造的業有多重！所以佛說：「如果罪業要有形相、體積的話，盡虛空都容納不下。」我們業障有這麼多、這樣重！想到此地，自己

警覺心才真正提得起來。如何能對得起天地一切眾生？不但要嚴持「不殺生」這條戒，就是在飲食起居上也一定要節儉，決定不能夠糟蹋。

「暴殄之孽」，這是糟蹋一切生活必需品，不知道愛惜。現代人提倡消費；不消費，工廠就得倒閉，經濟就不能發達。這種學說，諸位想想正確嗎？如果中峰禪師聽到這些話一定會說：「未必然也。」──不見得正確，而且是非常的不正確。美國是一個提倡消費的國家，消費的結果還是經濟逐漸走下坡了。唯有節儉才是富庶、康寧之道；沒有積蓄的習慣，國家如何富強？人民如何能得到安定的生活？若無儲蓄，失業就要靠國家救濟，增加國家的財政負擔。若有積蓄的習慣，即使失業或有災難，我們還能活得下去，不必依賴國家。這是真正值得我們認真反省的，所以一定要愛惜資源物力。

至於手所誤傷，足所誤踐者，不知其幾，皆當委曲防之。古詩云：「愛鼠常留飯，憐蛾不點燈。」何其仁也。善行無窮，不能殫述；由此十事而推廣之，則萬德可備矣。

至於隨手誤傷的生命，腳下誤踏而死的生命，又不曉得有多少，這都應該要設法防止。宋朝的蘇東坡有首詩說：「愛鼠常留飯，憐蛾不點燈。」意思是說：恐怕老鼠餓死，所以為老鼠留些飯；哀憐飛蛾撲到燈上燙死，所以燈也不點。這話是多麼地仁厚慈悲呀！善事無窮無盡，不能說得完；只要把上邊說的十件事，加以推廣發揚，那麼無數的功德，就都完備了。

這些話我們只能自己去理解體會，在現代社會上決定是被否定的──怎麼可以「愛鼠」？老鼠對人類是有害的，故常見有「滅鼠運動」！世間人不曉得六道輪迴；這些老鼠被殺死了，會不會有冤冤相報呢？殺它、滅它是不是真能解決問題呢？除此之外有沒有別的辦法？沒有殺人不償命，欠錢不還錢的。「因果通三世」，要是真正曉得事實真相，為非作歹的事絕對不能做。你若是做了，還是自己吃虧！想占人家的便宜占不到，人家想占我們的便宜也占不到。明白這個道理，我們絕對不會傷害一切眾生，不跟它結冤，不欠人家的債，自己這一生心安理得。世間唯真誠、清淨、慈悲，才能解決世人所無法解決之難題，所以佛經不可不讀。

　　「由此十事而推廣之，則萬德可備矣。」四訓裡這一章是主要的一章。「積善」是建立在「改過」的基礎上，「改過」是建立在明白因果的概念上。第一章講因果報應，再教我們改過、積善，最後「謙德之效」一章是全書的總結。

●唐太宗納箴賜帛

　　一個人的知識、經驗等再多也是有限的，所以要保持謙虛的品德。唐太宗是中國歷史上最善於納諫的皇帝。他初登極時，書記官張蘊古上《大寶箴》一篇。唐太宗認為蘊古之言很對，立即採納。太宗納諫之誠之速如此，深得人心。

| 第四訓 謙德之效 |

「謙」，能保持善果，否則雖「積」也保不住，也是枉然。善真正能保持，要靠「謙」——「謙德之效」。所以《金剛經》裡講佈施（修善），用忍辱來保持。不能忍辱，修積再多都落空。儒家的保持方法就是「謙德」。

【原文】

易曰：「天道虧盈而益謙，地道變盈而流謙，鬼神害盈而福謙，人道惡盈而好謙。」

【譯文】

《易經》謙卦上說：「天的道理，不論什麼，凡是驕傲自滿的，就要使他虧損，而謙虛的就讓他得到益處。地的道理，不論什麼，凡是驕傲自滿的，也要使他改變，不能讓他永遠滿足；而謙虛的要使他滋潤不枯，就像低的地方，流水經過，必定會充滿了他的缺陷。鬼神的道理，凡是驕傲自滿的，就要使他受害，謙虛的便使他受福。人的道理，都是厭惡驕傲自滿的人，而喜歡謙虛的人。這樣看來，天、地、鬼、神、人，都看重謙虛的一邊。」

【淺釋】

「盈」，是滿。我們看月亮的盈虧，就能體會到這個道理。滿月後的亮光必定是一天一天地減少；月未滿時，光明會一天一天地增加，增加一點就是「益謙」。「滿招損，謙受益」，我們從這些地方就能體會「天道」（大自然的定律）。

「地道變盈而流謙」，「盈」是盈滿。你看水滿就往低窪的地方流

，這是地道之形象。人也是如此；「人道惡盈而好謙」，「惡」是厭惡。前清曾國藩，官位最高曾經做到四省的總督，真的像小皇帝一樣。他書念得多，知道已經過了頭，不是好事情，就為書房題名「求闕齋」，以明其志。人皆求圓滿，曾先生求闕，要求欠缺一點，不能盈滿。地位愈高愈謙虛，所以他能夠保得住，一直到現在，他的後人都相當好。這是他自己有德行，修善積德，後人能遵遺教，所以富貴能常保。

●謙 卦

謙掛是周易的六十四卦之一。在六十四卦中，其他卦裡的六爻的爻辭都有吉、有凶，唯獨「謙」卦都是吉。此卦蘊含著做人要學謙、學敬，那麼一切都將吉祥如意的意義。了凡引《易經》語，主要想說明人該謙虛的道理。

【原文】

是故謙之一卦，六爻皆吉。書曰：「滿招損，謙受益。」予屢同諸公應試，每見寒士將達，必有一段謙光可掬。

【譯文】

所以，謙卦當中，六爻都吉利。《書經》上也講：「自滿，就會遭到損害，自謙，就會受到益處。」我好幾次和許多人去參加考試，每次都看到貧寒的讀書人，快要發達考中的時候，臉上一定有一片謙和，而且有安詳的光彩發出來，彷彿可以用手捧住的樣子。

【淺釋】

《易經》六十四卦，每一卦都有吉有凶，總是吉凶相參的，只有《謙卦》「六爻皆吉」。六十四卦只有這一卦！這個卦象稱「地山謙」。上面是《坤卦》，坤是地；下面是《艮卦》，艮是山。高山是在地底下，這表謙虛，所以德位愈高，愈要卑下。

世出世間真正得好處、得大利益者必是謙虛之人。「滿」就是今天所講的驕傲。

這是了凡先生以他一生的經驗來觀察，《易經》、《尚書》裡所講的非常有道理，都應驗在日常人事之間。他每一次去參加考試，跟同伴一塊去，看到這科會考中的人都很謙虛。從這些經驗去觀察，這個人能不能考中，幾乎都可以預料得到。

【原文】

辛未計偕，我嘉善同袍，凡十人，惟丁敬宇賓，年最少，極其謙虛。予告費錦坡曰：「此兄今年必第。」費曰：「何以見之？」予曰：「惟謙受福。兄看十人中，有恂恂款款，不敢先人，如敬宇者乎？有恭敬順承，小心謙畏，如敬宇者乎？有

287

受侮不答，聞謗不辯，如敬宇者乎？人能如此，即天地鬼神，猶將佑之，豈有不發者？」及開榜，丁果中式。

【譯文】

辛未年，我到京城去會試，我的同鄉嘉善人一起去參加會試的，大約有十個人，只有丁敬宇，這個人最年輕，而且非常謙虛。我告訴同去會試的費錦坡說：「這位老兄，今年一定考中。」費錦坡問我說：「怎樣能看出來呢？」我說：「只有謙虛的人，可以承受福報。老兄你看我們十人當中，有誠實厚道，一切事情不敢搶在人前，像敬宇的嗎？有恭恭敬敬，一切多肯順受，小心謙遜，像敬宇的嗎？有受人侮辱而不回答，聽到人家譭謗他而不去爭辯，像敬宇的嗎？一個人能夠做到這樣，就是天地鬼神，也都要保佑他，豈有不發達的道理？」等到放榜，丁敬宇果然考中了。

【淺釋】

「辛未計偕」，就是與同伴一起去參加考試。「敬宇」是號，「賓」是名。這個人年紀很輕，「極其謙虛」；「予告費錦坡曰」，可見費錦坡也是同行的一個。「此兄今年必第」，了凡先生觀察判斷他一定登第，一定考取。「費曰：『何以見之？』」他說，你怎麼知道？「余曰：『惟謙受福』」，了凡說明他觀察人理論的依據，「兄看十人中」，請看我們十個同伴之中，「有恂恂款款，不敢先人，如敬宇者乎？」這是形容其忠厚老成。十個人當中，忠厚老成哪一個人比得上他？「有恭敬順承，小心謙畏，如敬宇者乎？有受侮不答，聞謗不辯，如敬宇者乎？」這兩句非常難得，別人侮辱他、侵犯他，他都能包容，都能不計較，量大福大。「『人能如此，即天地鬼神，猶將佑之，豈有不發者？』及開傍，丁果中式。」他果如所料地考取了！這是一個例子。

【原文】

丁丑在京，與馮開之同處，見其虛己斂容，大變其幼年之

習。李霽岩，直諒益友，時面攻其非，但見其平懷順受，未嘗有一言相報。

習。李霽岩，直諒益友，時面攻其非，但見其平懷順受，未嘗有一言相報。

（了凡四訓）

【譯文】

丁丑年在京城裡，和馮開之住在一起，看見他總是虛心自謙，面容和順，一點也不驕傲，大大地改變了他小時候的那種習氣。他有一位正直又誠實的朋友李霽岩，時常當面指責他的錯處，但卻只看到他，平心靜氣地接受朋友的責備，從來不反駁一句話。

【淺釋】

「丁丑」年了凡在京師，他與朋友「馮開之」相處。「見其虛己斂容」，看到他的學問、他的修養。「大變其幼年之習」，他在年輕的時候不是這樣的，幾年沒見，完全不相同。「李霽岩，直諒益友」，李霽岩是他好朋友——直諒益友。「時面攻其非」，這個朋友的確是我們所說的「益友」——看到他有毛病當面就呵斥，當面就教訓。「但見其平懷順受，未嘗有一言相報。」人家指責他，他都能接受。正所謂：「有則改之，無則加勉。」我沒有過失，人家冤枉我，也不怨人！責備總是好的，實在講，責備的人才是真正愛護自己。自己兒女有過失，你會責備；鄰居的兒女有過失，為什麼不責備呢？所以縱然是錯誤的，也是出於愛心，因此都能順受——感激受教。

【原文】

予告之曰：「福有福始，禍有禍先。此心果謙，天必相之，兄今年決第矣。」已而果然。

【譯文】

我告訴他說：「一個人有福，一定有福的根苗；有禍，也一定有禍的

289

預兆。只要這個心能夠謙虛，上天一定會幫助他，你老兄今年必定能夠登第了！」後來馮開之果然考中了。

【淺釋】

了凡先生告訴他說，禍福都是有徵兆，有預兆的。了凡先生有學問，而且又得孔先生的真傳，會看相算命，看相算命是其次，看到一個人斷惡、修善、積德，知道才是真正創造命運、改造命運。所以他的判斷可以說相當地準確——馮先生果然在當年考中。

【原文】

趙裕峰，光遠，山東冠縣人，童年舉於鄉，久不第。其父為嘉善三尹，隨之任。慕錢明吾，而執文見之，明吾悉抹其文，趙不惟不怒，且心服而速改焉。明年，遂登第。

【譯文】

趙裕峰，名光遠，是山東省冠縣人，不滿二十歲的時候，就中了舉人，後來又考會試，卻多次不中。他的父親做嘉善縣的「科長」，裕峰隨同他父親上任。裕峰非常羨慕嘉善縣名士錢明吾的學問，就拿自己的文章去見他，哪曉得這位錢先生，竟然拿起筆來，把他的文章都塗掉了。裕峰見了不但不發火，並且心服口服，趕緊把自己文章的缺失改了。如此虛心用功的年輕人，實在是少有，到了明年，裕峰就考中了。

【淺釋】

「三尹」，就是縣政府裡面第三等的職位。縣長是「大尹」，主任秘書是「二尹」，科長是「三尹」。趙裕峰先生，隨父在嘉善縣時，「慕錢明吾，而執文見之」。錢明吾是當時的一位學者，他對錢明吾先生非常仰慕，便拿著自己的文章去向他請教。不想「明吾悉抹其文」，錢先生把他的文章大幅修改。一般人對此會很難過，縱然作得不好，也不

至改得那麼多！「趙不惟不怒，且心服而速改焉。明年，遂登第。」此處我們看到趙先生的謙虛、真誠、恭敬、認真的學習態度，所以他才會進步——第二年就考中了！

【原文】

　　壬辰歲，予入覲，晤夏建所，見其人氣虛意下，謙光逼人。歸而告友人曰：「凡天將發斯人也，未發其福，先發其慧；此慧一發，則浮者自實，肆者自斂；建所溫良若此，天啟之矣。」及開榜，果中式。

● 止輦受言

　　如了凡所言，能夠直面朋友的責備，是君子所為。而作為帝王，能夠隨時採納諫言，更是非常不容易的。據記載，文帝每出視朝，一旦有官員上書陳言，即使遇到正在行路，也必然駐輦聽受其言，從善如流。文帝的虛懷聽納，是很多聖賢也比不上的。

【譯文】

壬辰年我入京城去覲見皇帝，見到一位叫夏建所的讀書人，看到他虛懷若谷，毫無一點驕傲的神色，而且他那謙虛的光彩，就像會逼近人的樣子。我回來告訴朋友說：「凡是上天要使這個人發達，在沒有發他的福時，一定先發他的智慧，這種智慧一發，那就使浮滑的人自然會變得誠實，放肆的人也就自動收斂了，建所他溫和善良到這種地步，是已發了智慧了，上天一定要發他的福了。」等到放榜的時候，建所果然考中了。

【淺釋】

壬辰年，了凡先生「入覲」時，遇夏建所先生。見到夏先生「謙光逼人」，對人恭敬有禮。這一段裡面最重要的一句話，就是「天將發斯人也，未發其福，先發其慧」。前面說過，沒有慧不能修福，修也得不到福。為什麼呢？福善有真、假；有半、滿；有是、非，你不認識！好心修福，誰知道造了一身罪業；造了罪業，自己還以為是在修福。所以要先讀書，讀書才明理。理明白之後，才知道什麼是福田，應該怎樣種福。人若智慧現前，自然收斂、穩重、溫良、謙敬、忍讓。夏先生也是在這一科考中了！

【原文】

江陰張畏巖，積學工文，有聲藝林。甲午，南京鄉試，寓一寺中，揭曉無名，大罵試官，以為眯目。

【譯文】

江陰有一位讀書人，名叫張畏巖，他的學問積得很深，文章做得很好，在許多讀書人當中，很有名聲。甲午年南京鄉試，他借住在一處寺院裡，等到放榜，榜上沒有他的名字，他不服氣，大罵考官眼睛不清楚，看不出他的文章好。

【淺釋】

　　張畏巖先生，有才學，文章寫得很好，在一般讀書人中也是很有名氣的。甲午年參加「南京鄉試」，結果沒考中。他怨天尤人，大罵主考官沒有眼睛，這麼好的文章卻沒錄取。

【原文】

　　時有一道者，在旁微笑。張遽移怒道者。道者曰：「相公文必不佳。」張益怒曰：「汝不見我文，烏知不佳？」道者曰：「聞作文，貴心氣和平，今聽公罵詈，不平甚矣，文安得工？」

【譯文】

　　那時候有一個道士在旁邊微笑。張畏巖馬上就把怒火發在道士的身上。道士說：「你的文章一定不好。」張畏巖更加憤怒，說：「你沒有看到我的文章，怎麼知道我寫得不好呢？」道士說：「我常聽人說，做文章最要緊的，是心平氣和，現在聽到你大罵考官，表示你的心非常不平，氣也太暴了，你的文章怎麼會好呢？」

【淺釋】

　　當時有位老道，聽他大罵主考官有眼無珠，不錄取他的文章，在那裡發脾氣，老道在旁邊微笑。

　　張先生見老道在笑他，他的氣立即就發到老道身上了。

　　老道說：「你的文章一定不好，所以主考官沒錄取你。」

　　張先生聽了老道的批評，火氣更大了。他說：「你沒有見到我的文章，怎麼知道我的文章不好！」

　　老道說：「我聽說作文章要心平氣和，像你脾氣這麼暴躁，你的文章怎麼會作得好？」張先生畢竟是念書人，念書人服理；老道說得有理

，他不得不服。

【原文】

　　張不覺屈服，因就而請教焉。道者曰：「中全要命；命不該中，文雖工，無益也。須自己做個轉變。」

【譯文】

　　張畏岩聽了道士的話，倒不自覺地屈服了，因此，就轉過來向道士請教。道士說：「要考中功名，全要靠命，命裡不該中，文章雖好，也沒益處，仍不會考中。一定要你自己改變改變。」

【淺釋】

　　老道所言的確是有至理，張畏岩想想是自己錯了！於是他回過頭來，向老道「請教」。由此可見，張先生知過即改才是真學問、真功夫。

　　這就是真正知道命運，因果報應絲毫不爽。中不中與文章沒有多大的關係，與「命」有關係；功名如此，富貴也如此。你發不發財，與你做生意怎麼樣經營、怎樣策劃，都沒有關係！問你命裡有沒有？有發大財的命，即使沒念過書，什麼都不懂，還是發大財；財是怎麼發的他自己也不曉得，年年都有那麼多財富收入，這是他命裡有！如果命裡沒有，想盡方法，使盡手段也得不到。

　　今天，人不知命，不信命運，胡作妄為，天天造罪業，還想得好報，哪有這個道理！那為什麼從前人的果報，很快就能見到，而現在人造的因果似乎見不到？這是因為大家都造惡，一個一個報來不及了！到時候必定是算總帳，一筆就消掉了。一個人的文學、才藝、富貴、壽、考都要有命運，創造命運，改造自己的命運，這才是真正聰明、真正有智慧。否則，若是命裡沒有，非理非分地妄想求得，最後都落空；時間、精力都浪費了，那才叫可惜！所以老道又告訴他說：「須自己做個轉變。」

【原文】

張曰：「既是命，如何轉變？」道者曰：「造命者天，立命者我；力行善事，廣積陰德，何福不可求哉？」

【譯文】

張畏岩問道：「既然是命，怎樣去改變呢？」道士說：「造命的權，雖然在天，立命的權，還是在我；只要你肯盡力去做善事，多積陰德，什麼福不可求得呢？」

【淺釋】

這就是雲谷禪師教了凡先生的──一定要自己改造自己的命運。命裡註定的也能變嗎？命裡註定是常數，你能斷惡修善就有變數；你不知道斷惡修善，那就是真的一生都受命運的安排。果然能夠斷惡、修福、積德，你的命運決定改變。

這是老道教他改造命運的方法，了凡居士在前面已經細說了。

【原文】

張曰：「我貧士，何能為？」道者曰：「善事陰功，皆由心造，常存此心，功德無量。且如謙虛一節，並不費錢，你如何不自反，而罵試官乎？」

【譯文】

張畏岩說：「我是一個窮讀書人，能做什麼善事呢？」道士說：「行善事，積陰功，都是從心做出來的，只要常常存做善事、積陰功的心，功德就無量無邊了。就像謙虛這件事，又不要花錢，你為什麼不自我反省，不認為自己功夫太淺，自己不能謙虛，反而罵考官不公平呢？」

●觀器論道

　　了凡先生認為，只有虛心屈已的人，才有享受福報的根基。孔子在魯桓公廟內見到欹器說：「欹器空時是斜的，裝一半水就正，水滿就翻。」弟子們一試果然這樣，明白了過滿則溢，做人需謙虛謹慎的道理。

【淺釋】

　　張先生說：「我很貧寒，能拿什麼來修福呢？」

　　老道說：「善事陰功，皆由心造」，不需要錢財。往往沒有錢的人能夠積大功、積大德；有錢的人未必能造福、能積德。

　　且如謙虛一節，並不費錢，這是舉例說明。像你剛才那個態度就是太傲慢了！你能謙虛一點就是善、就是德，這不要花錢。考試不中，應當自己反省，改過自新，怎能責怪主考官？這是眼前的事情。可見善惡、禍福，確實在一念之間。

【原文】

　　張由此折節自持，善日加修，德日加厚。丁酉，夢至一高房，得試錄一冊，中多缺行。問旁人，曰：「此今科試錄。」問：「何多缺名？」曰：「科第陰間三年一考較，須積德無咎者，方有名。如前所缺，皆係舊該中式，因新有薄行而去之者也。」後指一行云：「汝三年來，持身頗慎，或當補此，幸自愛。」是科果中一百五名。

【譯文】

　　張畏岩聽了道士的話，從此以後就有意轉變一向驕傲的態度，很留意把持住自己，勿走錯了路，天天加功夫去修善，天天加功夫去積德。到了丁酉年，有一天，他做夢到一處很高的房屋裡去，看到一本考試錄取的名冊，中間有許多的缺行。他看不懂，就問旁邊的人這是什麼？那個人說：「這是今年考試錄取的名冊。」張畏岩問：「為什麼名冊內有這麼多的缺行？」那個人又回答說：「陰間對那些考試的人，每三年考查一次，一定要積德，沒有過失，這冊裡才會有名字。像名冊前面的缺額，都是從前本該考中，但是因為他們最近犯了有罪過的事情，才把名字去掉的。」後來那個人又指著一行說：「你三年來，很留心地把持住自己，沒犯罪過，或許應該能補上這個空缺了。希望你珍重自愛，勿犯過失！」果然張畏岩就在這次的會考中，考中了第一百零五名。

【淺釋】

　　這些事情，諸位讀了能相信，你就有福；你要不相信，福就很薄。天地鬼神與我們人間一舉一動、一言一笑，皆有密切的關係。從前朱鏡宙老居士在世時，我初聞佛法，他為我講過很多故事，是他親身經歷、親眼見的、親耳聽的──就是戰爭裡也沒有冤枉死的。生死有命，該怎麼死，陰曹地府都有記錄，沒有一個是冤死的。所以你不要自以為是現代受過科學洗禮的人，科學人也逃不出閻羅王的手掌，這些決非妄語。

相信就有福了！這是聖賢人的教訓。我們定要認真覺悟。

【原文】

　　由此觀之，舉頭三尺，決有神明。趨吉避凶，斷然由我，須使我存心制行。毫不得罪於天地鬼神。

【譯文】

　　從上面所講的看來，舉頭三尺高，一定有神明在監察著人的行為。因此，利人、吉祥的事情，都應該趕快地去做；兇險、損人的事，應該避免，不要去做。這是可以由我自己決定的，只要我存好心，約束一切不善的行為就可以了。絲毫不得罪天地鬼神。

【淺釋】

　　「舉頭三尺，決有神明」，吉凶禍福，原由我造，因此起心動念定要覺悟。佛教我們「覺而不迷、正而不邪、淨而不染」；佛教我們「應無所住而行存施」，行為要約束、要合禮。我們要遵守古禮，要遵守教誡，學佛就是為一切眾生做了個好榜樣。存好心、做好事、說好話、做好人，做到盡善盡美，就是佛菩薩。

　　既然發心修學淨宗，一定要把《無量壽經》變成自己的思想、見解、行為，我們就跟阿彌陀佛沒有兩樣，這叫學佛！從內心行持上真正去做，遵依阿彌陀佛心、願、解、行的樣子，塑造自己。依《了凡四訓》作為助緣，《無量壽經》是我們一正課；持戒念佛，正助雙修，這一生中決定往生不退成佛！一心一意作佛去！聲聞、緣覺猶不為。從前禪宗參學，云「吃茶去」！今天我教你「作佛去」！真正可以做佛，一點也不假。如是則必得天地鬼神之佑護。

【原文】

　　而虛心屈己，使天地鬼神，時時憐我，方有受福之基。彼氣盈者，必非遠器，縱發亦無受用。

【譯文】

　　而且還要虛心，自己肯遷就別人、不驕傲，使得天地鬼神，時時哀憐我，才可以有福的根基；那些滿懷傲氣的人，一定不是遠大的器量，就算能發達，也不會長久地享受福報。

【淺釋】

　　看看眼前國內外那些發達的人，一些顯然滿盈、器度不大，是謂富而不樂──不得真實受用。我聽說有些有錢的人，躲躲藏藏，怕人家找他麻煩，怕黑社會找他，生活痛苦不堪。那是受苦，不是享樂！人生在世要快快樂樂，不要痛苦，這才是幸福的人生。

　　稍有識見之士，必不忍自狹其量，而自拒其福也。況謙則受教有地，而取善無窮。尤修業者，所必不可少者也。

　　稍有見識的人，一定不肯把自己肚量弄得很狹窄，而使自己得不到可以得到的福。況且謙虛的人，他還有地方可以受到教導，若人不謙虛，誰肯去教他？並且謙虛的人，肯學別人的長處，別人有善的行動，他就去學，那麼得到的善行，就沒有窮盡了。尤其對進德修業的人，一定不可缺少的啊！

　　這兩句話我們要記住，一定要認真學習，尤要學「謙虛」。

　　「修業進德」，關鍵就在「謙」字，要覺得不如人，人皆有擅長為我不及──是真正不如人，不是假裝的不如人。若表面上謙虛，實際上還是很自負；縱然人家看不出來，天地鬼神佛菩薩早看清楚了。所以「謙」要真正從內心裡面發出來，沒有絲毫的虛假。善人我不如他，惡人我也不如他！真正謙虛──他有善行我沒有，我不如他；他作惡，我不敢，我也不如他。這才「謙」到了底，山才真正埋在地底下！像《善財

童子五十三參》，就是「地山謙」的具體實踐。學生只有我一個，其他都是我的老師，我的善知識。《善財童子五十三參》實在來講他所學的是什麼？「謙」之一字而已。最後他圓滿成佛了！

【原文】

古語云：「有志於功名者，必得功名；有志於富貴者，必得富貴。」人之有志，如樹之有根，立定此志，須念念謙虛，塵塵方便，自然感動天地。

【譯文】

古人有幾句老話說：「有心要求功名的，一定可以得到功名；有心要求富貴的，一定可以得到富貴。」一個人有遠大的志向，就像樹有根一樣；樹有根，就會生出丫枝花葉來。人要立定了這種偉大的志向，必須在每一個念頭上，都要謙虛，即使碰到像灰塵一樣極小的事情，也要使別人方便。能夠做到這樣，自然會感動天地了。

【淺釋】

這一節開示的話很要緊。立定志向、謙虛精進，才能滿願；果能依教力行，「自然感動天地」。

【原文】

而造福由我，今之求登科第者，初未嘗有真志，不過一時意興耳；興到則求，興闌則止。孟子曰：「王之好樂甚，齊其庶幾乎？」予於科名亦然。

【譯文】

而造福全在我自己，自己真心要造，就能夠造成。像現在那些求取功名的人，當初哪有什麼真心，不過是一時的興致罷了。興致來了，就去求，興致退了，就停止。孟子對齊宣王說：「大王喜好音樂，若是到了極點，那麼齊國的國運大概可以興旺了。但是大王喜好音樂，只是個人在追求快樂罷了，若是能把個人追求快樂的心，推廣到與民同樂，使百姓都快樂，那麼齊國還有不興旺的麼？」我看求科名，也是這樣，要把求科名的心，落實推廣到積德行善上；並且要盡心盡力地去做，那麼命運與福報，就都能夠由我自己決定了！

【淺釋】

最後了凡先生引用孟子的話作為總結。我自己一個人好樂，何不與民同樂？與民同樂才是真樂！所以凡是自己喜歡的，最好能把歡喜擴大，這才是正確的，這是真正的富貴。譬如在臺灣，老百姓都迷在財富上，如果大家能明白這個道理，地區官員與民眾共同來創造財富，共用財富，共用安和樂利；「民之所好而好之，民之所惡而惡之」，這才是「順應民心」。

我們用智慧修善積德，創造財富。要說明全世界落後的地區、貧窮的地區，這種富貴創造得才有價值、才有意義。財富據為己有，禍害就近了！